El crujido de la amapola

al sangrar

por

Luis Ingelmo

Los Papeles de Brighton

2016

© 2016 Luis Ingelmo (del texto)
© 2016 Ignacio Collar (de la cubierta)
© 2016 Los Papeles de Brighton

Cubierta: Ignacio Collar, *El crujido de la amapola al sangrar*, técnica mixta (2014).

Editado por
Los Papeles de Brighton
Camino de Génova 39
07014 Palma de Mallorca (Islas Baleares)
España
http://lospapelesdebrighton.com

ISBN: 978-84-945158-1-1
Depósito legal: PM 943-2016

El crujido de la amapola al sangrar
Primera edición: Palma, 8 de septiembre de 2016
Colección Mayor, número 5
Diseño de la colección: laculture.es

LUIS INGELMO (Palencia, 1970) es licenciado en Filología Inglesa por la Universidad de Salamanca y en Filosofía por la UNED. Vivió durante siete años en Chicago (Estados Unidos), donde fue profesor de español y estudió Pedagogía en la DePaul University.

Sus cotraducciones con el poeta irlandés Michael Smith (1942-2014) incluyen, entre muchas otras, las de poemas de Elsa Cross, Verónika Volkow, Claudio Rodríguez y Aníbal Núñez, así como las de clásicos tales como Fernando de Herrera y Gustavo Adolfo Bécquer. Ha traducido al español obras de Larry Brown, Martin Carter, Thomas MacGreevy, Wole Soyinka, Natasha Trethewey y Derek Walcott, y ha editado una antología bilingüe del poeta Juan Antonio Villacañas. En la actualidad prepara, entre otras, traducciones de Christopher Marlowe, Charles Simic, Kevin Prufer y Dorothea Lasky al español. Es también autor del libro de relatos *La métrica del olvido* (Madrid, 2011) y del poemario *Aguapié* (Brighton, 2013).

El crujido

de la amapola

al sangrar

Para Charo, por el olvido culpable.

ÍNDICE GENERAL

Casi cien reseñas (2007-2015), p. 13.

Publicadas en el blog *El Eco de los Libros* y en las revistas *El Cuaderno* (Gijón) y *Nayagua* (Getafe).

Algunos artículos (2007-2012), p. 211.

Publicados en las revistas *Aventura* (Zamora), *Luke* (Vitoria) y *El Cuaderno* (Gijón).

Dos presentaciones (2007-2013), p. 279.

Inéditas.

Dos entrevistas (2012-2014), p. 297.

Publicadas en la revista *Campo de los Patos* (Oviedo) y en el blog de Toni Montesinos, *Alma en las palabras*.

Índice de autores reseñados, p. 319.

Casi cien
reseñas
(2007-2015)

BUKOWSKI Y EL REALISMO SUCIO
El Eco de los Libros, 04/09/2007.

Estaba yo ahora pensando que ya va siendo hora de que se vaya sacando del cubo de basura del *realismo sucio* al bueno del abuelo Bukowski. No me extrañaría que hubiera sido todo una sagaz maniobra editorial: estoy por jugarme el meñique de la mano derecha. El realismo sucio es el coto de caza de Richard Ford, de Raymond Carver y de Tobias Wolff, y pare usted de contar. Si Bukowski fuera a acabar bajo alguna techumbre clasificatoria (que lo dudo, a ver quién es el valiente que le pone un bozal a este perro), debería hacerlo en la del naturalismo, al estilo de Zola o de Dickens, por poner un par de ejemplos. Sin duda, lo de calificarle de *sucio* debió de quedar muy bien cuando lo presentaron al lector español en su día, cuando no lo conocían más que cuatro gatos por aquí, tras su éxito en tierras germanas y galas. Pero ahora el epíteto "sucio" ya no significa nada cuando se lo aplica al "realismo", porque sucios, como mucho, son los escritores *gore* del tipo Matthew Stokoe y su *Vacas*, que utiliza lo nauseabundo con intención novelística premeditada. Bukowski nunca fue por esos derroteros. Y si no me creen, lean el último de sus poemarios.

[Charles BUKOWSKI, *The People Look Like Flowers At Last*, Nueva York, Ecco, 2007, 301 pp.]

NELSON ALGREN, EL INCONFORMISTA
El Eco de los Libros, 06/09/2007.

Hagamos hoy mención del amargo texto *Nonconformity: Writing on Writing*, de Nelson Algren, escritor afincado en Chicago durante años, receptor del National Book Award en 1950 (el primero que se concediera) por su novela *The Man with the Golden Arm* y que después sería rescrita como guion cinematográfico, amante de Simone de Beauvoir e, irónicamente, traducido en Francia por el mismísimo Jean-Paul Sartre. Creo que el capítulo de su romance con la Beauvoir es el que le ha dado a Algren alguna publicidad en España, después de que la editorial Lumen tradujera las cartas que ella le enviara a él durante años. *Nonconformity*, por su carácter combativo a la par que erudito, es un ensayo irreverente y muy oportuno en estos tiempos nuestros. Autocrítico con el modelo y estilo de vida americanos, es, en palabras de Kurt Vonnegut, un "manual para los marginales duros y amantes de hacer pública la verdad". Escritos sobre la escritura y sobre la vida del escritor comprometido con su tiempo.

[Nelson ALGREN, *Nonconformity: Writing on Writing*, Nueva York, Seven Stories Press, 1997, 130 pp.]

HUMO Y PAVOS REALES: LOS CUENTOS DE DJUNA BARNES
El Eco de los Libros, 07/09/2007.

De Djuna Barnes se conoce, sobre todo, *Nightwood* (a la que T. S. Eliot calificó nada menos que de "posiblemente la mejor novela escrita por una mujer"). Sin embargo, sus cuentos son menos conocidos, y aún menos estos que hoy mencionamos, *Smoke And Other Early Stories*, rescatados por una pequeña editorial de culto americana con la intención de publicar en varios volúmenes la obra, digamos, menor o más ignota de la escritora afincada en Nueva York. Barnes demuestra en estos cuentos una habilidad narrativa extraordinaria, finísima, y una economía de medios envidiable. En un par de oraciones describe no solo lo que está sucediendo al momento, sino cómo se ha llegado a esa situación aludiendo a detalles ambientales que revelan, si se me permite el vocablo, la microhistoria del minuto actual. Tienen, además, traducción española (*Humo*) en la editorial Anagrama.

[Djuna BARNES, *Smoke And Other Early Stories*, Los Ángeles, Sun and Moon Press, 1988, 182 pp.]

EL AMOR ES EL LOBO FEROZ: LARRY BROWN
El Eco de los Libros, 10/09/2007.

Larry Brown es, para empezar, una suerte de William Faulkner de nuestros días: ex-bombero, ex-marine, autor de seis novelas, una de ellas póstuma, dos colecciones de cuentos y dos de ensayos, fallecido en 2004 de un ataque al corazón. Su colección de historias *Big Bad Love*, por hacer una comparación con alguien que el público español ya conoce, me deja al leerla el mismo sabor de boca que las primeras colecciones de cuentos de Thom Jones, especialmente la de *El púgil en reposo*. Historias sagaces, revelando lo brutal de lo cotidiano, lo irrisorio del día a día. Diabólicas en su concepción, geométricas en su diseño, brillantes en su ejecución. Me dejan sin habla cuando las acabo. Generalmente uno puede saltar de un cuento a otro en cualquier colección. Con estas no: he de cerrar el libro, perder la mirada, disimuladamente, como ignorando la presencia del libro en la sala, como si no compartiéramos el mismo territorio. Lamentablemente, aún no tienen traducción en nuestro país. Aunque sé, de buena tinta, que hay alguien por ahí empeñado en que se publique en España.

[Larry BROWN, *Big Bad Love*, Chapel Hill (Carolina del Norte), Algonquin Books, 228 pp.]

WILLIAM S. BURROUGHS EN MADAGASCAR
El Eco de los Libros, 13/09/2007.

Este texto de William S. Burroughs es un caso singular en el conjunto de su obra. *Ghost of Chance* es una brevísima econovela ambientada en la isla de Madagascar, que estrena a un Burroughs preocupado por los problemas de supervivencia de una raza, la humana, condenada a la extinción. Seguramente pueda ser considerada como una obrita menor; en realidad, palidece ante *Naked Lunch*, o la misma *Junkie*. Pero sus méritos son otros, por supuesto. Es una obra inclasificable: su concisión, su estilo a medio camino de la fantasía, el historicismo y los comentarios de índole naturalista, la hacen una novela, como poco, peculiar. Pero que no se me malinterprete, es Burroughs por los cuatro costados. Seca, directa. Acaso la brevedad la hace doblemente eficiente a este respecto. Traducida en España por Muchnik con el título *El fantasma accidental*.

[William S. BURROUGHS, *Ghost of Chance*, Londres, Serpent's Tail, 2002, 59 pp.]

SUICIDIOS OBLIGADOS (LITERARIOS O NO)
El Eco de los Libros, 14/09/2007.

Sócrates es el primero del que sé que suicidaran, tragando cicuta mientras no paraba de hablarle a quien quisiera escucharle. A Dostoyevski quisieron suicidarle en Siberia con un pelotón de fusilamiento, pero en el último segundo, atado ya al poste, revocaron la orden. Lorca conoció peor suerte: los fascistas de Franco, o quizá una familia rival, que para el caso es lo mismo, lo suicidaron a la vera de cualquier camino andaluz. Tras la caída del régimen de Mussolini, los americanos quisieron suicidar a Ezra Pound enjaulándole y exhibiéndole por las calles italianas. De regreso en EE. UU., su suicidio, de viejo, le sobrevino tras haber permanecido encerrado en un psiquiátrico durante años, amable y civilizadamente.

[Ramón ANDRÉS, *Historia del suicidio en Occidente*, Barcelona, Península, 2003, 367 pp.]

FONOLLOSA: PERFECCIÓN FORMAL, AJUSTE DE CUENTAS

El Eco de los Libros, 17/09/2007.

"Water Street": "El mundo nos resulta ajeno, inhóspito./ Debiera ser destruido por completo./ Construir un mundo nuevo sin sus ruinas.// Y estrenar una vida diferente.// Pero al pasar el tiempo el nuevo mundo/ tampoco hallarán propio nuevos hombres./ También ellos querrán un mundo nuevo.// Mejor fuera destruirlo y no hacer otro". Urbe, sexo, crimen. Con aparente simpleza de formas, si se le echa un segundo vistazo (amén de los obvios hipérbatos y un par de figurillas más desperdigadas por ahí) se percibe que el ritmo que consiguen estos poemas surge desde dentro, y no por medio del significado de las palabras. Los cortes de línea no son semánticos, son rítmicos. Hay quien opina que su poesía es inconstante: a mi juicio, eso la hace aún más atractiva. He descubierto, además, que algunos de los poemas que más me impresionaron tiempo atrás ahora significan muy poca cosa, mientras que otros que pasaron desapercibidos antaño, hogaño parecen como subrayados con rotulador fosforescente. Pero supongo que eso es lo que distingue a un buen poemario.

[José María FONOLLOSA, *Ciudad del hombre: New York*, Barcelona, Quaderns Crema, 1990, 131 pp.]

ROBERTO ARLT, EXPLORADOR DE LOS LÍMITES DE LO HUMANO

El Eco de los Libros, 19/09/2007.

Aseguran los prologuistas de este volumen que la ocasional desestructuración de su escritura es intencionada, que el público actual, acostumbrado a los cortes y *flashbacks* de las películas, lo entiende mejor que los contemporáneos de Arlt, que veían un fundido en negro entre escena y escena. Con todo, Arlt no es un innovador de lo narrativo (antes que él, Joyce ya había estado enredando con técnicas literarias que el cine adoptaría más adelante), pero lo que quiere hacernos saber lo dice bien. Y con gracia. Y con mucha mala leche, a veces. Otras, por el contrario, cubre las palabras con un pesado manto de tristeza y de derrota. Se las apañó, además, para escribir con un lenguaje florido y metafórico, en el que también insertó el habla de las gentes, de los porteños, sus insultos, sus tacos, sus dichos populares. Sartre y Camus, mediado el siglo pasado, observaron que el infierno son los otros, que siempre se es extranjero, incluso para uno mismo. Arlt ya nos lo había revelado treinta años antes que ellos, pero creo que a él no le hicimos demasiado caso entonces.

[Roberto ARLT, *Los siete locos*, Madrid, Cátedra, 1992, 352 pp.]

¿QUÉ HAY DEL OTRO LADO DE LA NADA?
J. LETHEM RESPONDE

El Eco de los Libros, 25/09/2007.

Recuento de la relación amorosa entre un sociólogo y una física, su posterior ruptura sentimental (ella se enamora de un universo paralelo, un espacio vacío, una nada que han creado en el laboratorio de la Universidad donde ambos trabajan), y los derroteros por los que les llevan las obsesiones de la una y del otro. Imaginen que el Vacío experimental tiene sus propios gustos (prefiere una granada a unos huevos revueltos, una bombilla a un piolet, y un calcetín de rombos a una pajarita), que para ella eso lo convierte en una entidad de personalidad arrolladora, pero que para él se revela como un contrincante imbatible: lo indescriptible, lo que no manifiesta ninguna cualidad física, tampoco adolece de ningún defecto. Poético, en ocasiones desternillante, inteligente y fino. Una maravilla que cabe en cualquier mochila, maletín o bolsillo para poder leerla en parques, metros o el váter. Y sin necesidad de enchufarla a la luz. Los poco duchos con el inglés cuentan con la traducción española de Mondadori.

[Jonathan LETHEM, *As She Climbed Across the Table*, Nueva York, Vintage-Random House, 1997, 212 pp.]

ALAN LIGHTMAN SUEÑA CON PATENTES Y RELOJES

El Eco de los Libros, 27/09/2007.

El ejemplar que yo tengo lo compré en la Biblioteca Pública de Chicago, rescatado de entre todo lo que consideraban inservible y que, para deshacerse de ello, vendían a precio de saldo. Lo leí durante un otoño en el que me encontraba enfrascado en estudios sobre las ciencias y sus filosofías, y lo cierto es que consiguió abrirme todo un ventanal de ráfagas de aire fresco en la enmarañada selva de ecuaciones y teorías sobre la realidad. Aviso para navegantes: aunque su autor lo sea, para leer esta novela no se precisa ser doctor en Física; con permitir la entrada en la mente del mundo inconsciente, azaroso y desconcertante del tiempo, basta y sobra. Nunca el cálculo de mundos posibles según el baile de las horas —hacia adelante o hacia atrás, inmóvil, a brincos, de puntillas, en espiral, jugando al escondite— había sido tan conmovedor como en esta visión inspirada en los sueños y pesadillas que pudo haber tenido (que acaso tuvo) el bigotudo genial. Y no me estoy refiriendo a Groucho Marx, aunque también podría haber sido él.

[Alan LIGHTMAN, *Einstein's Dreams*, Nueva York, Pantheon Books, 1993, 180 pp.]

VIDA Y MUERTE EN LA COLOMBIA DE FERNANDO VALLEJO

El Eco de los Libros, 01/10/2007.

"Y he ahí la ventaja de la palabra sobre la imagen. La palabra se mete por donde quiere, va, viene, fluye, se escabulle, atraviesa paredes y ve sin que la vean, registra sin cambiar". Esto se afirma en la página 501 (y principio de la 502) de *Años de indulgencia*, una de las novelas autobiográficas que componen la pentalogía *El río del tiempo*. Es curioso, porque la capacidad de atravesar paredes se la otorga en otra ocasión también a la muerte, de modo que se trata de algo que la muerte y la palabra comparten. Lo que sucede es que una lo hace callando y la otra lo hará a gritos, o en susurros, o desconsoladamente, o según la situación lo requiera o la boca parlante sepa o pueda hacerlo. Así pues, la palabra y el tiempo –iba a decir y la vida, y la muerte, pero en el tiempo se encierran estas dos últimas– conforman el fluir de un río, como el de Heráclito, en el que cuando has metido la punta de los dedos de los pies para remojarlos, ya nada es lo mismo: ni el río, ni uno mismo, ni apenas las palabras. Memoria de una vida múltiple, escrita con una prosa envidiable, dinámica, y con la intención de atrapar lo inasible.

[Fernando VALLEJO, *El río del tiempo*, Bogotá, Alfaguara, 2002, 711 pp.]

LEA A CHAVARRÍA Y RÍASE USTED DE LOS PÉREZ REVERTES DEL MONTÓN

El Eco de los Libros, 03/10/2007.

No contento con pergeñar un relato aventurero y pluritemporal, Chavarría escribe con tres estilos distintos, contemporáneos a su contexto histórico, como es de ley. Y no solo usa tres estilos de castellano diferenciados y, por cierto, magníficamente trazados, sino que consigue tres personajes de carne y hueso: verosímiles, es decir, respirando y sudando y vibrando. Y basta ya de metáforas fisiológicas. Esa técnica suya de usar varias narraciones entrecruzadas geográfica e históricamente la volverá a utilizar en *Allá ellos*, esta vez en la Amazonía y el Brasil, con un toque de *thriller* y de novela de espías. El no va más.

[Daniel CHAVARRÍA, *La sexta isla*, Barcelona, Planeta, 1998, 480 pp.]

SEXO, CARTAS Y ROCK'N'ROLL: LA PRIMERA DE BUKOWSKI

El Eco de los Libros, 04/10/2007.

La primera vez que la leí no podía contener la risa, fue algo bárbaro, cada dos por tres estallando en una carcajada: los perros que le fastidian, o las mujeres que salen medio desnudas y aburridas del todo a esperarle al porche de sus casas, o el jugarse la vida por tener que repartir correo publicitario... Una novela, por cierto, que escribió en menos que se persigna un cura loco: se sentó a teclearla y no la dejó hasta que, en unas pocas semanas, la tuvo terminada. Acababa de renunciar a su trabajo (de cartero, de qué si no) y había decidido dedicarse de lleno a la escritura. Hay quien le achaca su excesivo tono a lo Hemingway, el no haberse sabido desligar de sus modelos para, al final, producir un mero ejercicio de estilo. *Touché*. Pero también encontramos al Bukowski más mordaz y pendenciero, algunos dirían que incluso morboso, con toda su carga de sexo y absurdo y, sobre todo, su desprecio al trabajo, a la meritocracia, al estilo de vida americano. Creo que por ahí van los tiros. (*Nota bene*: traducción en Anagrama con el título de *Cartero*).

[Charles BUKOWSKI, *Post Office*, Santa Rosa (California), Black Sparrow Press, 1971, 198 pp.]

VENDO MI CORAZÓN AL MEJOR POSTOR: OTRA VEZ CHAVARRÍA

El Eco de los Libros, 09/10/2007.

En su día también leí este otro libro de Daniel Chavarría, que es, para quien aún no haya indagado nada sobre él, un escritor uruguayo afincado en Cuba y dedicado, entre otros quehaceres y aunque no lo parezca, a ganar premios por sus novelas policíacas. Esta de hoy, sin embargo, es el relato de una anécdota extraída de las muchas idas y venidas de su autor: el enamoramiento del escritor-narrador de una muchacha, Gabriela, o Gaby, como la llaman sus amigos y familiares, y las consiguientes peripecias, los inevitables tiras y aflojas, los vaivenes del corazón y los cuerpos. Pero es un relato que oculta una narración paralela, sin lugar a dudas más enjundiosa que la anécdota novelesca, y que gira en torno a la oposición de los sexos, es decir, una serie de lucubraciones, maquinaciones y/o meditaciones sobre las relaciones de poder entre amores y enamorados. Encontrará el lector un español fino y elegante, muy coloquial en los diálogos y hermoso en los momentos más calmados, que es justo cuando se deja entrever el esmero con el que se ha compuesto la novela, ese aparente descuido con el que se labra un relato y que, en realidad, revela la maestría de orfebre del idioma de su autor.

[Daniel CHAVARRÍA, *Aquel año en Madrid*, México, Planeta, 1998, 251 pp.]

PORTADAS Y NOVELAS, OPINIONES Y PAYASOS
El Eco de los Libros, 11/10/2007.

Qué pena, tener que acabarla. Habría seguido disfrutando del relato de las peripecias de Hans por esas ciudades neblinosas y doloridas, y de sus diatribas anticatólicas y anticlericales. Por otra parte, y es lo que querría hoy comentar, llama poderosamente la atención la portada de esta edición: se trata de la fotografía, en un B/N que quita el hipo, de un payaso que se lleva a la boca un pitillo con la mano derecha, mientras deja que la izquierda le descanse a la altura del muslo agarrando unas rosas tristísimas. Al fondo se adivinan la carpa de un circo y el terreno llano y arenoso donde este se asienta. El payaso viste un bombín a lo Chaplin, un maquillaje blanco luminoso le oculta el rostro, que aparece coronado con unas cejas negras que se arquean hasta desaparecer, por asimilación, bajo el sombrero. El resto de su vestimenta es de un gris rayano en el luto. Recuerdo que cuando dejé el libro en mi escritorio, en el instituto de Chicago, uno de mis alumnos que lo vio allí no dudó un instante al afirmar que "esta debe ser la foto del payaso más tenebroso de todos los tiempos". Y no le faltaba razón.

[Heinrich BÖLL, *The Clown*, Londres, Penguin, 1994, 272 pp.]

NICOLÁS GÓMEZ DÁVILA, O EL ARTE DE LA MAGNÍFICA BREVEDAD

El Eco de los Libros, 15/10/2007.

Desde que Lichtenberg escribiera sus *Aforismos*, calificados por Nietzsche, el gran compositor de máximas y adagios, como "el mejor libro alemán que existe", no me había topado con una colección de dichos breves como la que ahora nos ocupa. Producto del azar –su autor sufrió una terrible lesión espinal al caer del caballo que montaba, lo que le impulsó (¿le condenó?) a pasar las horas muertas encerrado en la biblioteca que, gracias a su fortuna, había ido adquiriendo–, este libro es único en las letras en español. Su idioma certero y punzante, pero no por ello menos rítmico y melodioso, logra expresar con asombrosa concisión todo aquello que la hojarasca de diez mil volúmenes ni siquiera alcanza a rozar. Sin nada que perder, sin ninguna intención que le anime al beneficio, Gómez Dávila utiliza el fino escalpelo del humor disfrazado con la máscara de la flema y la sentencia para burlarse de sí mismo y de todos nosotros, nos suelta una sarta de bofetadas que nos encienden los carrillos del alma, para después plantarnos un espejo en el que contemplar lo que nadie nos había dicho. A diestra y siniestra, sus soplamocos nos levantan del asiento y nos hacen volver la vista atrás, por miedo a que sean nuestros los pasos que nos están persiguiendo.

[Nicolás GÓMEZ DÁVILA, *Sucesivos escolios a un texto implícito*, Madrid, Altera, 2002, 157 pp.]

MÁS ANÁLISIS Y MENOS BABAS: ALAIN DE BOTTON, SOBRE EL AMOR

El Eco de los Libros, 18/10/2007.

Este libro me lo regaló, irónica y curiosamente, una mujer. Ella creía que mi cerebro no funciona como el de cualquier macho de la especie, o acaso fuera que el suyo no era el propio de una hembra. Ya no lo recuerdo bien. Sea como fuere, el libro es algo así como un análisis-novela, o una novela analítica, no sé muy bien cómo llamarlo. El narrador del relato se enamora perdidamente de una señorita durante el breve trayecto de un vuelo nacional, lo que sirve de chispazo, casi anecdótico, para el posterior análisis filosófico de las implicaciones emocionales e intelectuales de su enamoramiento. Más que un relato, podría decirse que es casi un escalpelo racional. Encontrarán en él teorías del caos, psicológicas, geométricas y un sinfín de razonamientos que tratan de dar cuenta de eso que a todos se nos escurre entre los dedos: el amor, o sea. Con cada ecuación que ensaya el narrador, ¡zas!, otro tajo más al corazón. Los que no anden muy duchos con el inglés pueden servirse también de la traducción hecha para Ediciones B.

[Alain DE BOTTON, *On Love*, Nueva York, Grove Press, 1993, 231 pp.]

LA FINA CORTEZA DEL MELOCOTÓN: LAS CARTAS BUKOWSKI-PURDY

El Eco de los Libros, 23/10/2007.

Este epistolario entre el borrachín de Los Ángeles y el canadiense Al Purdy, no menos dado a la ebriedad, recoge la correspondencia que ambos poetas intercambiaron durante los años 60 y 70 del siglo pasado y que, entre chascarrillos y cuchicheos, dio como fruto un texto lírico y, en ocasiones, sobrecogedor. En él, sobre todo, se masca el juego de la ficción y la realidad con el que tanto disfrutaban, ese de los álter egos y los personajes detrás de las palabras. Creo que, de las 37 de la colección, la carta con la que más he disfrutado ha sido la n° 18, una verdadera bomba de relojería que te explota en los ojos y en las uñas. Me llama la atención también la n° 24, en la que Bukowski menciona a William Wantling, en una época de su vida en la que aún le consideraba "uno de los suyos", es decir, un poeta con garra y fuerza y toda la bravuconería machota de la que un Bukowski cuarentón y pendenciero se servía para irse labrando su imagen de cabrón degenerado. Y tengo dos noticias, una buena y otra mala; la mala es que no hay traducción al español de este epistolario; la buena es que sé, de muy buena tinta, que hay por ahí un traductor fanfarrón que se ha propuesto que alguna editorial acabe por aceptarle el texto. Ya veremos.

[Seamus COONEY (ed.), *The Bukowski/Purdy Letters: A Decade of Dialogue, 1964-1974*, Sutton West (Ontario) y Santa Bárbara (California), The Paget Press, 1983, 117 pp.]

CARTAS, CARTAS Y MÁS CARTAS. HOY, LAS DE AVELINO HERNÁNDEZ
El Eco de los Libros, 24/10/2007.

Hay escritores que entienden su oficio como si algo o alguien les hubiera subido a un pedestal, como si observaran el mundo –la vida, las gentes, los universos todos– desde una posición de privilegio; pero contamos también con esa otra estirpe de los escritores que no saben desligar la vida de las palabras, que se entregan en cada línea que escriben con toda la dedicación de la que son capaces en cada instante de su existencia. Porque la consagración epistolar es una forma de muerte personal: quien menos cree en uno mismo se da a los demás en sus palabras. Envías una carta y allá va otro pedazo más de ti. Y cuanto menos quede de uno mismo, mejor. Tengo entendido que a Avelino Hernández le faltaba tiempo para contestar a todos sus corresponsales, aunque tampoco creo, en este caso, que la cantidad sea garante de calidad, que se baste por sí sola. A mí, maniático hasta lo enfermizo de la escritura epistolar, con las que se recogen en este volumen me sobran para estar rumiando sus palabras, que ahora son mías, durante semanas enteras. Y qué mejor forma de sobrevivir la propia muerte si no es perviviendo en la memoria de los demás, en palabras que son de otros, de todos y de nadie.

[Avelino HERNÁNDEZ, *Cartas desde Selva*, Segovia, Caja de Ahorros de Segovia, 2007, 238 pp.]

EL CANTO DEL CISNE, O LA POESÍA DE DJUNA BARNES

El Eco de los Libros, 26/10/2007.

> Now I lie here, with my eyes on a pistol.
> There will be a morrow, and another, and another
>
> ["Ahora yazgo aquí, con la vista fija en una pistola. Habrá un mañana, y otro, y otro"].

Djuna Barnes escribió, sobre todo, novelas y cuentos, amén de multitud de artículos periodísticos, todos los cuales gozaron del clamor de crítica y público. No en vano, se considera a su *Nightwood* (1936) como una de las cumbres del modernismo literario. Lo que no se sabía, sin embargo, era que los últimos veinte años de su vida, los que trascurrieron desde 1962 a 1982, Barnes los dedicó en exclusiva a sus poemas. Verso a verso, folio a folio, los iba depositando al azar por los rincones de su apartamento neoyorquino sin la menor intención de publicarlos.

Tras su muerte la sorpresa fue mayúscula: cajas a rebosar de poemas, en diversos estados de conclusión, daban al traste con la idea de una producción lírica exigua o marginal. Luchando contra su soledad, contra su alcoholismo y contra su propio cuerpo, que se negaba a funcionar con un mínimo de decoro, Barnes dejó un legado poético de 71 años que precisa de una urgente reconsideración. Desde el lirismo cristalino de los primeros versos hasta el barroco impenetrable y desquiciado de los últimos, su poesía es la exploración de una vida que, según su decir, se asemeja a una broma de mal gusto, una vida que discurre marcada por la hipnosis que ejercen el amor traicionero y el fogonazo final de la muerte.

[Djuna BARNES, *Poesía reunida 1911-1982* (ed. bilingüe), Tarragona, Igitur, 2004, 206 pp.]

LOS CORAZONES ROTOS Y LOS ANTIHÉROES DE JOE CONNELLY
El Eco de los Libros, 29/10/2007.

Frank es un médico de urgencias, con turno de noche, y conductor de ambulancias en la ciudad de Nueva York, o *paramedic*, como les dicen por allá. Hace algún tiempo que le dejó su mujer. Además, le persiguen dos fantasmas: por las calles, el de una chiquilla a quien no pudo salvarle la vida porque en aquel preciso instante el tubo respirador no quería entrar laringe abajo y se empeñaba en colarse por el esófago; en el hospital, el de un hombre al que debería haber dejado morir cuando atendió su parada cardiorrespiratoria en su casa, rodeado de su familia, le increpa para que le desate de la máquina que lo mantiene con vida en la UCI del hospital. La hija de este hombre, quizá antigua compañera de juegos de Frank en los parques infantiles de NYC, tiene gran afición a los narcóticos: querría suicidarse, pero sustituye sus miedos por dosis de profundo sueño a la carta. Frank recorre los barrios, los pisos, los tugurios, los solares, enganchado él también a su propio opiáceo, el de salvar vidas, ajeno a la gran verdad de la suya propia: que es él quien precisa de salvación. Auténtica en los detalles, mítica en sus intenciones, la anécdota es el trampolín para una narración simbólica en la que o todos los personajes son héroes o, si no, no puede serlo ninguno. En ocasiones veloz y trepidante, asmática y ronca en otras, esta lírica primera novela debería formar parte ya del catálogo de la gran literatura estadounidense contemporánea.

[Joe CONNELLY, *Bringing Out the Dead*, Nueva York, Vintage Books, 1999, 323 pp.]

DELMORE SCHWARTZ: EL OSO AGAZAPADO TRAS LO COTIDIANO

El Eco de los Libros, 30/10/2007.

Cualquier mención —crítica o no— que hoy día se hace de Delmore Schwartz (1913-1966) pasa por asimilar su nombre a la colección de relatos *In Dreams Begin Responsibilities* y, dentro de ese libro, la atención se centra en el relato de título homónimo, casi como si no hubiera nada más que mereciera la pena leer de su puño y letra. Tengo la impresión de que, en lugar de ensalzar las virtudes del mencionado relato (y el volumen al que este pertenece), lo que quien así opina en realidad consigue es emitir un juicio negativo, por omisión, acerca de la obra del escritor y editor neoyorquino, entre la que se incluyen poemarios, epistolarios, ensayos, escritos autobiográficos y, cómo no, otros volúmenes de cuentos. El que hoy nos ocupa, el último que publicase en vida y que, tras su muerte, permaneciera durante años sin reimprimirse, abandona el, en otros libros, omnipresente tema de los intelectuales judíos e hijos de emigrados para posar su mirada sobre las costumbres de sus contemporáneos, sin que sea relevante su etnia o condición social. Merced a su tono irónico, envuelto siempre en una dicción clásica (la aparente falta de retórica es, de por sí, un lenguaje retórico implícito), y a la creación de un ambiente de gran lirismo, las relaciones de padres e hijos, profesores universitarios y eruditos, adolescentes y adultos, conforman un paisaje humano de soledad y confusión que, en lo fundamental, no parece ubicado en los años 60 neoyorquinos, sino que tocan la fibra de lo universal que a todos nos iguala.

[Delmore SCHWARTZ, *Successful Love and Other Stories*, Nueva York, Persea Books, 1990, 252 pp.]

HARRY CREWS HACE DE LA HIPÉRBOLE SU SANTUARIO

El Eco de los Libros, 31/10/2007.

Crews ha sido comparado con Faulkner por su vena gótica (léase: sureña), pero sin que sea para este un rival de peso; hay quien opina que Swift leería sus novelas con gran placer, devoción incluso; otros lo equiparan, en lo concerniente a la expresión, con el deje y la cadencia de O'Connor, aunque matizado por un tono sardónico, rozando en ocasiones el esperpento; he leído reseñas en las que se llega a afirmar, con rotundidad, que solo McCarthy, el reciente y flamante Premio Pulitzer, consigue hacerle cierta sombra en la escena literaria estadounidense.

La novela que hoy traigo ante ustedes tiene como protagonista a Hickum Looney, empeñado en ganar el concurso de ventas de jabón por catálogo, de puerta en puerta, que su empresa organiza anualmente. Looney da, por casualidad, con la clienta perfecta: una venerable anciana que muerde el anzuelo, le presenta a todas sus amigas y hace que las ventas se multipliquen hasta lo inverosímil. Pero queda un obstáculo por salvar: el jefe de la compañía, quien todos los años vende más jabón que todos sus empleados juntos, hundiéndolos en el más espantoso de los ridículos. El relato aparenta ser la típica historia del *self-made man*, el trabajador que se hace a sí mismo, comenzando en la pobreza más abyecta para elevarse, merced a su abnegado esfuerzo, hasta la gloria laboral y el éxito financiero. Pero esta fábula de superación personal y entrega a un ideal se convierte, en manos de Harry Crews, en un carnaval de personajes repletos de dudas y conflictos internos, y cuya estabilidad emocional va menguando conforme avanza la trama hacia una resolución tan disparatada como impredecible.

[Harry CREWS, *The Mulching of America*, Nueva York, Scribner/ Simon & Schuster, 1996, 269 pp.]

SYLVIA PLATH RESTAURADA
El Eco de los Libros, 05/11/2007.

Todos conocemos los poemas de *Ariel* tal como los publicó el poeta laureado Ted Hughes en 1965, después del suicidio de su esposa, con todo aquel vaivén de poemas excluidos y añadidos al proyecto original de su autora. Conocemos también la edición de 1968, que varió dramáticamente con respecto a la del año 65, y que, para más inri, apareció con un contenido distinto en las respectivas ediciones del Reino Unido y en los Estados Unidos. A estas dos ediciones le siguieron los *Collected Poems* de 1981, también al cuidado de Hughes, en un volumen que recogía todos los poemas en orden cronológico y que se convertiría en el libro de referencia de la obra de la Plath. Ella quería que *Ariel* comenzase con la palabra *love* ("amor") y concluyese con *spring* ("primavera") –tal como indica Frieda Hughes, su hija, en el prólogo al libro que hoy les presento–, en un esfuerzo por cubrir todo el espacio que medió entre la ruptura de su matrimonio y el comienzo de una nueva vida, un espacio repleto de agonía y de furia. Los poemas de *Ariel*, cargados de referencias privadas, tanto personales como ajenas, fueron alejándose del proyecto poético de la Plath a medida que conocían nuevas ediciones. La que hoy comentamos no solo recupera el esquema que Plath había diseñado para unos versos cruciales en su producción (hay quien los califica de obra maestra), sino que también incluye el facsímil del texto original, once autógrafos del poema "Ariel" que dejan vislumbrar la evolución del desarrollo creador de la poeta, las notas que la propia Plath escribiera para una lectura radiofónica en la BBC y, además, la ortografía original de los poemas y sus variantes. Es, en toda regla, una restauración del poemario capital de esta poeta y novelista anglo-americana.

[Sylvia PLATH, *Ariel. The Restored Edition*, Londres, Faber and Faber, 2007 (2004), 201 pp.]

DIEZ LUSTROS EN LA MONTAÑA RUSA DE ALLEN GINSBERG

El Eco de los Libros, 06/11/2007.

Con motivo del 50° aniversario de la edición original del poema, se publica esta, que es reedición del volumen de 1995 (dos años antes de la muerte del autor) en el mismo sello editorial, pero ahora en formato gigante de 27,8 x 22,7 cm. El extensísimo título del libro da fe de su contenido, así que me remito a su traducción *infra*. Y que conste en acta: Ginsberg no habría sido capaz de darle una forma coherente a este volumen sin la impagable ayuda de su amigo y biógrafo Barry Miles. Pero, ¿qué decir de "Howl" que no se haya dicho ya? ¿Cómo calificarlo sin caer en el tópico? ¿Obra maestra profética? ¿Rabia lírica contra una sociedad deshumanizadora? ¿O, en palabras de Bob Dylan, "trágica y dinámica, [...] acaso la mayor de las influencias en la poesía estadounidense desde Whitman"? Todo eso y más. Pienso en las tres ediciones del poema que tengo en casa, y ninguna de ellas es comparable con esta genuina recreación del proceso compositor de un texto revolucionario: lo fue en 1956 para unos Estados Unidos que despertarían a palos de su sueño en las dos décadas siguientes, y lo sigue siendo para cualquiera que se acerque hoy a él. Cúmulo de anécdotas y fotos, reflejo también de la esquizoide América de los 50, tienen ante ustedes el texto autógrafo de un poema que no fue escrito para ser publicado, sino para leerlo a los amigos en conciliábulos anfetamínicos a ritmo de *jazz*, marihuana y lírica para espantar el horror, el horror, el horror...

[Allen Gingsberg, *Howl. Original draft facsimile, transcript, and variant versions, fully annotated by author, with contemporaneous correspondence, account of first public reading, legal skirmishes, precursor texts, and bibliography* ("Aullido". Facsímil del borrador original, transcripción y variantes, profusamente anotado por el autor, con correspondencia de la época, relato de la primera lectura pública, refriegas legales, textos precursores y bibliografía), Nueva York, Harper Perennial, 2006, 194 pp.]

POEMAS Y PUZZLES: CRÓNICAS ELIOTIANAS DESDE LA TIERRA BALDÍA

El Eco de los Libros, 07/11/2007.

Hasta 1968 hubo que esperar para ver el autógrafo original de *The Waste Land*, resolviéndose así uno de los misterios más desconcertantes de la literatura anglosajona del s. XX. El manuscrito, que se creía perdido, había permanecido entre los legajos de John Quinn, amigo y consejero de Eliot, desde que en 1922 aquel lo recibiera de manos del poeta. Lo que se desprendía del hallazgo era que la versión que se publicó del poema era bastante más corta que la que Eliot había escrito originalmente. El manuscrito muestra el proceso de reducción y revisión que sufrió el texto a manos, sobre todo, de Ezra Pound, aunque también del propio Eliot y, en alguna medida, de su primera esposa, Vivienne Haigh-Wood Eliot. La edición que hoy comentamos reproduce el facsímil del manuscrito en las páginas pares, con una transcripción muy esmerada en la página opuesta, acompañado todo ello de notas explicativas y precedido por una extensa e iluminadora introducción biobibliográfica escrita por la viuda del poeta, Valerie Eliot. El libro incluye también el poema en la forma en que se publicó, lo que arroja aún más luz sobre la evolución del que algunos consideran el poema más influyente de la literatura modernista en lengua inglesa. Llamo la atención sobre dos asuntos. El primero, la labor editora de Ezra Pound, que no se limitó a sugerir retoques más o menos marginales, sino que se convirtió en toda una creación original y brillante. El otro, que Eliot nunca pretendió que su poema fuera reflejo de la "desilusión de una generación", tal como dijo en su día algún crítico; lo más a lo que aspiraba a ser *The Waste Land* era "una pieza de refunfuño rítmico", un poema que hundía sus raíces en el alma y en la persona del poeta.

[T. S. ELIOT, *The Waste Land. A Facsimile and Transcript of the Original Draft*, Orlando (Florida), Harcourt, 1994, 149 pp.]

CLAUDIO RODRÍGUEZ: LA VIDA COMO AVENTURA LÍRICA

El Eco de los Libros, 08/11/2007.

Luis García Jambrina, especialista en la obra de Claudio Rodríguez, se ha encargado de prologar y ordenar los folios que, tras la muerte del poeta, quedaron almacenados en una carpeta de cartón azul, de esas que se cierran con gomas en las esquinas, algo comidas ya por el uso, y en cuya portada se lee "*Poemas de Aventura* (Hasta el verano)". Se trata de un volumen poco convencional, pues no recupera, como es habitual, el original de un libro ya publicado, sino que, antes bien, les regala a los lectores con un proyecto en plena efervescencia creadora. Resuenan en estos versos los poemas de *Casi una leyenda*, centrados en el tema de la vejez, pero iluminados ahora con un aliento de esperanza e, incluso, cierta voluntad etérea que no se encontraba en aquel poemario. La exposición de los autógrafos sigue un orden inverso, esto es, comenzando con la versión más elaborada, mecanoscrita, para ir remontándose por los anteriores estadios de materialización de los poemas y concluir en su origen, cuando eran poco más que una bola arrebatada de intuiciones poéticas comprimidas, el instante previo a la explosión de energía lírica. Es de destacar la excelente calidad de este libro en tanto que objeto, el generoso tamaño y grosor de sus hojas, la magnífica y bella encuadernación y, sobre todo, la reproducción verdaderamente facsimilar —respetando los colores, las cualidades de las tintas y la particular tendencia hacia el margen derecho de los autógrafos— del legado de quien alguien (¿quizás Gamoneda?) no ha dudado en calificarle como "el más grande de los poetas españoles del siglo XX".

[Claudio RODRÍGUEZ, *Aventura*. *Edición facsimilar a cargo de Luis García Jambrina*, Salamanca, Ediciones Témpora (Tropismos), 2005, xxv + facsímil sin núm. de pp.]

TREVOR JOYCE: ALGO SE CUECE EN IRLANDA
El Eco de los Libros, 12/11/2007.

Trevor Joyce (Dublín, 1947) explora territorios poéticos ignotos en lugar de quedarse en casa al amor de la lumbre. Este libro, recopilación de casi treinta y cinco años de escritura, arranca con la traducción del gaélico de *Los poemas de Sweeney, el peregrino* (*ca.* s. VII), cuyo uso primordial, casi diríase que primitivo, del lenguaje, permite que sean las imágenes naturales las que revelen la progresiva demencia del rey maldecido en la batalla. Constreñido por el espacio a escoger entre los demás poemarios, opto por *Syzygy*, que es, más bien, un poema largo, dividido en una serie de golpes de diez a doce versos, con una extensa exposición final de aliento metafísico, pero repleta de imágenes ancladas en la más inmediata plasticidad, materializada por versos que suenan casi aliterados. El más reciente de los libros recopilados, *Trem Neul*, es un poema-ensayo de raíces autobiográficas que mezcla, a partes desiguales, voces lejanas que se van perdiendo entre un tumulto de datos, consiguiendo desterrar así cualquier sospecha de complacencia con lo personal. Intercaladas, aparecen otras colecciones, más o menos prolijas, de versos de diversa factura y que dan al volumen un primer aspecto de hiperdesarrollo experimental, de exceso de abstracción, una tentación de la que, una vez adentrados en los poemas, nos aleja el tono unitario que subyace a todos los versos, una voz musculosa, tersa, tajante, intensa, montada a hombros de estudios de matemáticas, filosofía y poesía china. Años de búsqueda para darle forma a una expresión que no admite otra forma.

[Trevor JOYCE, *With the First Dream of Fire They Hunt the Cold*, Dublín, New Writers' Press y Devon, Shearsman Books, 2001, 243 pp.]

LA ETERNIDAD DE LO EFÍMERO EN LA OBRA DE MICHAEL SMITH

El Eco de los Libros, 07/11/2007.

"Here in October dawn breaks in sheets of grey glass" ("En octubre aquí el alba rompe en cortinas de vidrio gris"). En cuanto leí este verso supe que me encontraba delante de uno de los más insospechados descubrimientos poéticos a los que me había enfrentado. Michael Smith (Dublín, 1942), el otro miembro cofundador de la editorial New Writers' Press irlandesa, preocupada por recuperar textos olvidados y prestarle voz a los nuevos valores que otros no quieren escuchar, lleva casi cuarenta años escribiendo poesía, además de ser un enamorado de los poetas en español, que él mismo traduce. Pero no es su faceta como traductor la que quisiera comentar hoy, sino esta recopilación de sus propios versos. Sagaces y fulminantes miradas en las almas de las gentes; retratos en los que la vista y el oído comparten la creación de la vida instantánea de los objetos; fotografías de paisajes interiores a través de la delicada conjunción de unos detalles en apariencia triviales, pero cargados de sentidos y trascendencia; sonidos monosilábicos trenzados con tal sutileza que parecieran largas cabelleras en lugar de los pies pisando el crudo asfalto en verano. Michael Smith quisiera volver a la infancia, a aquel tiempo que –bien lo sabe él– nunca fue de luz y de calor, aunque sí de miradas directas a las cosas, pero le envuelve el tono gris del presente mortecino, en su raudo discurrir hacia el crepúsculo. Hay en estos versos una voluntad de vuelo y un doloroso encadenamiento a la dura y seca tierra; y, sabiéndose atado al polvo, Smith indaga tras las esquinas: acaso entre lo cotidiano se deje entrever una pluma suelta de algún ángel perdido.

[Michael SMITH, *The Purpose of the Gift*, Exeter, Shearsman Books y Dublín, New Writers' Press, 2004, 161 pp.]

W. D. EHRHART: EL CANTO COMO EXPIACIÓN DE LA CULPA

El Eco de los Libros, 14/11/2007.

La vida y la obra de W. D. Ehrhart (Roaring Springs, Pensilvania, 1948) son elementos simbióticos imposibles de desligarse. De entre sus varias ocupaciones profesionales, ninguna le ha marcado como la de ser infante de marina durante la guerra que los EE. UU. mantuvieron con Vietnam. En cuanto a su obra, abarca una docena larga de volúmenes de poesía y prosa, a los cuales hay que sumar los que ha editado de otros poetas que lucharon en diversas guerras, sobre todo en Vietnam y Corea. En el volumen que hoy presento —y que es fruto de casi treinta y cinco años de escritura—, encontrará el lector, sobre todo, poemas inspirados tras la guerra que llevó a Ehrhart al otro confín del mundo, versos de tendencia narrativa y que, en el caso de los más conseguidos, encuentran un peculiar sentido lírico tras las viñetas y las instantáneas. Algunos de ellos son verdaderamente memorables, no por sus imágenes descarnadas y patéticas, obsesivas y voraces, sino porque son la voz de los cientos de miles de fantasmas que vagan por "that green land/ I blackened with my shadow" ("aquellas tierras verdes/ que ennegrecí con mi sombra"). No nos confundamos: su poesía no ensalza el valor del soldado en la batalla, ni tampoco se propone humillar al vencido; busca, antes bien, algún resquicio de explicación que se revele tras las palabras, los sonidos y los ritmos machacones que su idioma propicia. Su esfuerzo es doble: exorcizar las tinieblas que pueblan sus días y sus noches para, una vez despejada la bruma, hacer acopio de fuerzas que le permitan, a quien fuera testigo y partícipe de tanta muerte, cantar con una voz compasiva y enamorada de la vida.

[William D. EHRHART, *Beautiful Wreckage*. *New & Selected Poems*, Easthampton (Massachusetts), Adastra Press, 1999, 239 pp.]

VOLVIENDO A LOS ORÍGENES DEL CANTO CON VÍCTOR HERNÁNDEZ CRUZ

El Eco de los Libros, 15/11/2007.

He aquí una selección de cuatro poemarios editados previamente, además de toda una sección con nuevos poemas. Si hay algo que caracterice la poesía de Víctor Hernández Cruz (Puerto Rico, 1949, aunque afincado en Nueva York) es el sonido. Tengo entendido que las primeras colecciones de V.H.C. tuvieron siempre el mismo tipo de reseñas: eran demasiado negras, demasiado del gueto, demasiado antigramaticales, demasiado inspiradas por el *jazz*, demasiado neoyorquinas. Y, mientras los críticos berreaban sus babas, el poeta se esmeraba, agudizaba el oído, y con cada nuevo libro suyo surgía la magia de las palabras hechas canto. Adorna la portada de este volumen el perfil de un percusionista recortado contra un intenso cielo fucsia, acaso evocación de la noche costeña, dando la bienvenida a quien quiera unirse a la fiesta de la calle, a la explosión de las retahílas de sílabas improvisadas. Hablemos, pues, de las raíces del poeta, acaso africanas, o quizá indígenas, porque son para él un punto de partida y un puerto al que arribar. En medio, el largo viaje de la noche estadounidense, del olor infesto, de la lucha por sobrevivir, de la búsqueda de identidad en medio de la gran marea blanca y protestante que todo lo quiere engullir. ¿Y qué decir de la fusión entre idiomas? Me refiero a ese juego constante aprovechando la musicalidad del inglés para hacer que reviva su español; y me refiero también a las idas y venidas entre ambas lenguas, sabiendo que las traducciones son imposibles y que, precisamente por eso, hay que intentarlas. Que lo que surge del malabarismo verbal entre idiomas es eso tan intangible y tan real a lo que llamamos poesía.

[Víctor HERNÁNDEZ CRUZ, *Rhythm, Content & Flavor. New and Selected Poems*, Houston (Texas), Arte Público Press, 1989, 172 pp.]

JOHN GIORNO: LA POESÍA EN LA EDAD DE ORO DE LA PROMISCUIDAD

El Eco de los Libros, 19/11/2007.

"Los poemas de este libro fueron concebidos para ser oídos en vivo, en CD, en casete y en vídeo". Así comienza el epílogo, tras lo cual siguen las explicaciones de la génesis de los poemas. Versos como sonido, como voces y entidades que se almacenan en lo más hondo de los pulmones y surgen a través de una diversidad de conductos —laringe y boca, poros y orificios, ingles y vello—, poemas que son mezcla de calor, lágrimas y aire: "Sweat and poetry" ("sudor y poesía"). William S. Burroughs asegura, en su iluminadora introducción al libro, que Giorno fue el primero en aplicar las ideas del *Pop Art* a la poesía, usando periódicos, anuncios y televisión para mezclar imágenes y palabras que produjeran en la audiencia una impresión de *déjà vu* ante aquello que ya habían visto u oído. Más tarde vendría "toda esa caterva de poetastros que se amontonan en la estela del [Giorno] más superficial", como muy bien sentenciara alguien, aunque en otro contexto. Es característico de la poesía de Giorno el uso masivo y constante de repeticiones, además de las líneas breves, punzantes, tajantes, una palabra o dos que zanjan el verso de un mazazo aliterado, a lo cual se le suma la inmensa carga de energía sexual desenfrenada, sobre todo de cariz homoerótico, que rezuman los versos: "Your eyes/ are open/ and your eyes/ are popping out/ of your head,/ and your eyes/ are burning/ and your eyes are/ burning/ and your eyes are burning,/ and you have to get/ out of here" ("Tienes los ojos/ abiertos/ y se te salen/ los ojos/ de las cuencas,/ y te arden/ los ojos/ y te arden los/ ojos/

y te arden los ojos,/ y tienes que largarte/ de aquí"). La poesía como robo de lo cotidiano para dárselo, rehecho como letanías, a la masa anónima y anonadada.

[John GIORNO, *You Got to Burn to Shine*. New & Selected Writings, Nueva York, Serpent's Tail y Londres, High Risk Books, 1994, 192 pp.]

RYCHLEWSKI: EL CAMINO IDEAL HACIA LOS PAISAJES DE LA MENTE

El Eco de los Libros, 20/11/2007.

Moteles, restaurantes, funerarias; misteriosas ruinas medievales; el hábitat zoológico de una serpiente; las zonas residenciales de la gran ciudad que se adivinan por entre la neblina de un sueño que las convierte en cuadros a medio pintar... Estas son las imágenes que habitan el paisaje poético de M. J. Rychlewski, unas planicies que, atravesándolas, conducen al lector por caminos y carreteras cuyos cruces son acaso de mayor importancia que la vía principal y cuyos desvíos cobran sentidos primordiales, antes que alternativos: "Geography/ mapped in the veins" ("La geografía/ es el mapa de nuestras venas"). Tufillo a nostalgia, fogonazos de fantasmagorías que impregnan nuestras circunstancias cotidianas. Divididos en tres secciones, los poemas indican el modo en que las rutas del mundo, en general, y de nuestro sentido del hogar, en particular, se establecen por medio de la interacción entre memoria y percepción, entre todo aquello que le llega al solitario cerebro, encerrado en su caja de hueso, para que este lo interprete y consiga darle un sentido unitario, aunque no sea más que durante un segundo. O, en palabras de Rychlewski, "Years pass./ Faces in photographs/ submerged in shadow/ smudged with light/ establish a first/ final distance" ("Pasan los años./ Los rostros en las fotos/ sumergidas en sombras/ difuminadas por la luz/ determinan por vez primera/ la distancia total").

[M. J. RYCHLEWSKI, *Nightdriving*, [¿Chicago?], The Wine Press, 1985, 45 pp.]

LLUEVE SANGRE, FLORECE EL JARDÍN DEL DESTINO: C. K. WILLIAMS

El Eco de los Libros, 21/11/2007.

A los lectores que estén familiarizados con la obra de C. K. Williams anterior a *The Vigil* no les sorprenderán los primeros poemas de esta colección. Formalmente, como en sus libros pretéritos, se impone la línea extensa, desparramada de lado a lado de la página y cayendo un peldaño por debajo del verso, casi como si de un movimiento de flujo y reflujo marino se tratara, o como el eco que regresa rebotado contra los acantilados del límite natural que son los bordes de la página. En cuanto al contenido, una vez más, observaciones y anotaciones de las aparentes trivialidades cotidianas que, reflejadas en el juego de espejos del poeta, en la casa de la risa de los versos, son distorsionadas para que engorde lo delgado, se estire lo grueso o se haga cóncavo lo convexo. Pero hasta ahí llegan las similitudes, pues, de manera subrepticia, se van colando los versos más inesperados, primero entremezclados con los anteriores, al poco tomando ya entidad en el cuerpo de los poemas para, al final, convertirse en formas independientes. Es entonces cuando las demarcaciones entre conciencia, memoria y mundo externo no aparecen ya tan definidas, cuando el orbe trillado adquiere tonalidades y juegos armónicos insólitos. Paso a paso, palabra a palabra, verso a verso, la crudeza de los poemas iniciales va cediendo terreno a otros menos cáusticos y más compasivos, menos mordaces y más líricos. Con todo, persiste aún la sorpresa, que ahora nos asalta al percatarnos de que el motivo del espanto éramos nosotros mismos. Los detalles se convierten, por fin, en el caldo que, lenta y primorosamente removido, revele los lazos invisibles, las transfiguraciones de la angustia que nos hace ser quienes fuimos y quienes ahora creemos que somos.

[C. K. WILLIAMS, *The Vigil*, Nueva York, Farrar, Straus and Giroux/The Noonday Press, 1998, 78 pp.]

EL GUION DE CINE DE BUKOWSKI, AÚN SIN PUBLICAR EN ESPAÑA

El Eco de los Libros, 22/11/2007.

Además de los epistolarios del poeta de Los Ángeles (uno de los cuales ya ha sido objeto de reseña en estas páginas), de la prosa de Bukowski resta solo por publicarse en España el guion de la película "El borracho". En realidad, un *barfly* (literalmente, "mosca de bar") es algo más que un mero borrachuzo: es eso, desde luego, pero uno de los que no despegan el culo del taburete en el que se sientan, calentando y meneando su cerveza, a la espera de que les caiga otra gratis y, con suerte, algún espirituoso. Una de las anécdotas del rodaje de la película es iluminadora al respecto: en una escena, Mickey Rourke, en su papel de Henry Chinaski (y *alter ego* de Bukowski), conoce a una maltrecha Faye Dunaway (Wanda, en la película) que, con los ojos vidriosos y la mirada perdida, sorbe un *bourbon* que le quema las entrañas. Chinaski le invita a una copa, una cerveza, a la cual sigue otra copa, un escocés, pero al ir a dar cuenta del *whisky*, Rourke olvidó matar los últimos centímetros de la botella de cerveza. ¡Imposible!, vociferó Bukowski durante el estreno de la película: un *barfly* jamás dejaría sin acabar su cerveza. Jamás de los jamases. La vida de un *barfly* vulgar se resuelve en el trayecto que discurre entre la barra de un bar y un cuartucho en una pensión de mala muerte infestada de cucarachas y sin agua caliente. Pero Chinaski no es un borrachín cualquiera: él escribe poesía. Además, le envuelve cierta aura, una suerte de magnetismo que atrae a las mujeres más rotas (por dentro y por fuera). Se trata, en fin, del texto de un guion literario, escrito con el sonido, el ritmo y las palabras en mente, en lugar de estar pensando en las imágenes; es un guion, si se me permite el atrevimiento, tremendamente lírico. A veces pienso, incluso, que funcionaría mejor sobre las tablas de un escenario que en el celuloide.

[Charles BUKOWSKI, *The Movie*. *"Barfly"*, Santa Rosa (California), Black Sparrow Press, 1998 (1987), 127 pp.]

CELEBRACIÓN DE LA VIDA, REGOCIJO DE LA MENUDENCIA: J. SCHUYLER

El Eco de los Libros, 26/11/2007.

Hasta donde alcanzo a saber, de James Schuyler (Chicago, 1923-Nueva York, 1991) hay traducidos en nuestro país una media docena de poemas en una revista, acompañados de grabados. O quizá se trate de una revista de arte en la que se han colado los poemas. En fin, quien conozca el dato fidedigno, que levante la mano y lo diga. Parece mentira, sea como sea, que de la vertiente neoyorquina de la poesía estadounidense de los años 60 (de la californiana estamos bien nutridos) no conozcamos más que a John Ashbery, del cual se han publicado sus poemarios más afamados, y, casi de refilón y gracias al empeño de Eduardo Moga, los poemas trofológicos de Frank O'Hara. ¿Ha oído alguno de los presentes hablar de Kenneth Koch? Quizá, aunque lo dudo. Koch (poeta él mismo) fue quien descubrió en la prosa de Schuyler su carácter más lírico (asunto que trataremos cuando los hados nos sean propicios), y hasta hay quien asegura que en el giro de la prosa a la lírica de este último tuvo mucho que ver el susodicho Koch. ¿Y ha oído alguno de ustedes mencionar el nombre de Louise Bogan? ¿No? Pero, ¿a que si saco a colación a Ginsberg, Kerouac, Corso, Norse, Cassady, Ferlinghetti (y paro ya, que me quedo sin aire), nadie arquea las cejas como gesto de sorpresa? Pues a eso voy. De James Schuyler cabe destacar su concisión de estilo (nombres, descripciones, cláusulas de gran poder evocativo con la mayor de las economías sintácticas) y su flexibilidad (su mirada descansa sobre los detalles aparentemente más nimios, de los que exprime hasta la última gota de vida, al tiempo que su memoria juega al escondite con el presente y el pasado, hasta llegar a confundirlos a ambos: un instante es siempre polifacético, mezcla de percepción y recuerdos). Brillos y frescura, cercanía y cotidianidad –antirromanticismo militante, dicen los críticos y académicos–: incluso en sus piezas más extensas y más oscuras, el tono es siempre el preciso, como si se tratase de entradas en un diario privado redactadas con esmero y voluntad estilizante.

[James SCHUYLER, *Collected Poems*, Nueva York, Farrar, Straus and Giroux/The Noonday Press, 1995, 430 pp.]

NI TUYA NI MÍA, DICE LA CANCIÓN, SINO DE TODOS Y DE NADIE

El Eco de los Libros, 27/11/2007.

El dístico elegiaco alcanzó gran popularidad en la Grecia del s. VII a.c. y se utilizó en composiciones del más variado cariz, desde canciones fúnebres hasta las de amor. El primer escritor de elegías del que se tiene noticia fue Calino de Éfeso; después vendrían Tirteo de Esparta, Mimnermo de Colofón, Arquíloco de Paros y el primero de Atenas, Solón. Todos estos, y un puñado más de ellos, fueron vertidos al castellano por Juan Manuel Rodríguez Tobal en un volumen para el cual escogió el título de *El ala y la cigarra: Fragmentos de poesía arcaica griega no épica*, pues "Por el ala has cogido a una cigarra" (fragmento 24 de Calino), es decir, el canto y el poeta, la realidad y el nombre, según nos explica Rodríguez Tobal en su "Invitación" introductoria: el canto contra la literatura. Sin embargo, en aquella recopilación no aparecía Teognis de Mégara, para lo cual debemos avanzar ya hasta los siglos VI y V a.c. Teognis es el nombre con el que los prohombres de la filología han bautizado a alguien del que poco se sabe, pues, más que nada, se trata de una etiqueta –o una cooperativa, para hacernos eco de la categoría que usa Rodríguez Tobal en su presentación al volumen– bajo la cual se engloban el, quizá, Teognis de carne y hueso y una plétora de "pseudo-Teógnides" que, a lo largo de 1400 versos, retoman, reconstruyen, replican, rebaten y rehacen lo que con tanto empeño quiso dejar labrado el maestro original. Versos arrebatados a un tiempo convulso, en una Grecia que no sabía ya qué era, si una nación o un cúmulo de ellas, si las unía un pasado común o si el futuro inmediato las enviaba hacia aventuras dispares. La voz de Teognis, cargando a hombros con el peso de la tradición, se quiere levantar como modelo moral para un tiempo incierto y escoge para ello la lírica más popular, la que era de todos y de nadie. Esos mismos han sido los pasos que han guiado el empeño traductor de Rodríguez Tobal: reconvertir los ritmos griegos en música castellana, y que el canto interior reviva en nuevas formas para que un público idólatra de personas desaprenda los nombres y vuelva a respirar por la herida.

[TEOGNIS de Mégara, *Elegías* (selección y traducción de Juan Manuel Rodríguez Tobal), Tarazona (Zaragoza), Casa del Traductor/Centro Hispánico de Traducción Literaria, 2006, 137 pp.]

J. G. BALLARD DESVELA LA MENTIRA Y EL FRACASO DE LAS FANTASÍAS DE LA ERA HIPERTECNOLÓGICA

El Eco de los Libros, 28/11/2007.

La primera edición de este volumen data de 1970, fecha en la que Nelson Doubleday, director de la editorial que lleva su nombre, vio un ejemplar y, espantado por lo que había leído, hizo que se destruyese la tirada entera. Dos años más tarde, la editorial Grove Press retituló el libro como *Love and Napalm: Export USA* (*Amor y napalm: artículos de exportación estadounidenses*), redujo su formato y sacó a la luz un pequeño número de ejemplares. El que hoy comentamos es la reedición (revisada), en gran formato (28 x 21,5 cm), plagada de fotografías e ilustraciones, con cuatro relatos añadidos, prologada por el insigne William S. Burroughs y cargada de anotaciones del propio Ballard nunca antes publicadas. ¿Paroxismo de la posmodernidad? Juzguen ustedes mismos. Para empezar, la narración no solo se aparta de la tradicional disposición lineal, sino que se encara con ella: los paisajes exteriores —un *collage* de imágenes inconexas— representan los estados interiores de sus personajes; el protagonista, que responde a toda una plétora de nombres (espejo de su fragmentación esquizoide; el producto, aunque bien pudiera ser la causa, de la descomposición de su entorno), habita un mundo ficticio que, precisamente por ello, resulta el más real de todos, un mundo en el que los medios de comunicación de masas construyen la realidad a diario. Otro paso adelante: Ballard recarga un texto roto con anotaciones que amplifican el juego del yo real del autor con lo ficticio de un texto redactado veinte años atrás. Pero aún hay más, pues la inclusión de las ilustraciones (un ejemplo: el grabado de una sección anatómica de un falo dentro de una boca) da una vuelta de tuerca más al distanciamiento: el erotismo del contenido se neutraliza con la nula respuesta emocional del espectador. El hiperrealismo como desmantelamiento de lo pornográfico. Se trata, en fin, de un texto profético, magistral, pues en él se concentra el universo de un escritor empeñado en mostrar la iconografía y los mitos occidentales bajo una frecuencia lumínica que creíamos imperceptible.

[J. G. BALLARD, *The Atrocity Exhibition*, San Francisco (California), Re/Search, 1990, 127 pp.]

SAM SHEPARD, EL POETA DE LA DRAMATURGIA ESTADOUNIDENSE

El Eco de los Libros, 29/11/2007.

La primera representación de este drama, dirigida por el propio Shepard, tuvo lugar en la ciudad de Nueva York el 5 de diciembre de 1985, con Harvey Keitel y Amanda Plummer en los papeles protagonistas de Jake y Beth, respectivamente, y obtuvo el premio de la asociación neoyorquina de críticos teatrales a la mejor obra del año, convirtiéndose en un fenómeno taquillero, lo cual no sucedió en el vacío, pues Shepard acababa de aterrizar llegado de Cannes, donde en 1984 había sido galardonado con la Palma de Oro por su guion de la película *Paris, Texas*, dirigida por Wim Wenders. Calificado como el punto de inflexión en la evolución teatral de Shepard, este "drama en tres actos" encandiló al público de la Gran Manzana con un relato que, en palabras del propio autor, pudiera entenderse como "una balada de amor... una pequeña leyenda sobre el amor", que, visto (o leído), encarna la relación imposible entre dos personajes de gran intensidad y realismo, pero que, página a página, se va hinchando hasta lograr dimensiones arquetípicas insospechadas: las de la América más confusa y trágica. La obra comienza con Frankie intentando que la conversación telefónica con su hermano Jake no se vuelva a cortar; mientras, Jake le confiesa que acaba de matar a su esposa, Beth. En la siguiente escena, aparece Beth en una cama de hospital, el rostro amoratado, la cabeza vendada, afásica y desorientada. Lo que continúa es la trama de una acción que, concentrándose en ambos extremos del escenario (es decir, iluminando alternativamente cada una de las casas de las dos familias), va desvelando los sórdidos secretos de un pasado de locura, alcoholismo y alienación. La obra se desarrolla a la manera de una pieza musical orquestada, entretejiendo las vidas y vicisitudes de dos familias del medio oeste estadounidense, con personajes construidos de tal forma que, incluso los que aparentan ser más enteros, ocultan alguna manía o un secreto infame, todos ellos negligentes en su quehacer cotidiano y torturados por un amor que les rompe el cuerpo y el alma.

[Sam SHEPARD, A Lie of the Mind. A Play in Three Acts, Nueva York, New American Library/Plume, 1987, 155 pp.]

¡JARDINEROS DEL MUNDO, UNÍOS Y APRENDED DEL BARDO-CHAMÁN PENDELL!

El Eco de los Libros, 30/11/2007.

Comencemos por el principio, por la página de créditos, que en este libro ocupa dos en lugar de una. ¿Motivos? Varios. Tener que incluir, íntegra, la primera enmienda (1791) a la Constitución de los EE. UU., esa que declara que el Congreso no podrá legislar ni a favor ni en contra de la religión y su libre ejercicio, ni contra la libertad de expresión, prensa o asociación pacífica; a esto le sigue una "Nota de la casa editorial" en la que se explica que la publicación del manuscrito se debe a un interés científico-poético, pero que ojito con andar experimentando el lector poco avezado; por último, enfatizado al ser incluido dentro de un recuadro, se incluye un mensaje de "Precaución" con el cual la editorial queda eximida de responsabilidades civiles y/o penales que pueda acarrear el uso de plantas peligrosas o ilegales. Pero no nos llevemos las manos a la cabeza, escandalizados: tengamos presente que se trata de un libro que nos llega del otro lado del Atlántico, del país de los adalides de la guerra contra el narcotráfico (y, a su vez, donde mayores cantidades de coca y opiáceos se consume: ¿hipocresía?, ¿la razón de la sinrazón?). Este es, en cualquier caso, el primer volumen de una trilogía (quizá haya tiempo más adelante de ocuparnos de los otros dos), dividido en los capítulos "*Power Plants*" (adviértase el juego de palabras implícito entre "plantas con poderío" y "centrales eléctricas"), "*Thanatopathia*", "*Inebriantia*", "*Rhapsodica*", "*Euphorica*", "*Pacifica*", "*Existentia*", "*Evaesthetica*" y "*Metaphysica*". Concluyen el volumen un glosario y una extensa bibliografía. ¿Y qué es, a fin de cuentas, este libro? ¿Un poema épico sobre las plantas, desde un punto de vista botánico? ¿Un rompecabezas a medio camino de la lírica y la alquimia? ¿Un texto de medicina naturalista, un panfleto ecologista, la gran enciclopedia de la contracultura de los años 60? ¿Un manual de cómo colocarse con el césped del jardín de tu propia casa? ¿La fusión entre espíritu, intoxicación, vegetación y conciencia cósmica? Encuentro particularmente edificantes e instructivos los pasajes dedicados a la *Artemisia absinthium* y la *Vitis vinifera*. Y que cada uno haga de su capa un sayo.

[Dale PENDELL, *Pharmako/Poeia: Plant Powers, Poisons, and Herbcraft* (con un prefacio de Gary Snyder), San Francisco (California), Mercury House, 1995, 288 pp.]

LA MIRADA Y LA PALABRA DE SHAY-ALGREN ALIADAS CONTRA EL OLVIDO VORAZ

El Eco de los Libros, 03/12/2007.

El mundo al que este volumen nos acerca se lo tragó el tiempo, que es lo que hace siempre el tiempo: devora y devora y devora, dejando a los vivos con los ojos muertos por la nostalgia y el arrepentimiento, porque hemos acabado siendo quienes somos y no quienes entonces soñábamos que llegaríamos a ser. Pero así es el tiempo, que todo lo marchita y hace que se doblegue hasta el torso más varonil y velludo, y así era Chicago hace cincuenta o sesenta o setenta años, la Chicago que Nelson Algren retrató en sus novelas y en sus relatos y que Art Shay plasmó en fotos de un dramático blanco y negro, negro como los rostros de los niños descalzos saliendo de edificios declarados en ruinas de los barrios del suroeste de la ciudad porque no tienen otro lugar donde vivir, y blanco y mortecino como la tez marmórea de los borrachos moribundos tirados en las aceras, con llagas en las muñecas que los asemejan a cristos desprendidos de su cruz. Quien haya llegado hasta Chicago como turista, seguramente habrá visitado el centro de la ciudad, la Milla Magnífica y sus luces y sus galas reflejadas en los escaparates y en las ventanas como espejos de los rascacielos; que no espere el viajero ocasional, así pues, reconocer en este libro lo poco o lo mucho que se le quedara grabado en la retina, puesto que aquella y esta son dos ciudades distintas. Yo puedo afirmar, sin pizca de altanería, que en los años durante los cuales viví en Chicago conocí ambas ciudades, la del neón multicolor y los bolsillos llenos y la otra de las casas abandonadas con las ventanas entabladas, la de los coches sin ruedas sobre cuatro cajas, o en llamas en solares vacíos y repletos de basura y escombros, la de los chavales tiroteados por los callejones, recién concluidos sus estudios de secundaria, el miedo y la ignorancia y el odio impresos en la mirada como un tatuaje: Chicago es "la más americana de todas las ciudades —aseguraba Algren–, porque es en los rostros de sus descarriados donde vemos, con mayor claridad que en ninguna otra ciudad de este país, el íntimo y particular sentido de culpabilidad americano de no poseer nada, nada en absoluto, en la tierra en que la propiedad y la virtud son una y la misma cosa".

[Art SHAY, *Chicago's Nelson Algren* (prefacio de David Mamet), Nueva York, Seven Stories Press, 2007, 167 pp.]

EL GRAN CANTO A NORTEAMÉRICA EN LOS BOCETOS DE KEROUAC

El Eco de los Libros, 04/12/2007.

"Como lector, te parece que Jack estuviera hablando, y no escribiendo. […] Jack es para la literatura lo que Charlie Parker fue para la música o Jackson Pollock fue para la pintura", rezan las palabras introductorias. Kerouac sería, por lo tanto, uno de los maestros de la improvisación, del "habla cotidiana" y, en ese sentido, habría sabido registrar el pulso de la calle, el ritmo aleatorio y aliterado de la charla popular diaria, de manera que entroncaría con el viejo ideal romántico que, desde los poemas de Wordsworth (escritos "con la intención de averiguar en qué medida el lenguaje de las conversaciones de las clases sociales medias y bajas se adapta a los propósitos del deleite poético", leemos en la Advertencia a sus *Baladas líricas*) hasta las grabaciones con casete en mano en lugares de reunión pública de algunos contemporáneos nuestros, quiere reproducir el carácter vivo y espontáneo (y, con ello, más cierto y real, pues surge desde las entrañas) del habla casual. Pero no se puede pasar por alto el hecho de que el propio Kerouac titulase este volumen, publicado ahora por vez primera, *Libro de bosquejos* (o *de bocetos*, si se lo pretende alinear con las artes plásticas): fragmentos, recortes, proyectos, lo cual se presta a una doble lectura. La primera, que están rotos, que les falta cohesión; o bien: que son los trazos fundamentales que apuntan a lo primordial, a lo que no admite churriguerismo ni platería, al corazón de las cosas. No son, aunque a primera vista lo parezcan, los poemas posteriores, los *Blues* de San Francisco o de la Ciudad de México ("los bosquejos no son poesía", leemos en la primera página, manuscrita, del libro); lo que se recoge aquí son los cuadernos que Kerouac llevó en todo momento consigo durante sus extensos viajes por los tres países norteamericanos, después de que le invadiese un sofocante sentimiento de insatisfacción tras haber completado su primera versión de *On the Road*, y que, a la postre, le llevaría a revisar su novela de fama mundial y a utilizar esa misma técnica en algunos otros textos (en *Visions of Cody*, por ejemplo). Sin embargo, y que nos perdone Kerouac, nos suena como el más generoso y vivo, el más whitmaniano, de los poemas escritos sobre América.

[Jack KEROUAC, *Book of Sketches: 1952-1957* (introducción de George Condo), Nueva York y Londres, Penguin, 2006, 415 pp.]

"DEAR BOB, I'M GOING TO TRY AND RUN THROUGH SOME PLACES AND TOWNS AND PEOPLE..."

El Eco de los Libros, 05/12/2007.

El último de los relatos de Raymond Carver, "Errand", está dedicado a un moribundo Chéjov que, postrado en cama, rechaza la botella de oxígeno que su doctor le aconseja y, en su lugar, pide una de champán: "Hacía tanto tiempo que no bebía champán", serían sus últimas palabras, minutos antes de expirar. Esta dramática escena, inspirada en las memorias de la esposa del escritor ruso, refleja de manera inigualable la actitud que Carver tuvo hacia la vida: la de celebrarla. ¿Para qué pedir oxígeno, si cuando llegue ya no lo habrá de necesitar?, preguntaba Chéjov. Mejor festejar que aún les quedaban unos instantes de vida juntos al doctor, al escritor y a la esposa de este. El doctor, añade Carver, debido a su falta de costumbre había vuelto a introducir el corcho en la botella de champán; una vez certificado el fallecimiento del escritor, a solas ya la esposa con el cadáver de su marido, el corcho se resiste a permanecer en el cuello de la botella y vuelve a saltar. Segunda celebración, el gran e infinito carnaval, la vida continúa a pesar de que uno se haya ido. Son los detalles como este los que mejor tratamiento supo darle Carver en sus relatos, objetos que cobran vida en una miríada de sentidos alegóricos, imágenes plagadas de aparentes trivialidades a las que no se presta atención, pero que conforman nuestro día a día y, a la postre, se revelan como las que mejor saben retratarnos. Y esos relatos, junto con algunas cartas y entrevistas jamás publicadas y unos cuantos poemas, son los que acompañan a las fotografías en blanco y negro de Bob Adelman, centradas sobre objetos y personas y paisajes cotidianos para Carver, fotos que abren grandes ventanales para que fisguemos en el mundo del escritor hasta el extremo de hacernos sonrojar porque, de repente, nos percatamos de que hemos accedido a lo más íntimo de su vida, a lo que conformó sus días y sus noches, sus miedos y sus amores. Veo estas fotografías, leo los textos, y puedo intuir no solo las habitaciones y sus objetos, sino también los aromas que, quiero imaginar, aún cuelgan del aire, los dedos que golpearon las teclas de la máquina de escribir, los sueños y los hombres y mujeres que mezclaron sus vidas unos con otros y, a la vez, con la de Raymond Carver.

[Bob ADELMAN, *Carver Country. The World of Raymond Carver* (introducción de Tess Gallagher), Nueva York, Charles Scribner's Sons, 1990, 160 pp. (25,5 x 25,5 cm)]

DEL PREFIJO COMO ENSEÑA CULTURAL: LA POST-VANGUARDIA LITERARIA *MADE IN U.S.A.*

El Eco de los Libros, 07/12/2007.

Resulta artificioso identificar un movimiento estético-cultural con la mera acumulación de textos, máxime cuando sus autores (Federman, Auster, Coover, DeLillo, Vollmann, Fairbank, Gibson, Robbins, Ellis, Sukenick y un largo etcétera, hasta llegar a 32) eluden su incorporación a cualesquiera movimientos literarios, y eso a pesar de que algunos de ellos se hallen acomodados en el blando sofá de la ortodoxia académica con etiquetas que ya no asustan a nadie, tales como "ciberpunk" o "posmodernidad". La palabra "vanguardia" se escribe en inglés "avant-garde" (un vocablo heredero del francés "vanguard"), y de ahí el nombre de esta (presunta) corriente literaria: "avant-pop" sería, entonces, algo así como "nuevo-pop" o, para darle un matiz filosófico, "post-pop" o, mejor aún, "hiperpop". Ya puedo adivinar una media sonrisa descreída en las bocas de los lectores, pero es que, en esta excursión hacia los confines literarios, sin unas buenas provisiones del prefijo *hiper-* en la mochila no vamos a llegar ni al primer pueblo del mapa. Así, antes de partir hacia lo más ignoto, debemos proveernos de grandes dosis de *hiperrealidad* –léanse los ensayos de Lipovetsky al respecto (no incluidos en el lote)–, de *hiperconsumo* y de *hipermercado* –no se vuelvan a sonreír, que les veo: antes, lean el ensayo de Houellebecq (se vende por separado)– y, en referencia al universo de la computación, de *hipervínculo* o *hipertexto*. No querría ni desdibujar las intenciones del compilador, ni tampoco infravalorar la (presunta) enjundia de su fornida (¿hinchada?) introducción, pero a mí esto me huele al típico eclecticismo de los académicos estadounidenses de las postrimerías del siglo pasado. Lo cual no tiene que ser motivo de rechazo (la Grecia helenística conoció su periodo de indefinición doctrinal, como también hubo tendencias eclécticas en Roma, entre los autores cristianos, en el Renacimiento e, incluso, durante el s. XVIII), pues eclecticismo no tiene por qué ser sinónimo ni de sincretismo (fusión, o confusión) ni de integracionismo (una nueva creación). McCaffery entiende, en fin, que el *collage*, la improvisación, la publicidad, los medios de masas, los espectáculos y la tecnología, aderezados con una pizca de dadá y situacionismo (por eso de añadirle un toque europeizante), han influido definitivamente sobre lo literario, y muestra de ello son los autores de su antología. Amén.

[Larry MCCAFFERY (ed.), *After Yesterday's Crash: The Avant-Pop Anthology*, Nueva York y Londres, Penguin, 1995, 348 pp.]

"EL NOMBRE ES LO DE MENOS", CONFIESA EL POETA: UNA CÁRCEL ES UNA CÁRCEL.

El Eco de los Libros, 10/12/2007.

¿Que quién es Edward Bunker? Pues es el Mr. Blue de *Reservoir Dogs*, la película de Tarantino; es, además, quien escribió la novela *Animal Factory* y la adaptó al cine con título homónimo, una película que protagonizó un Willem Dafoe con la cabeza rapada y muchos años de cárcel por delante. Edward Bunker escribe de lo que, a su pesar, mejor conoce: los reformatorios (desde los 11 hasta los 16 años), atracos, narcóticos, armas y, por fin, la cárcel. La primera fue la del condado de Los Ángeles, aún adolescente, de la que escapó, para acabar dando con sus huesos en San Quintín, donde cumplió dos condenas, una de cuatro años y medio (por su huída) y otra de siete (por extorsión y falsificación de cheques). Más tarde, en Washington, cumpliría otra más, de seis años, en esta ocasión por robo a mano armada; allí entró en huelga de hambre y, en respuesta, las autoridades le trasladaron a la prisión de Marion (en el estado de Illinois), un centro de máxima seguridad. Bunker lo intentó todo para readaptarse cada vez que salía de la cárcel, pero la sombra de San Quintín era espesa y persistente, y siempre acababa volviendo tras las rejas. ¿Su salvación? La escritura. *Dog Eat Dog* es una autobiografía novelada, o una novela autobiográfica, sobre criminales, escrita por un ex-criminal y ex-convicto y, sobre todo, desde el punto de vista del criminal. ¿Alguna diferencia con novelas del género? Una, y fundamental: el lector no llega a conectar con los protagonistas, no puede haber empatía hacia ninguno de ellos, pues su maldad no es antiheroica –en el sentido moderno de la palabra– sino del todo canalla, son la jauría que se devora a sí misma, tal como la imagen del título sugiere. La trama, lineal, es sencilla. Tres hombres salen de prisión y deben adaptarse a la vida civil, pero les resulta imposible: uno de ellos es incapaz de apagar su odio visceral hacia el sistema, otro sigue aún en la nómina del crimen organizado y muestra por este mayor interés que por su hermosa casa y su bella (aunque cargante) esposa, y el tercero arrastra tantos demonios dentro de sí que ya no sabe ni quién es él mismo. A esto se añade la omnipresente perpetuación de la crueldad y la violencia organizadas por el propio sistema y el rechazo social que sufren los tres ex-convictos. Planean, como reacción, el golpe perfecto, el que les permita dejarlo para siempre, pero...

[Edward BUNKER, *Dog Eat Dog*, Nueva York, St. Martin's Press, 1996, 240 pp.]

"SAY THE NAMES SAY THE NAMES/ AND LISTEN TO YOURSELF/ AN ECHO IN THE MOUNTAINS" *

El Eco de los Libros, 11/12/2007.

Veo en la portada del libro una foto de Al Purdy (1918-2000): la cabellera escasa y nívea, un mondadientes en la mano derecha, mientras la izquierda descansa distraídamente en el bolsillo del pantalón, vestido con camisa estampada sin ceñir y unas gafas de sol cuyos cristales ambarinos no logran esconder del todo la mirada socarrona que, quiéralo el poeta o no, también revela la comisura de sus labios. Ninguna de las otras fotos que contiene el volumen, excepto la que precede a la sección "Poemas nuevos", deja entrever mejor la actitud de Purdy hacia una labor poética que durante tantísimos años él mismo desempeñó con inmensa pasión y buen hacer, tal como sus muchos galardones literarios ponen de manifiesto. Desde las que retratan los rostros duros e impenetrables de las décadas de 1960 y 1970, con su pose varonil, la mirada fija y desafiante, los labios prietos y la actitud distante, pasando por las de los años 80 y 90, en las que comparte escenario con su esposa en distintas posturas más o menos irreverentes (como esa en la que aparece tendido sobre un altar de sacrificios de alguna civilización meso- o sudamericana), llegamos a las que preceden a los poemas del nuevo siglo, con grandes gafas, sonrisa mordaz y fondo irreconciliable con la supuesta figura del literato de renombre que, cuando se tomó la foto, ya era. Al Purdy no llegó a concluir sus estudios de secundaria, y el final de su adolescencia, que fue también el inicio de su vida adulta, lo pasó trabajando en factorías y ocupando los más variopintos puestos de trabajo bien entrado en la cuarentena. Hasta 1965 no logró encontrar su voz poética (aunque a él le gustaba referir la anécdota de que había soñado con escribir poesía desde los 13 años), cuando publicó la colección *The Cariboo Horses* y se le abrieron las puertas hacia la escritura profesional. No es de extrañar, pues, que sus fotos más tajantes y definidas sean las de los años de lucha más denodada por lograr que sus versos sonasen en la clave apropiada, ni que las últimas fotos coincidan con el rostro de quien siempre se ocultó en su interior: el de alguien que sabe que incluso el poeta representa un papel ante la cámara, alguien que se ríe en su fuero interno y sus palabras así lo expresan, que su vida está enraizada en la tierra donde nació y que su vista se alza desde lo más baladí y trivial hasta la altura gaseosa de la atmósfera inasible.

[Al PURDY, *Beyond Remembering. The Collected Poems of Al Purdy*, Madeira Park (British Columbia), Harbour Publishing, 2000, 606 pp.]

(*) "Di sus nombres di sus nombres/ y escúchate a ti mismo/ un eco en las montañas".

"OLVÍDESE DE SUS PAPELES. Y DE SUS LIBROS. NO SÉ QUÉ MANÍA TIENEN USTEDES, LOS BLANCOS, CON TANTO LIBRO"

El Eco de los Libros, 12/12/2007.

¿Qué sucede cuando un hombre no se encuentra a gusto dentro de su propia piel? ¿Se despelleja vivo? ¿Se arranca la piel a tiras hasta que deja al descubierto el músculo sanguinolento? Y ¿será la sangre del indio igual que la del blanco? Algo parecido cabe preguntarse con la propia condición sexual: ¿te lo arrancas de un tirón? ¿Lo cercenas con unas tijeras de podar? ¿Es un colgajo y un saquito lo que hace hombre al hombre? ¿Y qué hace padre al padre, hijo al hijo? ¿Su mutua relación obligada, biológica? Dicen los neurobiólogos que las diferencias entre un zurdo y un diestro son mayores que las que existen entre un blanco y un negro, o entre un blanco y un indio. Y digo "indio", y no "nativo norteamericano", como se debe expresar con el eufemismo de la corrección política estadounidense, que es la otra cara de la moneda de las leyes a punta de pala que segregan a las gentes en barrios y áreas cuyas barreras son tan invisibles como insalvables. Sherman Alexie habla con la lengua del hombre blanco, y escribe una colección de relatos sobre definiciones y fronteras: "En lo que respecta al amor, el matrimonio y el sexo, tanto Shakespeare como Toro Sentado conocían la única verdad: los pactos se rompen". Y, así, una india casada con un blanco quiere acostarse con un indio, con cualquier indio, solo porque es indio; un hijo le pregunta a su padre moribundo por el sentido de su condición racial, y no para de preguntárselo, incluso con su padre ya muerto en sus brazos; los hombres aman, y los hombres mueren, y mientras Sherman Alexie sonríe y tira con ironía de los hilos de sus personajes, una ironía que le permite dar un paso atrás y, desde esa distancia de seguridad, observarlos a todos, a esos personajes que no son grandes estrellas con sus nombres brillando en las carteleras de Hollywood, pero que tampoco son individuos marginales y humillados. La vida es obscena y huele mal, la vida es sudor y gangrena, pero durante un instante, durante un brevísimo segundo que casi ni parece un segundo, todo parece cobrar sentido...

[Sherman ALEXIE, *El indio más duro del mundo*, Barcelona, Muchnick Editores, 2001, 255 pp.]

"TENÍA EL COLON LIMPIO Y EL ESPÍRITU LIGERO": LA ESCATOLOGÍA OBSESIVAMENTE ENCANTADORA DE JONATHAN AMES

El Eco de los Libros, 14/12/2007.

Leer las reseñas laudatorias de las contraportadas de los libros puede ser origen de descarrío, pues nunca se está seguro de las intenciones que albergan todas esas alabanzas: ¿Amistad sincera? ¿Deudas que saldar? ¿Mecenazgo que el escritor asentado ejerce sobre el recién incorporado a las artes y las letras? ¿O acaso una apuesta que liquidar? Abramos ahora el volumen del que hoy nos ocupamos: "Jonathan Ames es uno de los escritores más divertidos de los EE. UU.". Esta es la primera sentencia con la que nos encontramos en la solapa interior. Elogios y más elogios. Lo habitual, o sea. Pero la sorpresa es mayúscula cuando, dos líneas más adelante, es el propio Ames quien confiesa que el autor de esas apreciaciones no es otro sino él mismo. Y este es, precisamente, el tono que rezuma el libro entero, desde la solapa autopropagandística hasta los encomios de la contraportada, los cuales, aunque aparezcan firmados por escritores como Bret Easton Ellis y Jonathan Lethem, no se logran sacudir de encima la sospecha razonable del lector: ¿serán también producto de la mano (no poco masturbatoria) de Ames? A medio camino entre un Woody Allen irreverente, un Lenny Bruce sin el escándalo personal añadido y un Eddie Murphy (ojo: en su faceta de *stand-up artist*, no de actor de Hollywood) con la carga racial trastocada en descarga masculina, Jonathan Ames llegó hasta esta orilla del Atlántico, asociado a escritores de gran éxito de mediados de los años 80 como fueron David Leavitt y Jay

McInerney, a través de una novela (*Fugaz como la noche*) con notorio trasfondo autobiográfico y que, en palabras de Philip Roth, mostraba un estilo "vigoroso, elegante y escueto". El Ames de *What's Not to Love?*, quizá siguiendo la estela de su debut como novelista, no muestra ningún reparo en confesar sus intimidades más personales, su complejo edípico aún sin resolver, el ínfimo tamaño de su pene durante la adolescencia o sus relaciones con hombres y mujeres de todo signo y condición (ya sean prostitutas, exhibicionistas o transexuales). Originalmente publicados como columnas del periódico semanal *New York Press* durante tres años, los capítulos de este libro se las apañan para comenzar cada uno de ellos allí donde concluía el anterior, confiriendo al conjunto una sensación de continuidad novelesca en la que lo aparentemente trivial e inconexo encuentra, a la larga, su ubicación en un plan general, ya sea en la imaginación del escritor o en los deseos del lector.

[Jonathan AMES, *What's Not to Love? The Adventures of a Mildly Perverted Young Writer*, Nueva York, Crown Publishers/Random House, 2000, 273 pp.]

"I FIRST MET MET NEAL NOT LONG AFTER MY FATHER DIED..."
El Eco de los Libros, 17/12/2007.

No es un error la repetición que el abnegado lector se ha encontrado en el epígrafe: es, más bien, una evocación del motor de un coche que falla al arrancar, la carretera abriéndose ante los ojos, ignota, la aventura sin mapas ni planes. Compárese lo anterior con la primera oración del texto que, tras cuatro revisiones, Kerouac daría a la imprenta: "I first met Dean not long after my wife and I split up". Las anécdotas autobiográficas (la muerte del padre, el nombre de la persona de carne y hueso –Neal Cassady–) de 1951 se transforman en la ficción de 1957, en la que aparece el personaje, Dean, y el narrador se separa de su esposa. Aunque hay borradores de fragmentos de la novela en los diarios de 1948, el texto en sí se escribió en tres semanas, en abril de 1951, en papel de calco que Kerouac pegó, folio a folio, hasta formar —a modo de papiro— un rollo de casi cuarenta metros de largo, sin un solo punto y aparte. Se trata, pues, de un interminable párrafo en interlineado simple, y así se ha reproducido en este libro. Como curiosidad, la sobrecubierta de la edición en tela presenta, en su portada, un segmento mecanoescrito del texto en el papel ya amarillento y, en la contraportada, una fotografía de cuerpo entero de Kerouac sosteniendo otro rollo de papel (posterior, que quizá usó para *The Dharma Bums*, se especula en una de las cuatro introducciones al volumen: una por cada uno de los editores del texto). El lomo del libro reproduce una fotografía del rollo de *On the Road*, ligeramente extendido. ¿Diferencias entre el texto censurado del 57 y el original que por fin podemos leer, además de la mayor extensión de este? En primer lugar, es la máxima expresión de la estética de Kerouac, de la escritura espontánea y anfetamínica, del *bebop* chirriante de Charlie Parker ayudándole a golpear las teclas como las llaves de un saxo, las noches como días y los días como semanas, la energía creativa rellenando los huecos insólitos del papel. La improvisación deja que vuele el lenguaje, libre de las revisiones posteriores; las palabras surgen veloces, a medio camino entre el virtuosismo y el éxtasis; las relaciones entre personajes (en particular las sexuales, homófilas o no) se tratan sin complejos ni censuras, el tono es blasfemo, atronador y desquiciado. Incluso la media docena de páginas de la quinta parte con que concluye la novela tienen su historia: según la nota manuscrita adherida al rollo, se las comió el perro de Lucien Carr, de modo que los editores la han recompuesto usando las revisiones de Kerouac previas al 57. Y hasta en esas páginas se siente el aliento de Kerouac en el aire.

[Jack KEROUAC, *On the Road. The Original Scroll*, Nueva York, Viking, 2007, 408 pp.]

LA VOZ MÁS LÍRICA DE NELSON ALGREN, COMO LA DE UN CARL SANDBURG EMPAPADO EN BAUDELAIRE

El Eco de los Libros, 18/12/2007.

"As the afternoon's earliest juke-box beats out rumors of the Bronzeville night.// A rumor of neon flowers, bleeding all night long, along those tracks where endless locals pass.// Leaving us empty-handed every hour on the hour" ("Mientras la primera máquina de discos de la tarde apaga los rumores nocturnos del barrio de Bronzeville.// Un rumor de flores de neón que sangran durante la noche, junto a los raíles por los que pasan trenes infinitos.// Dejándonos con las manos vacías a cada hora en punto"). Reproduzco, al azar, tres párrafos del libro, de su página 76, para más señas. Sí, han leído bien: tres párrafos, y no estrofas. Porque no es un poemario lo que hoy nos ocupa, sino un libro inclasificable. Algunos lo denominan "poema en prosa"; otros, "el canto a la ciudad más americana"; hay quien llega a la analogía bíblica, convirtiéndolo en un relato apasionado sobre el cielo y el infierno que fue, que es Chicago. ¿En qué quedamos, pues? ¿Documento social? ¿Poema de amor? ¿Ruta de viaje para el Dante, perdido en un anillo de su Infierno ignoto para él? El texto se encuentra plagado de referencias directas a sus gentes, sus acontecimientos históricos, sus lugares relevantes, los escándalos más sonados, los que solo el natural de la ciudad conoce al dedillo. Y para eso tienen, los que lo precisen, el compendio de notas al final del volumen, redactadas por los mejores editores que pudieran pensarse para él, ambos profesores universitarios nacidos y criados en Chicago, allí residentes, donde también querrán ser enterrados. Los que, por el contrario, no quieran detenerse en los detalles, podrán salvar las referencias a los hechos, los personajes o las calles, pues la prosa de Algren se vale sola, es espectacular, bellísima, seduce con su cadencia y su melodía, con las filigranas de imágenes que se suceden como pinceladas sobre un lienzo, creando figuras que toman vida ante nuestros ojos, brillando con luz propia a través del lirismo de las palabras. Si yo fuera bibliotecario o librero, mucho me lo tendría que pensar antes de catalogar este volumen: optaría, al final, por incluir un ejemplar en la P de Poesía, otro en la N de Narrativa (aunque no es ni una novela ni una colección de relatos), otro en la H de Historia, uno más en la E de Ensayo... ¿Alguna sección sin él? Sí: la G de Guías turísticas, pues este ha de ser el libro que la Cámara de Comercio de Chicago desearía que jamás se hubiese publicado.

[Nelson ALGREN, *Chicago. City on the Make: 50th Anniversary Edition, Newly Annotated*, Chicago, The University of Chicago Press, 2001, 135 pp.]

AQUÍ EL *WHISKEY* ES DE GARRAFA Y TODO EL MUNDO ANDA BUSCANDO SU SIGUIENTE PRESA: EL PRIMERO DE LARRY BROWN

El Eco de los Libros, 19/12/2007.

Esta colección de relatos es el primer libro publicado de Larry Brown, antes incluso que su premiada novela, *Dirty Work*. Hay en los EE. UU. una tradición de que el primer libro de un escritor sea una colección de relatos, muy al contrario de lo que sucede en nuestro país, que parece necesitar una novela hecha y derecha para que el lector salga de la librería convencido de que su reciente adquisición posee peso específico, que el dinero gastado tendrá dividendos en la forma de satisfacción sin límite, algo contra lo que –piensa nuestro aguerrido lector– los relatos jamás podrán competir. Quizá sea porque en esos pensamientos se inmiscuye, subrepticiamente, la palabra "cuento", arrastrando toda una plétora de asociaciones inconscientes ("cuentos para niños", "vivir del cuento", "menudo cuentista que estás tú hecho"…), y acabamos cuestionando la entidad literaria de este formato, cuando no se la negamos directamente: en este país nuestro o se corre la maratón o todo lo demás nos parecen paseos por el parque. En el otro lado del Atlántico, ya desde que Edgar A. Poe racionalizara la bondad de su preferencia lectora por el género narrativo, se ha cultivado con excelencia la distancia corta del relato en lugar de los cuarenta y tantos kilómetros novelescos. Larry Brown, en su vida como escritor (en 1990 decidió abandonar su profesión de bombero para dedicarse a la escritura en exclusiva), optó primero por el relato corto, para dar luego el salto a la novela, que desarrolló con gran fortuna en seis ocasiones. Que no se me malinterprete: los relatos de esta colección no son ejercicios de estilo, ni formas diversas de poner el motor a punto, ni el necesario entrenamiento en dosis controladas para la gran carrera que se avecina. Estos relatos, cuyos protagonistas comparten un área geográfica —el sur de los EE. UU.— y una cultura —la que se desarrolla en torno a trabajos manuales, ciudades pequeñas, bares llenos y corazones vacíos—, nacieron con una voluntad realista y los acompaña el ansia idealista de que el reflejo de nuestros defectos nos hagan despertar del largo letargo, del torpe sopor que nos cobija y nos aleja de nuestra humanidad. Brown nos habla desde Oxford, Misisipi, la patria chica de William Faulkner, pero su estilo sobrio y exento de altisonancias, así como su fino ojo para el detalle revelador, se asemejan más a los ambientes que pinta Thom Jones (incluso a los de Raymond Carver, en ocasiones) que al de Faulkner. ¿Me dicen ustedes que no lo encuentran en las librerías? Normal: lamentablemente, ningún editor español ha apostado aún por él.

[Larry BROWN, *Facing the Music*, Chapel Hill (Carolina del Norte), Algonquin Books of Chapel Hill, 1996, 167 pp.]

TÚ ESCOGES: O BIEN LA MUERTE QUE ES LA VIDA, O BIEN VIVIR –PARA SIEMPRE– TRAS LA MUERTE

El Eco de los Libros, 20/12/2007.

"They killed Thomas and Behan with their LOVE, their whiskey, their idolatry, their cunt" ("[Las calles] mataron a Thomas y a Behan con su AMOR, su *bourbon*, su idolatría, sus coños". Este era el exabrupto con el que Charles Bukowski evaluaba en sus *Notes of a Dirty Old Man* la aventura americana de Dylan Thomas. Si te separas de la máquina de escribir, que es tu única arma como escritor, las ratas se te echan encima. Treinta y cinco años tenía el poeta galés cuando dio su primer paso al otro lado del Atlántico: era entonces un escritor de fama internacional, una leyenda en vida por sus dotes líricas y lectoras (en celebérrima llegaría a convertirse la vibrante grabación de la lectura que él mismo haría en Nueva York de su guion radiofónico *Under Milk Wood*), como también eran proverbiales sus incursiones y excursiones alcohólicas y su inagotable promiscuidad. En tres ocasiones visitó Dylan Thomas los EE. UU., la primera de ellas en 1950 y la última en 1953, cuando la vida del escritor terminaría apagándose en una cama de hospital, agotado por los madrugones, su cuerpo roto por los excesos con la bebida y la comida, exultante por el éxito logrado con las lecturas de *Under Milk Wood*, pero incapaz de levantar cabeza. La cirrosis hepática que arrastraba, sumada a una diabetes descubierta en el último momento y unidos ambos padecimientos a las inyecciones de cortisona y morfina que se le administraron, provocaron un coma irreversible del que jamás despertaría. Este libro de John Brinnin –rescatado en 2000 en la Colección "Lost Treasures"

("Tesoros perdidos") de la londinense editorial Prion–, escrito de primera mano como testigo directo de los acontecimientos, es la crónica apasionada y apasionante de esos años en los que Brinnin, a cargo de la gira americana de Thomas, invitó al poeta galés, le acogió, gestionó sus asuntos financieros (tarea ingrata donde las hubiera, tratándose del dilapidador Thomas) y acabó haciéndose gran amigo suyo. La leyenda que precedía a Thomas en el Antiguo Continente se vería, tras su paso por el Nuevo, elevada al estatus de mito universal, el de la figura del poeta atormentado y patibulario, socarrón y pendenciero, más fácil de encontrarlo apoyado en la barra de una taberna, en casas de citas o en antros innombrables que delante de su máquina de escribir.

[John Malcolm BRINNIN, *Dylan Thomas in America. An Intimate Journal*, Boston (Massachusetts), Little, Brown and Company, 1955, 303 pp.]

"RAY IS THIRTY-THREE AND HE WAS BORN OF DECENT RELIGIOUS PARENTS, I SAY"

El Eco de los Libros, 21/12/2007.

("Pues yo digo que Ray tiene treinta y tres años y es hijo de padres decentes y religiosos"). Así comienza esta novela del, en nuestro país, casi por completo desconocido Barry Hannah. Casi, porque Siruela publicó en 1995 parte de una de sus colecciones de relatos (*Como almas que lleva el diablo* se titula el engendro: aún se puede encontrar a la venta en las librerías), estrategia editorial que se me antoja como no demasiado adecuada para introducir a este escritor en el mundo hispanohablante (de esta o la otra orilla del Atlántico). No entraré en profundidad en la biografía de Hannah, porque eso solo ocuparía entera esta breve noticia, pero no dejaré pasar por alto el dato de que lleve varias décadas residiendo en Oxford (Misisipi), ciudad que aquí mencionamos hace un par de días a propósito de Larry Brown. Pero Hannah no es el difunto Brown (aunque el primero haya leído y elogiado al segundo), como tampoco es Faulkner, pese a que su debut como novelista mereciera el premio que ostenta este último nombre. Y entonces, ¿a quién se asemeja Hannah, a quién compararlo para que el potencial lector hispanoparlante pueda hacerse una idea cabal? Imposible encontrar un modelo... Porque Hannah es un poeta enmascarado tras su prosa; porque Hannah juega al gato y al ratón con las palabras, les deja un poco de ventaja sin haberles advertido que es capaz de disolverse y fragmentarse en una miríada de voces y de que, lo quieran ellas o no, acabará por atraparlas en cuanto hayan girado la vista hacia el otro lado; porque Hannah presenta así a sus protagonistas: "Say what? You say you want to know who I am?// I have a boat on the water. I have magnificent children. I have a wife who turns her beauty on and off like a light switch" ("¿Cómo dices? ¿Que quieres saber quién soy?// Tengo un barco en el agua. Tengo unos hijos magníficos. Tengo una esposa que enciende y apaga su belleza como si fuera un interruptor de la luz"). Ray es doctor en medicina, ha sobrevivido a la guerra (¿a cuál, a la de Secesión o a la de Vietnam?) y trata de que su vida adquiera algún sentido, aunque en ningún momento queda claro el sendero que el buen doctor se propone seguir: trata de que su matrimonio no se derrumbe, mientras no ceja en su persistente acecho a Sister, objeto de su devoción erótica. Todo esto, y más, nos llega a través de un lenguaje musical y atormentado, veloz, eléctrico y que estalla como un látigo, atronando en los oídos y desollando la espalda. ¿Será que su dificultad para traducirse amedrenta y aleja a los editores españoles de esta prosa brillante como ninguna?

[Barry HANNAH, *Ray*, Nueva York, Penguin, 1981 (1980), 113 pp.]

DOLOR Y REMORDIMIENTO, PESADILLAS Y VIGILIA, REDENCIÓN Y TRASCENDENCIA: AMÉRICA A TRAVÉS DE LOS OJOS DE DENIS JOHNSON

El Eco de los Libros, 25/12/2007.

Y luego está la poesía de Denis Johnson, que es un punto y aparte. A Johnson le han traducido y publicado en nuestro país casi todas sus novelas (no creo que ya esté traducida la última de ellas, *Tree of Smoke*) en editoriales de prestigio, pero ninguna de ellas ha querido hincarle el diente a esta plétora de imágenes de la América más indómita y menos diáfana. Este volumen recoge sus cuatro libros de poemas, a los que Johnson ha dedicado veinticinco años de su vida como escritor, además de una selección de poemas inéditos. Desde los versos veloces y metafóricos del primer poemario, *The Man Among the Seals* ("emptying into/ the freezing, quiet alleys/ there is the voice of a single/ ferreting drunk. if he is singing/ it is lovely, and if he talks on/ strangely, he, at least,/ understands": "evacuada en/ los callejones mudos y helados/ se oye la voz de un único/ borracho hurón. si es una canción/ es encantadora, y si sigue hablando/ de modo extraño, él, al menos/ lo entiende"), pasando por los autorreflexivos de *Inner Weather* ("There is part/ of this poem where you must/ say it with me, so/ be ready, together we will make/ it truthful, as there is gracefulness/ even in the motioning of those/ leafless trees, even in// such motion as descent": "Hay una parte/ de este poema que debes/ recitarla conmigo, así que/ estate preparado, juntos haremos que/ sea verdadera, igual que hay elegancia/ incluso en el movimiento de esos/ árboles sin hojas, incluso en// un movimiento como el descenso") y por los impactantes y decisivos de *The Incognito Lounge* ("The world will burst like an intestine in the sun,/ the dark turn to granite and the granite to a name/ but there will always be somebody riding the bus/ through these intersections strewn with broken glass/ among speechless women beating their little ones,/ always a slow alphabet of rain/ speaking of drifting and perishing to the air": "El mundo estallará como un intestino al sol,/ lo oscuro se convertirá en granito y el granito en un nombre,/ pero siempre habrá alguien que monte en autobús/ y pase por los cruces cubiertos de cristales rotos/ entre mujeres sin habla que pegan a sus pequeños,/ siempre un lento abecedario de lluvia/ que le habla al aire de la deriva y la muerte"), hasta llegar a los extensos y desparramados de *The Veil*, narrativos y eternos, la poesía de Denis Johnson, en palabras de Raymond Carver, que tanto la admiró, está "impulsada por un deseo voraz de encontrarle algún sentido a la vida vivida".

[Denis JOHNSON, *The Throne of the Third Heaven of the Nations Millennium General Assembly*, Nueva York, HarperCollins, 1995, 225 pp.]

"LOS PERROS SON SHAKESPEARIANOS, LOS NIÑOS SON EXTRAÑOS"

El Eco de los Libros, 27/12/2007.

El único que en los últimos tiempos se ha ocupado de la poesía de Delmore Schwartz en nuestro país con una nota introductoria y la traducción de "Seis poemas" (que, en realidad, son siete) ha sido Luis Javier Moreno para la revista de la "Fundación Caballero Bonald" hace unos dos años y pico. Lo cual resulta no solo reprobable, sino hondamente desconcertante, tratándose de uno de los poetas fundacionales de la escuela neoyorquina vinculada a Robert Lowell, John Berryman y Randall Jarrell, entre otros. El mismísimo Allen Tate lo llegó a comparar, en lo que de cariz desafiante tenía su lenguaje poético, a la irrupción que supuso la díada Pound-Eliot en las letras anglófonas, y algunos de sus poemas han sido calificados como ilustres ejemplos de la mejor poesía estadounidense del siglo XX. Hijo de emigrantes judíos, estudió en la Universidad de Wisconsin cuando el Modernismo de corte confesional hacía furor en su país, para dejarse más tarde engatusar por la filosofía (su maestro fue el ínclito A. N. Whitehead), que lo llevó hasta Harvard. En el enfrentamiento entre poesía y filosofía acabó haciéndose la primera con el dominio de su voz, pero no sin que la segunda actuase como pilar y cimiento de sus edificaciones líricas. No en vano, de la filosofía aprendió la descripción fluida, el matiz discreto, el concepto cristalino y la insobornable presencia de lo existente ("If you look long enough at anything/ It will become extremely interesting;/ If you look very long at anything/ It will become rich, manifold, fascinating": "Si miras algo durante el tiempo suficiente/ Te parecerá extremadamente interesante;/ Si miras algo durante mucho tiempo/ Se volverá opulento, plural, fascinante"). La poesía de Schwartz alterna la torpeza del cuerpo cojitranco ("The heavy bear who goes with me,/ A manifold honey to smear his face,/ Clumsy and lumbering here and there,/ The central ton of every place,/ The hungry beating brutish one/ In love with candy, anger, and sleep": "Este oso tan pesado que conmigo va,/ Con los hocicos embadurnados en miel,/ torpe y desmañado de acá para allá,/ El peso pesado dondequiera que está,/ El más violento, bruto y voraz,/ Enamorado de los dulces, la ira y el sueño") con los sones matutinos en los que chirrían los grillos y los pájaros cantan despreocupados, así como los personajes clásicos (Platón, Bruto, Coriolano) con la sensibilidad moderna y contemporánea (Baudelaire, Freud, Seurat). Fallecido ignominiosamente a los 53 años, dejado a su suerte en un hotelucho ruinoso de Manhattan, alcoholizado, infame y aquejado de una indecible enfermedad mental, la obra poética —y narrativa— de Delmore Schwartz reclama hoy la atención de la que inmerecidamente se le ha despojado durante medio siglo.

[Delmore SCHWARTZ, *Selected Poems (1938-1958): Summer Knowledge*, Nueva York, New Directions, 1967 (1959), 240 pp.]

"LA IRONÍA, LA IRONÍA EN EL CORAZÓN DE LA TRAGEDIA"

El Eco de los Libros, 09/01/2008.

Hay escritores que cristalizan, como los diamantes, bajo toneladas de presión geológica durante eones incontables, pero que, como aquellos, nacen muertos, por mucho que su brillo deslumbre en los escaparates. También la palidez cadaverina es fluorescente y deja a quien la observa hipnotizado, boquiabierto. Luego, de otra parte, están los escritores que van forjando su obra, tallándola artesanalmente, puliendo las durezas, lijando las aristas, jugando con el sonido de las palabras, quemando los folios testigos del fracaso. Pero sin lágrimas ni rechinar de dientes. Larry Brown pertenece a este segundo gremio de menestrales, los que se toman su oficio como una necesidad vital y que no tienen que darle explicaciones a nadie, que consiguen su maestría con un aprendizaje progresivo que no busca el fulgor ni rozar los astros con las yemas de los dedos. Sus modelos son la tierra, los campos, sus gentes, su viejo estado de Misisipi, las historias que los abuelos cuentan a la puerta de una tienda de ultramarinos en las tardes lentas como bueyes, los relatos imposibles de las guerras que ese país de todos los demonios ha librado por todo el globo, las cadencias de las palabras que llenan el aire de recuerdos y que hacen que el tiempo se paralice un instante, que la ilusión del momento apague el transcurrir necesario y doloroso de la vida, que es la muerte. Pues si uno puede ser ahora mismo quien fue antaño, ha despistado a la dama de la guadaña. Al menos por un rato. Y eso es lo que le interesaba a Larry Brown, quien, en sus entrevistas para radios y revistas, confesaba haber aprendido sus artes escuchando a sus mayores para, luego, tratar de reflejar el ritmo de la narración sobre el papel. Brown, que jamás recibió formación universitaria, no escribía con el afán del estrellato en mente, sino como reacción a un impulso interior, a un imperativo: su escritura surgía del monacato, del encierro en una celda y de la perseverancia. Escribir, escribir, escribir, repasar, corregir y vuelta a escribir. Eso hizo Brown. Ensayar con los estilos, buscar la voz propia en cien cuentos y cinco novelas antes de publicar el primer relato, lo necesario para conseguir la imprescindible perspectiva objetiva de su propia obra. Que nadie se acerque a este libro, en fin, en busca de recetas o filosofías, porque se habrá equivocado de anaquel. Quien, al contrario, lo haga con un espíritu ancho y generoso, casi podrá oler al escritor en persona, llegará a degustar su palabra sencilla y su consejo honesto y, sobre todo, aprenderá a despejar, de una vez por todas, la asfixiante ilusión de la fama instantánea.

[Jay WATSON (ed.), *Conversations with Larry Brown*, Jackson (Misisipi), University Press of Mississippi, 2007, 202 pp.]

LA VIDA ES SUBACUÁTICA, LA MUERTE LLEGA EN LA SUPERFICIE

El Eco de los Libros, 10/01/2008.

A riesgo de equivocarme, pues mis conocimientos de pintura son muy limitados, el solo título de esta novela, que podría traducirse como *Naturaleza muerta con insectos*, presenta ya ciertos desafíos. Se me ocurre, casi a vuelapluma, que semejante matrimonio aúna una contradicción, la de la composición pictórica que requiere de objetos inertes, junto a la pasión del entomólogo, centrada en la vida del insecto. Sin embargo, hay una faceta del estudioso de los insectos que lo acerca a la actitud del pintor ante el bodegón: la pasión por el coleccionismo. Piénsese en esas vitrinas repletas de mariposas o moscas o escarabajos, pinchados con alfileres contra un corcho, decorado este con mayor o menor profusión. La exposición entomológica tiene, pues, algo de la voluntad del pintor que dispone sus materiales de acuerdo con su concepción artística y que, en el caso del científico, cumple una función no solo acumulativa, sino también clasificatoria. Kiteley utiliza un formato cercano a la viñeta, casi como si de un álbum de fotos familiar se tratase, para que el narrador del relato, Elwyn Farmer, exponga el transcurrir de su vida adulta después de haber sufrido una crisis nerviosa. Tras un epígrafe en el que se comunica, con lenguaje técnico, cada uno de los avistamientos de diversos coleópteros, nos adentramos en sus relaciones familiares (esposa, hijos, hermano, nietos) y laborales, todo ello en un formato íntimo, rozando casi la disección, siempre cuidando el detalle emocional o visual, del mismo modo que hace el observador de insectos, y conectando entre sí cada uno de esos instantes, tratando de darles sentido y, con ello, buscárselo a la vida entera, la suya propia, y la de los demás. Sin trama convencional, sin progresión temática, el movimiento de la novela no es de avance, sino de incursión, de exploración, de buceo. El protagonista, que es el narrador, no es ni héroe ni antihéroe, es un personaje de ficción bondadoso, algo que pocos autores logran plasmar sobre el papel, por miedo a su falta de interés (por excesiva semejanza con el lector potencial) y, para rizar el rizo, lo hace en primera persona. Su voz es, en fin, la de quien concluye que la única salida con dignidad del entablado con decorado de fondo que es la vida es la constancia del científico o la perseverancia del artesano: ambas son, desde luego, tareas desinteresadas. Para Farmer, el paso que hay desde el objeto de estudio hasta su propia persona es inexistente: el mismo ojo que observa y cataloga es el que pondera el alma propia.

[Brian KITELEY, *Still Life with Insects*, Saint Paul (Minnesota), Graywolf Press, 1993 (1989), 114 pp.]

"LA ROSA ES ROJA/ UNA VIOLETA, AZUL/ HOY EN NUEVA DELI/ MAÑANA EN TOMBUCTÚ"

El Eco de los Libros, 11/01/2007.

Algo más de diez años antes de que la novela *The Things They Carried* (*Las cosas que llevaban los hombres que lucharon*, según la traducción de la edición española) convirtiera a Tim O'Brien en el escritor de fama mundial que es, ya había escrito la muy reconocida en su tiempo, pero hoy cubierta por el oscuro velo del olvido, *Going After Cacciato*, que viene a ser algo así como *Tras las huellas de Cacciato*. La trama de la historia es relativamente sencilla: Cacciato, un soldado a medio camino entre la idiocia y el idealismo, decide, sin dar parte ni a camaradas ni a superiores, abandonar su puesto y emprender un viaje que, desde Vietnam, le conduzca a París. Una vez allí, y con la intención de animarles, se propone entrevistarse con los responsables de las negociaciones del tratado que ponga punto y final a la guerra. Sin embargo, sus compañeros de patrulla no coinciden con su parecer y, en cuanto se percatan de su deserción, marchan tras él, atravesando los campos y las capitales de toda Asia, Oriente Medio y buena parte de Europa. Los detalles de la vida militar abundan por doquier en la novela –O'Brien mismo participó en aquella guerra que su país se empeñó en librar en las selvas y montes vietnamitas–, lo cual actúa como el imprescindible condimento realista que requiere la verosimilitud de esta narración, como también son habituales las incursiones en la visión del mundo que mantienen los soldados, expuesta en unos diálogos repletos de la jerga y los tecnicismos propios de su edad y profesión, pero que, a medida que el viaje progresa, parecieran cada vez más los de unos civiles que se encuentran no poco desorientados, y no precisamente desde un punto de vista cartográfico, sino, antes bien, vital. Conforme avanza la persecución, más distorsionados se muestran tanto los escenarios exteriores como los retratos interiores de los actores protagonistas. Las linderas entre realidad y ficción se difuminan progresivamente, los hechos y datos parecen querer escurrirse de cualquier observación que siga un criterio racional, la apariencia logra un estatuto de verdad tan imponente que llega un momento en que distinguirlas a ambas es tarea propia de titanes o de dioses. Pero los soldados que van a la caza de Cacciato no son ni lo uno ni lo otro, y las pistas que siguen les plantean más preguntas que las respuestas que de ellas a duras penas consiguen extraer. Sus propios recuerdos, las visiones de los actos de barbarie que tan a la ligera llevaron a cabo y las batallas que libraron pueblan sus memorias y, a la postre, se convertirán en sus peores enemigos: el pasado estará a todas horas presente, demasiado como para poder ignorarlo.

[Tim O'BRIEN, *Going After Cacciato*, Nueva York, Dell, 1979, 395 pp.]

OTRO GRANDE DE LOS GRANDES, DESCONOCIDO A ESTE LADO DEL ATLÁNTICO: ROBINSON JEFFERS

El Eco de los Libros, 16/01/2008.

En casi todas las primeras cartas que Al Purdy le enviara a Charles Bukowski en 1964, justo al comienzo de su relación epistolar de casi diez años, el nombre de Robinson Jeffers, siempre acompañado de algún epíteto o comentario elogioso, fue una constante. Concluía entonces el canadiense que "Jeffers es el otro poeta estadounidense del que puedo sacar algo en claro". Y, a propósito de unas observaciones sobre la escena literaria del momento, la de los Creeley, Corso, LeRoi y el resto de la pandilla, Bukowski le respondía a Purdy con estas palabras: "A los huesos de Jeffers les entran arcadas enterrados en el barrizal infestado de gusanos". Sabemos que Bukowski era bastante inclinado a la hipérbole cuando del uso de imágenes se trataba, aunque tras su exabrupto se oculta algo revelador: Bukowski y Purdy no eran los únicos que apreciaban la poesía de Jeffers, sino que, antes bien, les acompañaba todo un coro de voces líricas. Así, Czeslaw Milosz daba fe del poderío de la extensa línea de Jeffers, heredera de la de Whitman, aunque más proclive a la narratividad y no tan sonora como la del neoyorquino; otros, más jóvenes, como Mark Jarman, Robert Hass y William Everson, por citar a unos pocos, admiten que la obra de Robinson Jeffers les ha influido en la suya propia, en mayor o menor grado. Pero, ¿qué sabemos en España de uno de los grandes poetas norteamericanos? (No en vano, en la década de 1920 trataba de tú a Frost, a Pound y a Eliot). Pues sabemos poco. Demasiado poco. En español encontramos publicada una *Antología* por la editorial mexicana Libros del Umbral. Es un volumen magro, enjuto, cercano a lo famélico, casi parece que estuviera pidiendo permiso a los otros libros para compartir con ellos su espacio en los anaqueles, pues no llega a las doscientas páginas, cuando la obra poética de Jeffers ocupa cinco gruesos y orondos volúmenes que rondan o superan las quinientas páginas cada uno de ellos. Destaquemos un valor de la poesía de Jeffers, casi cien años después de que él empezase a escribir: el encono y la rabia (perruna) o la pasión y el ardor con los que los eruditos y académicos tratan sus versos. Imposible que lleguen a un acuerdo sobre la naturaleza e intención de su extenso legado lírico: ¿Post-trascendentalista, en tanto que discípulo de Emerson y Thoreau? ¿Neorromántico? ¿Qué pretendía con sus descripciones del paisaje californiano, los halcones que sobrevolaban sus cielos imponentes, los árboles retorcidos por encima de los riscos? ¿Por qué ese empeño inagotable en retratar al hombre como un ser arrogante, débil, violento, sediento de sangre, lujurioso de carne? Antiidealista ("Guárdate del terrible vacío de la luz del espacio, de la charca/ sin fondo de las estrellas") y misántropo ("Guárdate de percibir la maldad inherente del hombre y la mujer"), contrario a todo grupo humano ("... mientras la civilización y todos los otros males/ que hacen ridícula a la humanidad..."), Jeffers buscaba lo permanente, lo cierto, lo inmutable, la verdad de la verdad: "¡Qué extraordinaria paciencia la de las cosas!/ [...]/ Mientras, la imagen de la belleza prístina/ pervive en el grano mismo del granito/ tan a salvo como el infinito océano que escala el acantilado".

[Tim HUNT (ed.), *The Selected Poetry of Robinson Jeffers*, Stanford (California), Stanford University Press, 2001, 758 pp.]

"LOGOI": REFLEXIÓN Y CATALOGACIÓN DE LOS MODOS DE LA LENGUA LITERARIA

El Eco de los Libros, 18/01/2008.

En España se conoce, sobre todo, la faceta narrativa de Fernando Vallejo, y acaso sus dispersos ensayos (uno de biología, otro contra la física de los físicos, el más reciente contra la Iglesia de Roma), pero previo a sus novelas es *Logoi*, escrito muy deprisa, en poco más de un año, con la urgencia que requieren las aclaraciones personales, sin pensar en el potencial público lector. Quien en *La virgen de los sicarios*, a través de su narrador y álter ego, se consideraba "el último gramático vivo de Colombia" (afirmación hecha previa a que el Fernando Vallejo de carne y hueso renunciase a su nacionalidad colombiana para adoptar la mexicana), escribió esta gramática del lenguaje literario, única en su género, con la voluntad de afianzar sobre el papel los aprendizajes que, por debajo del discurso universitario recibido, habían ido tomando forma paulatinamente en su sesera. Vallejo tenía interés en aquellas enseñanzas de lingüística, sin duda, pero no tanto en la erudición implícita, ni en el mero conocimiento teórico de la disciplina: su verdadero deseo era ser escritor. Sin embargo, sus profesores no eran escritores, de manera que ninguno de ellos le podía proporcionar ni las pautas ni las técnicas necesarias para iniciarse en el oficio. Así surgió *Logoi*, para suplir una carencia, con la intención expresa de marcar los límites entre el lenguaje hablado y el escrito, que es la clasificación primaria a la que Vallejo apela. La distinción no habría que fijarla, entiende él, entre prosa y verso, sino entre habla y escritura, ya que esta última se rige según unas leyes características. De este modo queda establecido el objeto de estudio de *Logoi*: la prosa escrita, la prosa de los escritores, el funcionamiento interno del motor que impulsa las narraciones escritas. Una vez expuesta la poética vallejiana en la breve pero intensa introducción al volumen, resta aplicarse a la segunda razón de ser del libro: elaborar un catálogo del uso de la lengua escrita, en capítulos cuyos títulos recuerdan, engañosamente, a los manuales de retórica y preceptiva literaria (estas versaban sobre la poesía clásica y romántica), todos ellos acompañados de una gran abundancia de ejemplos en varias lenguas, pues la meta final que a todos los anima es demostrar que, tras los avatares de la poesía, que en su origen fue el ritmo con el que el oído aprendía los cantos y los traspasaba a otras bocas, la literatura occidental se encontraba ya, germinalmente, en la *Ilíada*, que todas las tradiciones literarias europeas comparten una misma raíz, y que la *Ilíada* es el artefacto que ha sobrevivido, con su cualidad singular de prosa escrita, al olvido del tiempo que todo lo engulle y nada respeta. Para quien se interese por este estudio, valga la advertencia de que no está publicado en España (a pesar de su reciente reedición), aunque también es cierto que tenemos la fortuna de contar con librerías virtuales que te lo entregan en mano. Vale.

[Fernando VALLEJO, *Logoi. Una gramática del lenguaje literario*, México D.F., Fondo de Cultura Económica, 1983, 546 pp.]

BIENVENIDO MÍSTER MARSHALL, 2008
El Eco de los Libros, 21/01/2008.

¿Será posible que para que alguien se interese en España por la obra de Harry Crews tenga que venir el actor y director Sean Penn a decirnos lo mucho que le impresionó la lectura de sus novelas? ¿Será posible que sigamos siendo así de paletos, que tenga que venir este Mr. Marshall de las letras a recordarnos nuestras carencias, aquel secular vamos-siempre-por-detrás-de-todos-los-demás que con tanto empeño nos inculcaban en las clases de arte y literatura en el instituto? ¿Cómo? ¿Que ya no lo recuerdan? ¿Tan lejos les queda la adolescencia? ¿Se les olvidó lo de que cuando en Europa –y por "Europa" se entendía siempre, desde luego, Francia, Alemania e Inglaterra– se pegaban por ver quién era el más gótico, el más macabro, el más enamorado de cementerios, cadáveres, árboles retorcidos sobre acantilados y riscos imposibles, aquí aún seguíamos anclados en el didactismo de Jovellanos y Moratín? ¿Que cuando aquí, tímido y cohibido, Bécquer le cantaba a los muertos solitarios en sus tumbas, en Europa ya se rompían la cabeza para despuntar como el más moderno y, si me apuran un poco, el más modernista de todos? ¿Será posible que, ahora que nos sentimos Europa, tengamos que volver los ojos al otro lado del Atlántico para que sus ángeles mensajeros nos traigan la buena nueva de los narradores de los que poco sabemos, de los que nos empeñamos en no conocer? Y fíjense ustedes en quién escribe esta diatriba, en quién se adentra en estas reflexiones: aquel que no ceja en su empeño de que las voces sin versión española se oigan por estos lares. Pero no me malinterpreten. Si mañana por la mañana sé de algún editor que se anima a indagar en la obra de Harry Crews, que sean mis parabienes con su inquietud; lo que me pone en el disparadero es que seamos tan esnobistas, tan provincianos, tan tibios y tan timoratos como para hacer oídos sordos a quienes nos hablan de la calidad de la obra de novelistas y poetas, de los que no se tiene noticia aún, por el mero hecho de ser paisanos (de la patria grande o la chica). Coinciden, creo yo, dos tendencias, dos actitudes que, de tan añejas, ya huelen a rancio. La primera, el perpetuo complejo de inferioridad ibero; la segunda, el amiguismo. ¿Quién dices que está hablando de Robinson Jeffers? ¿Quién es ese que tanto da la murga con Larry Brown, Denis Johnson, Al Purdy, James Schuyler, Delmore Schwartz, Nelson Algren o Barry Hannah? ¿Cómo dices que se llama? ¿Ingelmo? Ni idea, chico. Y entonces llega Sean Penn (gran actor, mejor lector) y dice: "Crews es el poeta de los extremos. Su lenguaje me obsesiona" (*El País*, domingo, 20/01/2008, "Cultura", p. 44), y todos corremos a las librerías y bibliotecas en busca de las novelas de Crews, en particular la que menciona el actor, *El artista del KO*. El chasco es que, una vez más, nada. Nada de nada. Cero. *Nihil. Kaputt.* ¿Se interesará ahora alguien por Harry Crews?

[Harry CREWS, *The Knockout Artist*, Nueva York, Harper & Row, 1988, 269 pp.]

CUANDO REGRESES DE ESTE VIAJE LAS NOTAS SOBRE EL PENTAGRAMA SERÁN MULTICOLOR

El Eco de los Libros, 28/01/2008.

Sueños, recuerdos, fantasías, el inasible material del aire, de las palabras, las conexiones libres y espontáneas de la composición jazzística, del formato del *blues*, simple en apariencia y desgarrado en la garganta, que es su fondo: "Where is Italy?/ How can I find it in my mind/ If my mind is endless?" ("¿Dónde queda Italia?/ ¿Cómo hallarla en mi cabeza/ si mi mente es infinita?", del Coro 47). 242 coros conforman este, a decir del propio Kerouac, canto de una tarde dominical que fluye a veces con brincos, a veces con retrocesos, que se desliza sin avisar para pararse en seco a medio camino, girarse para comprobar si le sigues, sacarte dos cuerpos de ventaja y, cual ectoplasma, plantarse delante de tus narices para susurrarte a la oreja los últimos acordes con palabras que brillan y gimen y se tronchan de la risa: "America is a permissible dream,/ Providing you remember ants/ Have Americas and Russians/ Like the Possessed have Americas/ And little Americas are had/ By baby mules in misty fields/ And it is named after Americus/ Vespucci of Sunny Italy" ("América es un sueño lícito,/ siempre que recuerdes que las hormigas/ tienen Américas y que los rusos,/ como los Demonios, tienen Américas/ y que mulas bebé tienen/ pequeñas Américas en campos brumosos/ y que lleva su nombre por Américo/ Vespucio de la soleada Italia", del Coro 51). Nada que ver, entonces, con aquellos *Sketches* de los que hablamos hace tiempo, pues ahora el tono es juguetón, despreocupado, casi infantil, sin que por ello pierda el cantor ni un ápice de control sobre sus versos.

Pero no nos confundamos: una cosa es la chanza y el tralalí-tralalá y otra bien distinta dejar que las palabras acaben formando una masa pastosa e intragable. El "Merrily we roll along/ Dee de lee dee doo doo doo/ Merrily merrily all the day" del Coro 53 puede sonar pueril fuera de contexto, pero una lectura atenta se percata del valor de las canciones infantiles, de la importancia del sonido y el ritmo de las palabras, de esos ripios sin sentido que nos acompañan de camino a casa, repitiendo su tarantela entre dientes, pues la música rescata y libera al niño que, algunos aprisionado, otros casi obliterado, todos llevamos en nuestro interior. Permítanme una vuelta de tuerca final: "Nirvana aint inside me/ cause there aint no me" ("Yo no tengo dentro el nirvana/ porque no hay tal yo", del Coro 198), asegura este buda de la carretera, este monje saolín con vaqueros y hambre de cielo y *dharma* y hierba y amor. "Do not Seek,/ and Eliminate nothing" ("No Busques,/ no Elimines nada", del Coro 187). Nada es real. Ni lo de fuera, ni lo de dentro. Y vuelta a empezar con el *jazz* consonántico y chingón: "E Terp T A pt T E rt W –/ Song of I Snug our Song/ Song of Asia High Gang/ Clang of Iron O Hell Pot/ Spert of Ole Watson Ville/ Gert/ Smert" (del Canto 223). Que cada cual encuentre su traducción.

[Jack KEROUAC, *Mexico City Blues*, Nueva York, Grove Press, 1990 (1959)]

BLANCO, INCULTO, BORRACHO Y PENDENCIERO: EL ÁNGEL EN EL TEJADO

El Eco de los Libros, 29/01/2008.

Llegado ya el final de este volumen, su autor quiere aclararle al lector que "cuando empecé a escribir quería ser poeta, pero no tenía el don para ello y, en su lugar, me enamoré del relato corto, la prosa cuya forma se encuentra más cercana a la de la poesía lírica". Bueno, no es un mal comienzo como declaración de principios, pero no me negarán que llama un poco la atención si quien eso afirma se ha dedicado con tanto ahínco a esa otra forma, por simple deducción, no tan cercana al lirismo poético: la novela. Pongamos, pues, en la balanza literaria las cuatro colecciones de relatos de Russell Banks y, en el otro platillo, las, al menos, doce novelas que ha escrito hasta el momento. ¿Cómo dicen? ¿Que acaba de publicar otra? Vale entonces: sus trece novelas. No debe de estar, pues, en la cantidad el secreto del placer que aún confiesa experimentar, sino en alguna otra fuente. Entiende Banks que la novela adolece de cierto carácter burgués y respetable que, "como un matrimonio bien avenido, exige dedicación, tolerancia y compromiso" y, en su lugar, prefiere la descarga de adrenalina del buen relato porque "nos perdona nuestra naturaleza veleidosa, recompensa nuestro anhelo de éxtasis y hace de la memoria a corto plazo una virtud". Ahora sí que me ha convencido. De modo que me retrotraigo al principio del libro y la colección toma un cariz distintivo. En primer lugar, porque los personajes aparecen por doquier, no solo como protagonistas de algunas historias, sino como trasfondo de otras, lo cual imprime al conjunto un singular carácter de cohesión (prefiero creer que Banks no nos quiere hacer pasar el gato del tiempo de la ficción por la liebre del tiempo real: que los personajes se prolonguen en el espacio no los hace más reales, oiga usted). Lo admitimos como un procedimiento oportuno para lograr que las dos dimensiones de la página se hinchen y adquieran alma. Pues si hay algo en déficit y que hay que rastrear en este libro es, precisamente, eso, alma. Sir Walter Raleigh, aquel ingenioso tasador del humo de un cigarro puro, se las vería y desearía para aplicar su método con estos relatos si lo que buscara fuera medir cuánta alma se encierra en ellos. Dolor, remordimientos, rencor: esos son los pilares que sustentan las relaciones de estos relatos. Padres e hijos enfrentados, esposos al borde del abismo, amantes angustiados por los celos, por la sospecha y por la rabia. ¿Cómo es posible, entonces, que Banks logre que el lector se interese por las miserias de estas gentes que habitan el más fantasmagórico de los desiertos morales? ¿Será, quizá, porque sus sueños son universales, porque en el fondo compartimos las mismas expectativas, porque los fantasmas que habitan sus noches son estos que a nosotros nos espantan?

[Russell BANKS, *The Angel on the Roof*, Nueva York, HarperCollins, 2000, 506 pp.]

Y ENTONCES SERÁ EL LLANTO Y EL RECHINAR DE DIENTES Y LAS CARCAJADAS DEL JOVEN FANTE...

El Eco de los Libros, 29/01/2008.

Los comienzos nunca resultan sencillos, de manera que para no liarnos más de la cuenta, empecemos por el titulo: *El vino de la juventud*. Múltiples asociaciones subconscientes, para los que aún nos sabemos bajo la tenue influencia católica de nuestra juventud: bandejas, cestillos para la colecta, dirigir la vista a los cielo pues allá en lo alto ha de estar la fuente de la gloria, el motivo de la vida, la alquimia del nada-por-aquí, nada-por-allá que transforma el vino en sangre, el pan en carne. La prestidigitación elevada a la enésima potencia. El vino es aún vino y el pan, pan, mas, por arte de birlibirloque, vemos lo que creemos ver. Regresamos así al tiempo de los cirios quemándose lentamente, de las estancias impregnadas de agrio incienso, del confesionario burlón y yemas de los dedos rozándote la punta de la lengua. Pero la España nacional y católica de los años setenta no es el suroeste americano católico y obrero de los años 30, el de los barrios de emigrantes italianos empleados en la construcción, el campo, las fábricas, las conserveras, los mataderos. Se hace necesaria, en fin, una caracterización de los personajes, que exploraremos en la selva de sus palabras. El primero, la madre: "From the beginning. I hear my mother use the words Wop and Dago with such vigor as to denote violent distaste. She spits them out. They leap from her lips. To her, they contain the essence of poverty, squalor, filth. [...] As I begin to acquire her values,

Wop and Dago to me become synonymous with things evil. But she's consistent" ("Desde el principio. Mi madre usa las palabras *Wop* y *Dago* con la intención de que su contundencia las haga rebosar de aversión. Las escupe. Le saltan a borbotones de la boca. Según ella, contienen la esencia misma de la pobreza, la inmundicia, la sordidez. […] A medida que voy interiorizando sus valores, *Wop* y *Dago* se convierten en sinónimos de todo lo malvado. Y su práctica es constante"). "Wop" es el término despectivo con el que el estadounidense blanco y protestante se refiere al individuo de ascendencia italiana; "Dago" se usa en el mismo contexto, pero en tiempos de Fante incluía, además, a españoles, portugueses y, en general, latinoamericanos. Hoy día solo alude a los italianos, con una inmensa carga despectiva. Así pues, la traducción de esos términos como "italianini" o "espagueti" u otros vocablos similares se habría quedado corta. No valdría en español. Más detalles terminológicos. "Dago red" es, por otra parte, "vino barato" o "tintorro", por ser el tinto que beben los "Dagos", claro. Para este término la amplitud de uso es universal, pues no importa la procedencia del vinarro: sea o no italiano, es "Dago red". Y ahora llega el instante del conejo que brinca de la chistera: esta colección de relatos que hoy comentamos incluye el primer libro de narraciones de Fante, de 1940, al que se le suma otra media docena de historias posteriores. El título del primer libro de relatos era, precisamente, *Dago Red*. ¿Qué les parece? Y para continuar con el asunto del carácter de los personajes, llega ahora el turno del retrato paterno: "La de padre no lo es. Le preocupa poco cómo dice las cosas. Sus estados de humor dictan sus juicios". Y prosigue de esa guisa, detallando que Cristóbal Colón era un *Wop* genial, como también lo era Caruso, según su padre, al igual que sus amigotes y sus cuñados. Ya sugerí que los comienzos no suelen ser fáciles. Sigo en mis trece.

[John FANTE, *The Wine of Youth. Selected Stories*, Santa Rosa (California), Black Sparrow Press, 1997, 269 pp.]

PAUL BOWLES NOS LLEVA A UN ORIENTE DE HONGOS PSICOACTIVOS, LENGUAS CORTADAS Y DANZAS TRIBALES: LA CELEBRACIÓN DE LA VIDA

El Eco de los Libros, 31/01/2008.

El volumen de relatos completos que publicó en el año 79 Black Sparrow Press tiene una ventaja y un inconveniente. El último es, sencillamente, que no son los relatos completos, que a estos *Collected Stories* le segurían, pocos años después, otra docena de ellos que verían la luz en forma de libro. Ambos volúmenes, el que hoy comentamos y el otro de la docena extra, serían objeto de recopilación en un solo libro final, hace unos pocos años. La cuestión es que, una vez recogidos todos los relatos, dejaron fuera uno de los mayores atractivos de los *Collected Stories* originales: la introducción que escribió Gore Vidal para el libro. Paul Bowles, a pesar de ser considerado por algunos el padre espiritual de los *beat*, el americano que se ha pasado la vida entera fuera de su país, el gurú de las patrias ignotas, el que de tanta patria como tenía casi se acercaba al estatus de apátrida (no formalmente, como Cioran, pero sí de corazón), debido a su singularidad creadora fue ignorado, cuando no ninguneado, por las autoridades académicas y literarias estadounidenses. Así pues, si Gore Vidal deja caer, refiriéndose a Bowles, que "sus relatos se encuentran entre los mejores que jamás se hayan escrito en Estados Unidos", los ojos se giran en esa dirección y la gente comienza a susurrarse unos a otros los nombres prohibidos por los mandamases universitarios. Y si la gente lo lee, el espíritu de Bowles pervive, más allá de las academias y de los prohombres de la patria y la cultura. "At the end of the town's long street a raw green mountain cut across the sky at a forty-five degree angle, its straight slope moving violently from the cloudy heights down into the valley where the river ran" ("Terminada la ciudad, al final de su única calle larga, una montaña verde sesgaba el cielo con un ángulo de cuarenta y cinco grados, su recta falda caía con violencia desde las alturas unbladas para adentrarse en el valle por el que se deslizaba el río"). Imágenes dinámicas, grandes extensiones geográficas en movimiento, escenas que se describen sin amontonar adjetivos, sino merced a sus cualidades visibles y sus idiosincrasias, figuras humanas de culturas ajenas a occidente que se presentan rugiendo en su ámbito cotidiano y que, entonces, se las descarga de la mirada decimonónica que, con intención colonizadora, describía los paisajes como exóticos. Nada mejor que cargar las tintas sobre el misterio de las culturas, pues, como cualquier teólogo/filósofo sabe, el misterio tiene para el observador un componente de pavor, así como otro de atracción. Bowles sacude la cabeza, cierra los ojos y, tras volver a abrirlos, recupera la mirada genuina (que no pueril), desinteresada (que no esquiva) y enamorada (que no conquistadora) sobre los parajes y sus gentes. El menos americano de los americanos, el más universal de todos ellos.

[Paul BOWLES, *Collected Stories, 1939-1976*, Santa Rosa (California), Black Sparrow Press, 1979, 419 pp.]

EL HORROR EN EL CORAZÓN DE EUROPA Y ÁFRICA TIENE EL MISMO ORIGEN RACISTA

El Eco de los Libros, 01/02/2008.

Fíjese el lector desprevenido en que el título del libro que hoy traemos a este foro aparece inserto entre comillas, que es como en el mundo anglosajón se reproducen las citas que, en castellano, vemos precedidas de un largo guion de diálogo o, en su caso, entrecomilladas con el juego de dobles ángulos castizos en una novela. Pero, ¿de qué novela procede entonces esta cita? De *El corazón de las tinieblas* de Joseph Conrad: "¡Exterminad a todos los salvajes!" es la frase con la que Kurtz concluye su guía-informe que elaboró para la así denominada Sociedad Internacional para la Supresión de las Costumbres Salvajes. El informe era, en palabras del narrador-Conrad, "elocuente, vibrante de elocuencia", sin duda, aunque tímidamente añade que "era demasiado tenso, creo yo". A continuación confiesa que, a la postre, el informe le pareció "ominoso", pero no duda en comentar que el timonel que le llevó al corazón de la selva, muerto cuando desbarra sobre los pormenores del informe, no era sino "un salvaje que no tenía mayor importancia que un grano de arena en un Sahara negro". Pero no, prosigue, sí le importó, porque habían establecido un vínculo de mutua necesidad. Entonces el negro ya no era salvaje, el hombre había pasado a convertirse en el oficio que desempeñaba: era un timonel. De la perorata racista a la descripción funcional en la que se determina que el hombre es aquello que hace (con su tiempo de vida: una vez muerto, no es más que un vago recuerdo, acaso nostálgico). Consultada la edición crítica y autorizada Norton del texto inglés de *Heart of Darkness*, la revelación del velado racismo de Conrad se hace más patente aún. 'Exterminate all the brutes!' es la versión que sustituyó la original del manuscrito del polaco-británico, pues la primera exclamaba: 'Kill every single brute of them' ("Matad hasta el último de esos salvajes"). Al comienzo de su diario-reflexión, Sven Lindqvist analiza la etimología del verbo "exterminar" y concluye que su origen latino, *extermino*, vendría a ser algo así como "lanzar más allá del límite", donde *terminus* sería "límite, frontera" y, por ende, "exterminar" querría decir "exiliar", "desterrar" y, en particular, "lanzar más allá del límite hasta la muerte, desterrar de la vida". No en vano, en castellano antiguo "exterminar" significaba "desterrar", aunque el significado contemporáneo se limite al de destrucción total, aniquilación o devastación, en particular de especies vegetales o animales. Lindqvist argumenta que el colonialismo del continente africano se adentró en esas tierras con una visión de los nativos como si se trataran de una marabunta, una verdadera plaga de negros insectos que debían ser objeto de persecución y erradicación. Las pesquisas de Lindqvist le conducen hasta los filósofos de corte darwinista, como Herbert Spencer, y, más aún, a los nuevos científicos decimonónicos, como es el caso de Cuvier, que bajo el manto de la pretendida objetividad (ya conocen esa famosa presunta ecuación entre el investigador que sigue el método científico y su acercamiento objetivo a su elemento de estudio) presentan un discurso cargado de alegatos según los cuales la raza blanca estaba llamada a dominar el globo y, por contra, cualquier asomo de tiznadura epidérmica debía concluirse con su eliminación instantánea. Este, y otros, serían los argumentos que los colonizadores de África, ya fueran británicos, franceses, holandeses o españoles, habrían esgrimido como justificación de sus desmanes. En opinión del sueco Lindqvist, el origen de los campos de exterminio nazis se encuentra en esa misma filosofía del colonialismo decimonónico y engalanado con el discurso científico. El libro de Lindqvist, además, tiene la gran virtud de presentarse no como una reprimenda, ni como un estudio histórico, ni como un diario de viaje por el Sahara, ni como un análisis científico-filosófico, ni como los sueños y pesadillas que persiguen al viajero, sino como un compendio de todo eso, y mucho más. Contamos, en nuestro país, con una traducción en la editorial Turner.

[Sven LINDQVIST, 'Exterminate All the Brutes', Londres, Granta, 1996 (1992), 179 pp.]

DE MUNDOS FELICES, JUEGOS DEL ESCONDITE Y PESADILLAS VISIONARIAS

El Eco de los Libros, 06/02/2008.

Nos encontramos ante un libro que, más que un libro, es la obra de media vida, pues su autor la comenzó durante los años 50 del siglo pasado y no vería la luz hasta 1981, y que además dio en estructurar de un modo ciertamente singular. Se abre la novela con el Libro Tercero, al cual le sigue el Prólogo y, tras este, llega el Libro Primero, separado del Libro Segundo por un Interludio (una sola página). Brincamos después al Libro Cuarto (recuérdese que el Tercero ocupó la primera sección del volumen), que está compuesto por catorce capítulos. A cuatro del final, se intercala un Epílogo y, por si esto fuera poco, la despedida del libro no es el habitual y neutro "The End" sino un monumental, grave y rotundo "Goodbye". Valga añadir también que el autor dibujó una especie de frontispicio para cada uno de los cuatro libros, a los que debe sumarse otro más al inicio mismo del volumen. La impresión global es, cuando menos, de algo chocante, si no inaudito, no tanto porque sea escandaloso como por su carácter fascinante y audaz. Hay, para esta novela, toda una plétora de comentarios de sesudos intelectuales que identifican la obra con todo tipo de autores, desde Dante hasta Goethe, desde Orwell hasta Poe, desde Carroll hasta Blake, desde Kafka hasta Joyce, incluso con Milton. Yo me atrevería a añadir a Philip Dick a semejante elenco, aunque eso solo sería aplicable a los Libros Tres y Cuatro, que son los más cercanos al género de la ficción científica (o la ciencia-ficción, como algunos gustan en llamarla), repletos de sospechas hacia una especie, la humana, que parece abocada a la descerebración social que Hobbes esbozó y Orwell supo inflar, inflar, inflar hasta que nos estalló en las narices. En esos dos Libros, Lanark responde al nombre de Lanark; sin embargo, en los otros dos Lanark se llama Thaw. Y en estos no hay ficción científica, sino mucha referencialidad literaria, mucha erudición (despojada de pedantería, por cierto), también mucho humor, más o menos soterrado, y todo un paseo por Glasgow, la cual, en cierto modo, actúa de espejo de la Dublín joyceana y, si se amplifican esos libros, como el Ulises del irlandés. El mundo de Lanark es capciosamente normal, es cotidiano hasta lo indecible, y tanto es así que las transformaciones que se van dando en él pasan desapercibidas y consiguen amontonarse hasta que, de golpe, lo habitual de antes es lo extraño de ahora, el sol brilla unos pocos minutos, cada ciudadano padece la enfermedad que lo apunta como individuo anómico y los recuerdos han sido sustituidos por una conciencia computacional. Bienvenido al infierno.

[Alasdair GRAY, Lanark. A Life in 4 Books, San Diego (California) y Nueva York, Harcourt Brace & Company, 1996 (1981), 561 pp. (Traducción española de Albert Solé: Lanark, una vida en 4 libros, Barcelona, Ediciones de Blanco Satén, 1991, 773 pp.)]

NO HAY DOS SIN TRES, PERO SÍ TRES SIN CUATRO
El Eco de los Libros, 12/02/2008.

Dicen que, durante una entrevista, entre bromas y veras, alguien le preguntó a un Sonny Liston encaramado a la cresta del éxito pugilístico si recordaba algún caso en que alguien le hubiese tratado de un modo determinado a causa del color de su piel, si, en definitiva, en algún momento de su vida había sido negro. Sonny Liston, dicen, contestó sin pensárselo dos veces con un "desde luego que sí: fui negro todos los años en que fui pobre". Dos veces se enfrentó Sonny Liston con Muhammad Alí por el campeonato de los pesos pesados. En la primera, con 22 años, Alí le dejó sin fuelle al comienzo del séptimo asalto, antes incluso de lo que el propio Alí había previsto; un año después, a modo de revancha, Liston y Alí se volvieron a ver las caras, aunque su encuentro no se prolongaría demasiado (exactamente, dos minutos y doce segundos), pues Alí hizo gala de su "golpe fantasma", así bautizado porque casi nadie llegó a verlo, y con el cual dejó a Liston tendido en la lona. La carrera de Sonny Liston se había derrumbado con la misma celeridad meteórica con la que se había elevado. Una docena de relatos componen la colección de Thom Jones que hoy comentamos (y cuyo título podría traducirse como *Sonny Liston fue amigo mío*), siendo el primero de ellos, el más dramático y, acaso, el más conseguido, homónimo al título del volumen. La gloria rápida y sinuosa, las cámaras de televisión, las sonrisas blancas y exultantes ante la prensa, todo ello oculta el dolor físico, el remordimiento, la permanente sospecha del boxeador, demasiado suspicaz hacia cualquiera que se haga pasar por cercano. Un mundo en el que el miedo y la furia se mezclan a partes iguales para crear un cóctel más digno de Vyacheslav Molotov que del Bogart de *Casablanca*. Puede, sin embargo, que haya quien dé la voz de alarma, que esta historia del luchador roto por fuera y por dentro le suene demasiado trillada; no en vano, en la primera colección de Jones, *El púgil en reposo*, dos relatos giraban en torno al cuadrilátero, y otra más leíamos sobre el mismo tema en su segundo libro. Que no se preocupen los que tengan la mosca detrás de la oreja, pues, a pesar de títulos pugilísticos, no todo es sudor y testosterona, puños ennegrecidos por los moratones y almas retorcidas hasta dejarlas inútiles, viscosas, amorfas. Jones nos lleva de la mano por parajes cotidianos y se mete en las entrañas, en las vísceras y los corazones de personajes habituales (profesores, sujetos con quienes nos cruzamos en el supermercado), pero que guardan, casi todos ellos, un secreto inconfesable, una intención no del todo transparente, un pasado demasiado opaco y que se afana por hacerse omnipresente, y es entonces, al darles voz a los sujetos más oscuros, cuando nos deja huérfanos de su guía, nos conduce hasta el escondrijo donde aguarda, agazapado, el cazador. Pero ojo: la risotada llegará tras doblar la esquina más trivial, la página más inesperada. Jones no ha vuelto a publicar nada desde este libro —a excepción de unos textos para un catálogo de arte—, y se echa en falta su palabra veraz y certera, su mirada sigilosa y su mano amable, la cadencia de su prosa sagaz y bien mesurada. Pero la escritura, ya lo decía el poeta, no es un oficio vitalicio.

[Thom JONES, *Sonny Liston Was a Friend of Mine*, Nueva York, Little, Brown and Company, 1999, 312 pp.]

MERODEANDO POR LOS RINCONES DEL INFIERNO
El Eco de los Libros, 14/02/2008.

Bienvenidos a la lectura por el placer de la lectura, a las palabras que desaparecen tras las imágenes que se generan en algún punto, o en alguna zona, detrás de los globos oculares, demasiado ocupados en seguir los giros, las curvas y el zigzagueo de los apretados renglones sobre el papel. Bienvenidos, pues, al abandono total de uno mismo, a las sensaciones a flor de piel y la palabra que se te viene a los labios, al aviso imposible a un personaje sumergido en una laguna de tinta, al gemido que se escurre entre las sudorosas yemas de los dedos. A quien no le suene el nombre de Dennis Lehane, permítame unas pinceladas que le pongan sobre la pista: ¿ha visto usted la película *Mystic River*, dirigida por Clint Eastwood y protagonizada, entre otros, por Sean Penn? ¿Sí? Bien, pues la novela en la que se basaba el guion, homónima, es de Lehane, aunque sea posterior e independiente de esta de hoy. *Gone, Baby, Gone* (la cuarta de la serie de cinco dedicada a los inspectores de policía Patrick Kenzie y Angela Gennaro) comienza con una especie de obertura, lírica en su empeño evocador y filosófico, y estremecedora porque nos indica el hueco en la pared por el que mirar a hurtadillas a un universo (los lugares, con nombres como Boston, Dorchester, etc., han sido alterados hasta tal grado para adecuarlos a la narración que resulta virtualmente imposible identificarlos con sus referentes reales) relatado en dos extensas partes ("Indian Summer, 1997" y "The Cruelest Month", que no es otro sino el mes de abril, en sutil alusión al primer verso de *La tierra baldía* de T. S. Eliot) y un respiro intermedio, esto es, una fugaz segunda parte titulada "Invierno", de narración espesa y dolorosa. El volumen se cierra con página y media de coda, escrita con la misma letra cursiva de la obertura inicial, lo cual da al conjunto un aire de sinfonía mahleriana. La prosa de Lehane es limpia y tajante, sincopada y melódica a la vez que cinematográfica, su inglés suena a cotidiano pero está, sin duda, tamizado por doce mil lecturas previas que hacen que se te meta por los ojos y los oídos y te viaje por todo el torrente sanguíneo hasta los dedos de los pies... ¿Cómo dicen? ¿Que me deje de tanta metáfora y pase de una vez a la trama? Pues mucho me va a perdonar mi querida media docena de lectores, pero, por mucha pancarta garabateada con imprecaciones hacia mi persona que desplieguen, no daré mi brazo a torcer: no hay trama que valga, al menos no saldrá de mi teclado ni lo verán en sus pantallas. Lean el libro, háganme caso. Y sepan disculpar este tono excesivamente familiar y personal, pero no cabe otra que dirigirme a ustedes con argumentos *ad hominem*. Aunque, ahora que lo pienso... ¿Sabían ustedes que también ronda otra película en torno a esta novela? ¿Y que la semejanza de la actriz que encarna a la niña secuestrada de la novela con otra niña, real, de origen inglés, la cual ha salpicado noticieros televisivos, revistas y periódicos durante meses por motivos similares a los de la trama novelesca, llevó a la productora de la película, rodada hace años, a paralizar su estreno en varias ocasiones por miedo a que se estableciese un paralelismo entre la cinta y lo cotidiano? Y basta ya de carnaza. Ahora, a leer. Para ello, los que no se hallen con el inglés cuentan con traducción al español.

[Dennis LEHANE, *Gone, Baby, Gone*, Nueva York, HarperCollins, 2001 (1998), 412 pp.]

QUERIDO POTENCIAL LECTOR DE LOS EPISTOLARIOS DE BUKOWSKI:
El Eco de los Libros, 18/02/2008.

Has de saber que en este país nuestro ("de todos los demonios", como gustaba aquel de caracterizarlo) nadie se ha decidido aún a publicar ni una sola carta del poeta de Los Ángeles. Pero no sufras más, que tus cuitas son en balde, pues la magna Anagrama se prepara para sacar a la luz (a la de los neones de los escaparates, se entiende) una selección de la correspondencia del abuelo, toda ella según los parámetros en los que no sé cuál editorial gala (creo recordar que era Grasset) ha decidido encorsetar las epístolas de un Bukowski pletórico en correspondencias. En otras palabras, que lo que quiera que vaya a publicar la editorial francesa en cuestión, así hará también Anagrama. O eso pensaban allá por el otoño de 2006; otra cosa bien distinta será lo que acaben haciendo. Y no me pregunten cómo he tenido acceso a esta información, pues se dice el pecado, mas nunca el pecador. En cualquier caso, ya tuvimos ocasión de comentar el volumen que se publicó en el año 83 de la correspondencia del canadiense Al Purdy y Bukowski, con la terrible certeza de que el lector español jamás podrá disfrutar de un epistolario que va más allá de lo puramente personal, escrito en un momento en el que la carrera literaria [*sic*] de ambos poetas estaba comenzando a despegar y su mutuo juego realidad/ficción estaba en su mejor momento. El que hoy traigo ante ustedes, mucho me temo, habrá de conocer una suerte semejante, aunque en este caso no será achacable una presunta dejadez o un supuesto desinterés a ninguna editorial española. La cuestión es mucho más sencilla y, acaso, más tajante. Este es un epistolario, de todas todas, intraducible. El carácter de la escritura es en exceso particular como para tratar de verterla en un español que no podría adaptarse a los vuelcos, torsiones y elipsis del original inglés, tanto del lado de un Bukowski que —como bien afirma el editor del volumen en su prolija introducción— se ha desprendido de su máscara de borrachuzo impenitente e insufrible para dejar que surja un lector voraz que se ha formado a sí mismo en las bibliotecas públicas tragándose a los clásicos de las grandes tradiciones no solo literarias, sino también filosóficas y artísticas, y que es capaz de hacerle sombra a una Sheri Martinelli, en contraste, tibia y endeble, demasiado pagada de sí misma y sabedora de su estatus de musa de un Ezra Pound encerrado como un perro en un manicomio de Washington D.C. "Coño —le espeta Bukowski a la Martinelli—, he leído a esos clásicos tuyos, he malgastado la vida entera en las bibliotecas pasando páginas, buscando sangre. Me parece que no han dejado de echarme basura SIN FIN, las páginas no chillan; siempre toda esa dignidad afectada y ese sabérselo todo y las páginas, secas y requemadas, apáticas como el trigo". ¿Acabará de caer también para el lector español la imagen de un Bukowski misógino y fanfarrón, ignorante y desequilibrado, tenazmente dedicado a escupir en los ojos y los oídos de poetas, pintores, actores, pensadores? No es que no fuera todo eso. Es que también fue mucho menos, y mucho más.

[Steven MOORE (ed.), *Beerspit Night and Cursing: The Correspondence of Charles Bukowski and Sheri Martinelli, 1960-1967*, Santa Rosa (California), Black Sparrow Press, 2001, 382 pp.]

LA GUERRA NO ESTABA A DIEZ MIL KILÓMETROS DE DISTANCIA, SINO EN CASA, EN EL BARRIO, EN TU PROPIO PAÍS

El Eco de los Libros, 20/02/2008.

En cierta entrevista, Larry Brown confesaba que se había librado de ser enviado a Vietnam por los pelos, pues, recién concluidos sus estudios de secundaria, su nombre aparecía el primero de entre los obligados a formar las filas de las tropas de infantería que se habrían de unir al cerca de medio millón de soldados estadounidenses desperdigados por las selvas del sureste asiático. Supuso que, ya que no le quedaba más remedio que apencar, mejor ir a la guerra con todas las de la ley y en buenas condiciones de preparación militar, para lo cual se alistó como voluntario en el cuerpo de infantes de marina. Sin embargo, quisieron los dioses que su batallón no llegase siquiera a despegar de la base en la que se encontraba destinado. Así que, una vez transcurrido su entrenamiento como recluta, tenía por delante un buen puñado de meses y, además de dejar que pasara el tiempo jugando al billar, leyendo y practicando el tiro al blanco, Brown se dedicó a escuchar a los veteranos que habían regresado de la guerra. A veces de modo consciente, otras de fondo, oía los relatos de los supervivientes del gran desastre militar, humano y medioambiental que fue la guerra en Vietnam, soldados cuyo uniforme los despojaba de su humanidad para reemplazarla con una coraza de hielo y fuego, de sangre y sudor, de rabia inagotable en brazos de una pesadilla cuyos efectos solo parecían mitigarse entre densas nubes de maría y litros de alcohol. La violencia gratuita hacia un enemigo versátil y escurridizo se alimentaba de su constante paranoia: allí hasta las mujeres de ojos rasgados e infantil sonrisa seductora a menudo guardaban una granada de mano oculta bajo el vestido. Aquellas narraciones que Brown escuchaba, ya fuera como telón de fondo o aplicando sabiamente el oído donde debía hacerlo, conformaron la base de su primera novela, *Dirty Work* (que bien podría traducirse como *Trabajo sucio*), historias que leemos a través de sus dos protagonistas, Braiden Chaney y Walter James, este sin rostro, aquel sin brazos ni piernas, el uno negro y el otro blanco, ambos despedazados en su interior más aún que por fuera, los dos postrados en sendas camas de un hospital de veteranos de guerra. Una sola noche dura el relato de su encuentro, al comienzo distante, progresivamente más cercano, entreverado con recuerdos de su juventud perdida y sus ciudades natales, con ecos de la memorable y pasmosa *Johnny Got His Gun* de Dalton Trumbo —no solo por las coincidencias de la puesta en escena, sino por los escollos materiales y emocionales que han de sortear los personajes para llegar a comunicarse—, una larga noche hacia un alba inalcanzable por inexistente, que acaba por borrar cualquier traza de romanticismo o heroísmo que nadie pudiera albergar acerca de la guerra. Ha de advertirse, con todo, que la cadencia narrativa de Brown no es la misma que la elaborada y vagamente filosófica de Trumbo, sino que se halla más acorde con la despiadada de Thom Jones en sus relatos sobre Vietnam de *The Pugilist at Rest* (pienso en "The Black Lights" y, sobre todo, en "Break On Through", que de inmediato nos trae a la mente la segunda parte del verso de la canción de los Doors: "to the other side", una ruptura imposible, un cruce insalvable, una travesía sin destino final) o, debido a la alternancia entre los puntos de vista de ambos protagonistas, que hacen de cada capítulo prácticamente un relato independiente y a la par inseparable del resto, con la de Tim O'Brien en *The Things They Carried*, con el añadido de un ritmo frenético y lacerante, sutil e inquebrantable.

[Larry BROWN, *Dirty Work*, Nueva York: Random House, 1990 (originalmente en Chapel Hill (Carolina del Norte), Algonquin Books of Chapel Hill, 1989), 237 pp.]

IMPROMPTU NOCTURNO PARA OVEJAS SORDAS
El Eco de los Libros, 25/02/2008.

Pistola, con música para la ocasión es la primera novela de Jonathan Lethem, escritor afincado en el neoyorquino barrio de Brooklyn. Más conocido por su novela *Motherless Brooklyn* (merecedora en 1999 de diversos galardones críticos en su país y traducida en el nuestro como *Huérfanos de Brooklyn*), Lethem se estrenó con un relato a medio camino entre la novela negra (Chandler) y la de ficción científica (Dick), plagada de personajes oníricos (Huxley), algunos de ellos rozando la mampesada y el delirio (Gibson) —ya sea el febril o el inducido por espiritosos o estupefacientes (Burroughs)–, en un escenario cacofónico, opresivo, umbrío (Ballard), pero con síncopas de risa sarcástica entreveradas en el magro que, acompañadas de un sinfín de metáforas brillantes, imprimen al texto una suerte de lirismo incidental y hacen de su universo el décimo círculo infernal que Dante dejó por escribir. La trama arranca en primera persona, cuando Conrad Metcalf, ex-policía reciclado en detective privado y contratado para seguir a Celeste, la esposa de un urólogo de Oakland, en California, despierta con todo su pasado inmediato cayéndole encima como una losa. El mundo que conocemos ha derivado en un simulacro en el que los agentes de policía controlan tu cuerpo y tu alma, si es que no la has dejado ya con el runrún del ralentí merced a alguna mezcla personalizada de la droga de distribución pública (conocida con el anodino nombre de *make* –"el preparado"–), de tal modo que el farmacéutico de la esquina añadirá al compuesto base la sustancia que cada cual precise (Olvidol, Tristezol, Creenciol o la predilecta de las instituciones gubernamentales, Aceptol). A Conrad Metcalf las cosas se le tuercen, y mucho, después de que aparezca el cadáver del marido de Celeste, pues acaba sintiendo en el cogote el aliento envenenado tanto de la mafia local como de la policía (cuyos agentes, por cierto, se denominan ahora "inquisidores", pues solo ellos tienen derecho a preguntar: que ningún civil ose inquirir nada, ya que, en un mundo de pensamiento y comportamiento homófonos, será denunciado por cualquier vecino y se le restarán puntos de su tarjeta de karma; si los pierde todos, su destino será la criogenización, que no es sino la versión futura de las cárceles). La solución para Metcalf estriba en ir plantando una serie de pistas que desconcierten a todos los que le siguen los pasos (animales evolucionados y caracteres antropomórficos, inquisidores omnipresentes, omnipotentes, y bebés mafiosos y degenerados con cerebros hipertróficos), hasta el extremo de lograr solventar el caso, aunque con graves consecuencias para su propia salud física y anímica. Una sola lectura de esta novela, con su trama magníficamente trabada, no le satisfará. No lo dude: la segunda será aún mejor que la primera.

[Jonathan LETHEM, *Gun, with Occasional Music*, Londres: Faber and Faber, 2005 (originalmente en San Diego (California), Harcourt Brace, 1994), 262 pp.]

"ME IMAGINO QUE ES ALGO ASÍ COMO PONER UNA TETERA AL FUEGO"

El Eco de los Libros, 27/02/2008.

Hay dos coletillas que nos siguen a todas partes. Una de ellas adopta varias formulaciones, siendo las más difundidas estas dos versiones: "como yo siempre digo" y "yo siempre digo que...", esto es, conforman la expresión más acentuada de nuestros tiempos narcisos y egotistas. La otra coletilla, que es la que hoy más nos viene a cuento, es aquella que nos advierte de la necesidad de "leer el libro, porque es mucho mejor que la peli". Ahí queda eso, "el libro", así, sin aditivos ni colorantes, sin una pizca de grasa que se pegue al músculo. Bien, pues la novela que hoy nos traemos entre manos desdice eso de que "el libro es siempre mejor que la película" (que no es sino una versión alternativa de la segunda coletilla): aparte el hecho de que se trate de dos lenguajes —el uno narrativo, visual el otro— que comparten bien poco (el hecho de que ambos transcurran en el tiempo para que puedan existir es lo único que me viene ahora mismo a la cabeza), la obsesión con determinar si es mejor el uno que el otro queda desterrada una vez que vemos *U Turn* (*Giro al infierno*, en nuestro país) y leemos *Stray Dogs* (que podría traducirse como *Perros callejeros*), ya sea en ese orden o en el inverso, lo mismo da. Por cierto, no encontrarán la novela si la buscan con el título que aquí les proponemos: antes bien, tendrán que guiarse por el que le plantaron a la película, algo que seguramente se hiciera por motivos publicitarios. La cuestión es que la novela está escrita con un estilo tan lacónico y tajante, tan despegado de las descripciones y las menudencias, que casi parece el guion, por encargo, para la película; o, si lo prefieren dicho del otro modo, en este caso no se trata de que la película se base en la novela, como habitualmente nos avisan que sucede en las pantallas de cine, es que parece querer seguirla al dedillo. Hay una cuestión, sin embargo, que queda más allá de nuestro alcance: se trata de determinar a qué género literario pertenece esta obra (con lo cual dejamos de una vez por todas al margen los asuntos cinematográficos: que sea otro quien recoja ese incómodo testigo), pues resulta poco menos que un ejercicio de funambulismo tratar de acertar con él. ¿Novela negra? Es que resulta que en ella no hay una figura detectivesca, ni una búsqueda que realizar, ni un misterio que resolver. Aun así, la trama incluye un enredo monumental, pues dos esposos quieren deshacerse uno del otro y, para ello, le encargan tan ignominiosa tarea al mismo individuo, un sujeto —cargado de dólares, de camino a saldar una deuda de juego— que da la casualidad de que, justo al pasar por el pueblo (Sierra, en el desértico estado de Nevada), su coche se averió irremediablemente. Y si no es una novela negra, ¿es acaso un *thriller*? Bueno, algunos ingredientes sí los tiene, como los giros inesperados en la trama, que obligan al lector a fijarse en los requiebros de los personajes, a ensayar posibles atajos a los varios conductos a través de los cuales llegar a alguna conclusión, siempre resbaladiza. Pero no, tampoco es un *thriller*, propiamente dicho. ¿Es, entonces, un meritorio caso de anti-novela, de juego conceptual, de guiño posmoderno, de estudio social o psicológico, de arrebato lisérgico? Ayayayay... Poco a poco se nos van escurriendo las etiquetas por entre los dedos... Sin embargo, la novela aún nos tiene enganchados (íbamos a decir cogidos por las pelotas, pero nos ha parecido excesivamente vulgar, de manera que hemos optado por una expresión más afortunada para el medio en que nos movemos), y no nos suelta, la muy condenada... ¿Por qué será?

[John RIDLEY, *Stray Dogs*, Nueva York, Ballantine Books, 1997, 168 pp.]

RESPUESTAS PARA LAS PREGUNTAS (¿O ERA AL REVÉS?)

El Eco de los Libros, 29/02/2008.

Asegura Quentin Tarantino que para componer sus guiones sigue una estructura según la cual comienza exponiendo las respuestas para, más tarde, buscar las preguntas a las que aquellas se tengan que acomodar. Él lo dice con otras palabras, con menos palabras, o sea, de modo más conciso, con esa sequedad propia de los que se han criado entre novelas de kiosko y tebeos, entre los géneros *pulp* y *noir*, a medio camino entre lo más cutre y lo más extático, en algún recoveco de alguna carretera secundaria donde se cruzan lo *kitsch* y las metáforas con brillo de crema para pulir carrocerías de Cadillacs, inmensos, flotando como fantasmas de colores chillones, como colchones sobre ruedas, testigos de una América pletórica de sonrisas, tostadoras y carteles publicitarios de Norman Rockwell. No vamos a repasar la trama de ninguno de los dos guiones que se incluyen este volumen, porque ambos son de sobra conocidos. Quizá más el primero que el segundo, pero, aun así, vamos a obviar los relatos que, por otra parte, se leen con verdadera fruición, por mínima que sea la afición teatral que se tenga. Merece la pena, por contra, señalar que al guion de *Reservoir Dogs* le precede una entrevista a QT (abreviada, que conste: quien prefiera leer la versión al completo, la encontrará en la revista *Projections 3*), que el texto del guion está entreverado con fotogramas de la película y que el guion de *True Romance* está presentado por el mismo QT. Entre otras muchas cosas, el realizador originario de Knoxville (Tennessee), y criado en California, señala que el texto que nos ofrece es el original, es decir, conforme él lo escribió y no como acabó dispuesto, toda vez que consiguió encontrar a alguien que se decidiera a producir la película con la condición de someterla a varias sesiones de cortar-y-pegar. La introducción de QT se dispone en párrafos temáticos ("Comienzos", "Estructura", "Omisiones", "Héroes y villanos", "Violencia", "Moralidad" y "Finales") a los cuales sigue una "Coda", poniéndonos sobre aviso de que lo que vamos a leer no es la película que vimos, que la reestructuración que esta sufrió no es asunto baladí, que acaso no estaría de más que hiciésemos un esfuerzo de imaginación y aplicásemos el final del libreto original para reconstruir en nuestras mentes las imágenes que no se llegaron a rodar o, mejor dicho, que sí se rodaron pero no llegamos a ver (Tony Scott, el director de la película, le planteó a QT que rodaría dos finales, el suyo y el del guion original, para después escoger entre ambos: su elección, según Scott, estuvo guiada por motivos morales, y no comerciales). En fin, 30.000 fueron los dólares que le pagaron por aquel guion, escrito con las novelas de Elmore Leonard en la boca, en los ojos las imágenes de *Blood Simple*, la película de los hermanos Coen, con las yemas de los dedos manchadas de la tinta de los tebeos que vendía en una tienda para pagar el alquiler y las facturas a final de mes. El dinero de *True Romance*, su primer guion, lo emplearía más tarde para rodar *Reservoir Dogs*, su primera película. Con todo, QT no se considera a sí mismo un escritor (él asegura que escribe con la intención de dirigir sus guiones, con la vista puesta en el rodaje), a pesar de lo cual quien los lea sin haber visto las películas captará la intensidad de la trama y las escenas, pues su escritura es ciertamente tan digna como la de los grandes nombres del género negro.

[Quentin TARANTINO, *Reservoir Dogs and True Romance. Screenplays*, Nueva York, Grove Press, 1995, 250 pp.]

"SI ERES DE UNA PANDILLA, NO TE DICEN QUE VIENEN A MATARTE... NO HAY NI DISCUSIONES NI INSULTOS, COMO EN LAS PELIS. TUS ASESINOS SERÁN TODO SONRISAS"

El Eco de los Libros, 05/03/2008.

Sigamos, pues, con los guiones. Muy breve el que hoy nos ocupa, a pesar de que la película se prolongue durante cerca de dos horas y media, lo cual, a nuestro juicio, es señal de que el guion está al servicio de las imágenes y de que, por lo tanto, el equilibrio entre estas y aquel es el adecuado. No se nos pasa por la cabeza pretender que nuestra vara para medir la calidad de una película sea aplicable universalmente, ni muchísimo menos, pero no deja de ser efectiva en ocasiones: el arte cinematográfico no es teatro llevado a una película de celuloide, sino algo más, o algo menos, algo distinto en cualquier caso. De ahí que nos atrevamos a sugerir que la trama dialogada de un filme habría de integrarse en lo visual y lo musical. Palabras, imágenes, sonido (el de las propias palabras, sumado al sonido ambiente y a la música de la banda sonora, aspecto este en el que la película, sencillamente, brilla con luz propia: su importancia es tan capital que en el librito se incluye, en las páginas finales, el listado completo y detallado de las canciones y músicas que se escuchan a lo largo de la película). La intensidad de este guion, en cualquier caso, no se debe medir por su longitud sino –permítanme la licencia– por criterios algo menos ortodoxos, como pueda ser el hecho de que multitud de sus expresiones hayan pasado al habla cotidiana estadounidense, como que el ritmo de sus diálogos reproduzca el modo de hablar callejero de distintos momentos de la historia americana reciente (recuérdese que el filme relata las vicisitudes del mafioso Henry Hill desde los años 50 hasta los 90 del siglo pasado), o que la cadencia elíptica de su fraseo nos resulte, a día de hoy, perfectamente contemporánea, que su lectura no nos dé la impresión de estar asomando el hocico en algún momento de un pasado remoto e improbable, a modo de máquina del tiempo, casi como si de un monumento o de un paseo por un museo se tratase. El diálogo de *GoodFellas* (*Uno de los nuestros*, en España) está vivo, rezuma verosimilitud, aunque se encuentra en las antípodas del costumbrismo, es decir, es hiperrealista en el sentido de que no inventa fórmulas realistas con el ánimo del retrato social de una época –que, como es bien sabido, esa era la voluntad realista o naturalista– con el fin del ejemplo en sentido cervantino, con el ánimo de que el común de los mortales se viese retratado en ellas y, tras el reflejo asqueante, se aplique a modificar sus conductas en su propio beneficio moral y en el de sus conciudadanos. Dejen que lo exponga en estos términos: *El padrino* sería la versión realista (galdosiana) de la hiperrealista *Uno de los nuestros*. "Esta película se basa en una historia real": tras el frontispicio del libro, ocupado por una fotografía de un Scorsese barbudo y un De Niro caracterizado de Jimmy Conway, la sentencia no deja lugar a la duda, y más le vale al espectador mojigato que apague su televisor y se dedique a menesteres menos exigentes para su ritmo cardíaco. Debemos señalar, para ir terminando, que este librito se incluye dentro de la colección "Faber Film", dedicada a nombres como Allen, Truffaut, Wenders, Coen & Coen, Kurosawa, Schrader, Greenaway, Cronenberg o Soderbergh, por citar tan solo unos pocos de los realizadores en nómina, ya sean de habla inglesa o no, así como que el texto del guion se apoya en un sucinto pero muy ilustrativo esfuerzo editorial de notas a pie de página (traducciones del italiano de Sicilia, detalles de la historia mafiosa USA) y que está salpicado de fotogramas que, más que nada, invitan a ver la película una vez más.

[Martin SCORSESE y Nicholas PILEGGI, *GoodFellas*, Londres, Faber and Faber, 1990 (1993, corregido), 136 pp.]

DEL CELULOIDE AL PAPEL, Y VUELTA A EMPEZAR

El Eco de los Libros, 07/03/2008.

Extraño, ¿verdad?, que se incluya la traducción junto al titulo del libro del que se trata. Y si no les gusta lo de "extraño", permítanme algún sinónimo: inusual, raro, poco corriente o acostumbrado. ¿Mejor así? Vale entonces. La cuestión viene a cuento del modo en que se publicó este volumen de relatos: al unísono en EE. UU. y media Europa, España incluida. En el mismo instante en que el libro apareció en los escaparates de las librerías, se editó también en versión audio, leído por los actores que habitualmente vemos en las películas de los hermanos Coen: John Goodman, William H. Macy, John Turturro, Steve Buscemi y otros a los que no se les puede aplicar el calificativo de parroquianos en los filmes con el sello Coen & Coen, pero igualmente brillantes, como Matt Dillon o Ben Stiller. Ojo aquí: estas lecturas, lejos de ser neutras o apocadas, imprimen al texto un esplendor inimaginable si hubiera sido leído por el común de los mortales (entiéndase: ustedes o yo). Pero, ¿qué hallará el lector en este libro? En primer lugar, si se acerca a él en su versión castellana, se encontrará con la sorpresa de que los relatos han sido reordenados con respecto al original inglés. Ignoramos los motivos de semejante decisión editorial, y lo cierto es que no se nos ocurre ninguno que pueda defenderse sin que se provoque el rubor de quien esto firma, a no ser que todo el asunto viniera rodado después de que el relato homónimo al libro se viera obligado a plantarse a la cabeza del volumen. Además de este diseño ajeno al documento fuente, se echa en falta la nota sobre el autor con que se cierra la colección, que no se trata, tal y como cabría esperar, de una mera reseña sobre los logros artísticos del escritor en materia cinematográfica, sino de un párrafo revelador del tono que impregna el libro y que, por miedo a incurrir en un delito contra el derecho de copia y difusión, no nos atrevemos a reproducir en su integridad, aunque con ganas nos quedamos. Baste indicar, como solución de conveniencia, que Ethan Coen se describe en él como profesor universitario que ocupa una cátedra de nombre judío (una constante en su obra fílmica y presente también en la literaria), que es autor de estudios imposibles cuyos títulos rozan lo absurdo, al estilo del Woody Allen de *Getting Even* (en España, *Cómo acabar de una vez por todas con la cultura*), que está casado con una percusionista cuyo marido –otro hombre que no es Coen y con el que tiene dos hijos, también compartidos con Coen, para rizar el rizo del absurdo– ostenta el cargo de Disciplinario Mayor de un coro masculino (y cuyo nombre, asimismo, está repleto de dobles sentidos). Los dos retoños de tan feliz pareja tienen nombres con sonoridades gaélicas y, según propia confesión, EC es un nudista consumado, además de poeta con tres libros inéditos en su haber que, bien pensado, y si los potenciales editores accedieran a ello, podrían convertirse en un solo volumen, más grueso. Este es el cariz, el trasfondo de los relatos: lo irreverente, lo sórdido, la risa disimulada (aunque quisiera ser colmillesca), porque nos trastorna y descoloca que precisamente eso de lo que nos reímos sea hilarante, en lugar de patético. Han pasado diez años desde que EC pariese este contubernio de risas agrias, miradas torvas hacia lo americano, fino oído para los idiolectos y las jergas, conocimiento de gran variedad de géneros literarios y disecciones de las almas de unos personajes sin trama establecida en sus vidas, lo cual nos hace sospechar, con gran dolor, que no vamos a leer más relatos suyos. No, al menos, en breve.

[Ethan COEN, *Gates of Eden*, Nueva York, Rob Weisbach Books/ William Morrow & Company, 1998, 263 pp. (trad. esp. de Jaime Zulaika Goicoechea, *Las puertas del Edén*, Barcelona, Emecé Editores, 1998, 254 pp.)]

TRAS LAS HUELLAS DE LA CIUDAD DE DIOS Y DEL HOMBRE

El Eco de los Libros, 17/03/2008.

He aquí el homólogo neoyorquino de *Chicago: City on the Make*, aquel poema en prosa (o prosa lírica, o crónica épica con rostro urbano) que en 1951 Nelson Algren dedicara a la ciudad de anchos hombros que descansa a orillas del lago Míchigan y que en su día reseñamos en estas páginas hechas de aire digital. También Walt Whitman, tras celebrarse y cantarse a sí mismo, había celebrado y cantado los escenarios que rodeaban las riberas del río Hudson, la primavera inundando las tardes de Union Square, la calle Broadway a rebosar de gentes en perpetuo movimiento, aquella isla de Manhattan, tan suya, en el último cuarto del siglo XIX: "Altogether it is to me the marvel sight of New York", el maravilloso espectáculo que siempre es Nueva York, según concluía en su artículo del 24 de mayo de 1879. Y es el turno ahora, a comienzos del siglo XXI, de que Colson Whitehead, oriundo de Nueva York ("Yo estoy aquí porque nací aquí y en consecuencia no sirvo para ningún otro sitio, pero tú no sé", p. 13), nos lleve de la mano por una ciudad en la que el mismo Whitman se sentiría extranjero ("Existen ocho millones de ciudades descarnadas en esta ciudad descarnada: polemizan y discuten entre sí. La ciudad de Nueva York en que tú vives no es mi ciudad de Nueva York; ¿cómo podría serlo? Este lugar se multiplica cuando no miras", p. 16). Es posible que incluso una lectura de urgencia, a modo casi de guía turística, deje algún poso en el alma de quien se acerque a este libro, así que ya pueden imaginar el desaguisado que el lector reposado experimentará cuando transite por los trece capítulos que componen la polifonía coral de este canto neoyorquino, trece capítulos que recorren otros tantos escenarios, temporales y espaciales, del trajín cotidiano de una urbe que parece como si nunca quisiera echarse a dormir. El puerto en la bahía que nos recibe, la marabunta que hierve en el metro subterráneo, las calles regadas por la lluvia inclemente formando tanto ríos de agua al ras de las aceras como ríos de gentes corriendo a refugiarse del aguacero, calles y barrios y plazas que a todos nos suenan ya familiares de tanto que los hemos escuchado en mil y una películas (Broadway, Coney Island, Brooklyn, Times Square...), pero que, vistos a través del prisma que Whitehead sostiene, parecen renovarse, recuperar su extrañeza, su diversidad, como si se estuvieran sacudiendo un pesado manto de tópicos que les viene demasiado estrecho, demasiado ceñido, que los comprime hasta perder el aliento. Nueva York es también el reino de los despertadores que se activan histéricos para los que se dirigen a su quehacer diario, tanto si han pasado buena noche como si se levantan resacosos, el lugar de la hora punta de pesadilla en el que la muchedumbre se apelotona en aceras, escaleras, ascensores, entradas y salidas de edificios, en que los enjambres tratan de llegar a sus panales atravesando una ambiciosa carrera de obstáculos, que no es sino un fracaso anunciado ya desde el instante en que se oyó el pistoletazo de salida ("Una delegación de cadáveres pasa tambaleándose sobre tacones de precaria estructura", p. 167). Y Nueva York es también una huida, es un aeropuerto desde el que salir, volar, soñar con la vista puesta en el pasado y la esperanza caminando por delante, pero siempre recelosos de la permanencia de las cosas: "Hablar de Nueva York es un modo de hablar del mundo".

[Colson WHITEHEAD, *The Colossus of New York*; trad. esp. de Cruz Rodríguez Juiz, *El coloso de Nueva York*, Barcelona, Mondadori, 2005 (2003), 201 pp.]

EL GENUINO LEGADO GÓTICO DEL SUR
El Eco de los Libros, 30/05/2008.

A los 53 años Larry Brown gozaba de una doble reputación, la una literaria entre profesores y colegas (Barry Hannah, Harry Crews, Brad Watson) y la otra más, digamos, popular, muy leído y admirado por sus congéneres de los estados del sur de los EE. UU. Cincuenta y tres años es una edad demasiado joven para morir –¿cuándo se deja de ser joven para morir?– y, en el caso de un escritor en el cenit de su creación –permítannos la obviedad–, la pérdida se convierte en irreparable. Para completar el escenario, nos encontramos con una inmensa novela sin terminar, cuyo manuscrito superaba los setecientos folios y que, una vez recortada por aquí y por allá, se dejó encorsetar en unas densas cuatrocientas cincuenta y pico. Acompañan al relato una sentida introducción, a modo de epicedio, escrita por Barry Hannah, además de una nota de la editora, en la que explica cómo se encargó de mantener íntegro el texto de Brown para su publicación, pero que, como solía hacer en vida del escritor, no permitió que lo superfluo se hiciese un hueco entre la diégesis por el mero hecho de ser parte de una novela póstuma. Aduce la editora que era esta la forma habitual de trabajar que ambos compartían: ella proponía retoques al manuscrito y Brown, por lo general, los aceptaba. La prosa de Brown se extiende, se dilata, sus monólogos son acción, a la manera en que George V. Higgins usa los diálogos para avanzar en la urdimbre del tejido, las descripciones se detienen en los detalles más minúsculos, casi insignificantes, y es esa acumulación a lo largo de un tiempo prolongado (tiempo de narración, pero también tiempo de lectura) la que puebla un universo recargado y barroco, siempre hostil, a pesar de que el mapa catastral desde el aire no alcance más que unas pocas decenas de kilómetros cuadrados. Pudiera parecer que las novelas de Brown carecen de argumento, pero quien no quiera ver los hilos que conforman el lienzo vital de los personajes, durante el transcurso del relato se encontrará perdido en el denso bosque de las menudencias ornamentales, cuya función no es otra sino proporcionar un telón de fondo a la acción interior, mucho más intensa y dramática que los, ya de por sí, trágicos o desconcertantes sucesos. Es esta, a nuestro juicio, y por mucho que a Carson McCullers le incomodase la etiqueta, la más gótica de las novelas de Brown, pues en ella no solo se dibuja un territorio que, más allá de su particularidad, alcanza dimensiones míticas, ya que las charcas de la novela son las de todo el sur estadounidense, como también lo son los campos de algodón, los remolques aletargados a la vera de caminos de gravilla, las factorías, las granjas, los ríos que transcurren mudos y que todo lo ven. Y es gótica también por la confluencia de tragedia y comedia, de esperpento y drama, y porque ni lo uno ni lo otro son objeto de regodeo por parte del narrador, sino que conviven en lo que parece ser una vecindad bien avenida, lo cual no hace sino intensificar la inquietud del lector. Porque la vida no conoce un comienzo concreto, ni tiene un final catártico, como tampoco lo tiene esta novela de Brown, por mucho que las notas finales del autor esbozasen una conclusión inminente.

[Larry BROWN, *A Miracle of Catfish. A Novel in Progress*, Chapel Hill (Carolina del Norte), Shannon Ravenel/Algonquin Books of Chapel Hill, 2007, 455 pp.]

EL DIARIO ENTENDIDO COMO REGUERO DE PERSONALIDADES

El Eco de los Libros, 03/06/2008.

Cuando en el 88 Ángel Crespo nos regalaba con su edición y traducción de las *Cartas de amor a Ofélia* de Pessoa, indicaba en diversos lugares de su pormenorizada introducción que desde 1966 llevaban publicadas en Lisboa unas *Páginas Íntimas e de Auto-Interpretação*, pero que aún no se habían traducido en nuestro país. Crespo recogía entonces amplios pasajes que ilustraban su tesis con la que se defendía la heterosexualidad del poeta portugués, a pesar de su gusto por el fingimiento y el coqueteo con la idea de lo homosexual. Como es bien sabido de todos, los amores de Pessoa por Ofélia comenzaron en 1920, y el volumen que hoy nos trae a este foro de aire y cifras incluye los escritos personales de un Pessoa joven, anterior al año 20, excepción hecha de las últimas páginas del libro, que incluyen un "Cuadro bibliográfico", que en realidad es auto(biblio)gráfico, una "Explicación de un libro" escrita en 1935 a propósito de su *Mensaje*, y una segunda "Nota biográfica", también de 1935 y asimismo autobiográfica. Estos últimos textos, de hecho, complementan el grueso del volumen, ocupado por los diarios que el poeta escribiera desde 1906 hasta 1919. Se nos indica, en una breve nota aclaratoria que precede a los textos (¿escrita por un editor o, quizá, por el propio traductor?; nos inclinamos por lo segundo, guiados por algunas referencias al idioma en que están redactados los diarios, portugués en su mayoría, en inglés otras secciones), que, por fin, se publicó el año pasado la edición de la *Prosa Íntima e de Autoconhecimento*, sin duda el mismo libro del que Ángel

Crespo había extraído sus citas, a pesar de la ligera variación del título. La edición de sus *Diarios* es, en resumidas cuentas, motivo de alegría para los lectores de Pessoa, una más, diríamos, puesto que en los últimos años hemos podido disfrutar de una nueva edición del *Libro del desasosiego*, dos ingentes volúmenes (*Crítica* y *El regreso de los dioses*), así como otros libritos (*La educación del estoico* y *La hora del diablo*), todos ellos en la editorial Acantilado, además de los poemas de corte lírico-popular traducidos por Jesús Munárriz para su propia editorial. Resulta particularmente llamativo el salto estilístico que adoptó el poeta en sus diarios, centrados al comienzo en sus andanzas lisboetas, sus clases y sus lecturas, masivas, ansiosas y velocísimas, veteadas por los días en que le inquietaba no haber podido leer nada, además de por la aparición de protoheterónimos, como el de Alexander Search, amén de otros seudónimos que Pessoa emplearía para sus artículos periodísticos. Desde 1913, sin embargo, se percibe la creciente preocupación de Pessoa por sus finanzas, aparentemente nada holgadas, debido a que los préstamos que solicitaba eran constantes, además de por los aspectos más ínfimos del quehacer cotidiano, recogidos con un celo extremo por el detalle. Pues bien, a partir de 1914 los diarios se tornan más reflexivos, son algo así como un campo, bien abonado, en el que Pessoa se siente libre para exponer sobre el papel sus cuitas y pensamientos, sobre todo de carácter literario y filosófico, que van conformando el cúmulo de sus famosos heterónimos, primero como plan, después como plasmación de bocetos en esas páginas que se le debían antojar al poeta como el perfecto cajón de sastre en el que verter sus fobias, filias y anhelos. Noviembre de 1915, la siguiente sección, parece escrita de corrido y una vez pasado ya el mes, lo que le confiere cierto aura de micromemorias. La edición de estos *Diarios*, para concluir, consolida esa imagen íntima de Pessoa que, hasta el día de hoy, nos había sido transmitida fragmentariamente a través de cartas, introducciones, estudios y biografías, y que ahora se nos presenta más sólida, pero no por ello menos compleja y fascinante.

[Fernando PESSOA, *Diarios* (trad. de Juan José Álvarez Galán), Madrid, Gadir, 2008, 155 pp.]

"DECID CUANDO YO MUERA... ERA UNA LLAMA AL VIENTO..."

El Eco de los Libros, 11/07/2010.

En 1997 Fernando Vallejo revisó la que en 1991 había publicado por vez primera, la biografía del poeta colombiano Porfirio Barba Jacob, acaso desconocido a este lado del Atlántico, pero nombre señero no solo en Colombia, sino en todo el continente americano. Su obra, vibrante por lo que de lírica enamorada de la vida y aterrada de la muerte tiene, es paralela al trajín que su existencia conoció. Hombre polifacético, de mil y un nombres, tan pronto disoluto con sus fondos como prácticamente arrojado a la mendicidad más degradada, Barba Jacob se le escurre al biógrafo cada vez que intenta alcanzarlo. Vallejo hace uso de todo su arsenal para tratar de cercar a su presa, mas, cada vez que parece avanzar, se le escapa el poeta: tan pronto oye este acercarse a su cazador, se las apaña para ocultarse bajo un nuevo pseudónimo, o para coger un barco que le aleje de su morada, o bien se deja acompañar de todo tipo de personajes, algunos ilustres, otros tragados por la vorágine del tiempo, que todo lo engulle. Jamás había leído antes una biografía en la que la figura del biografiado fuera tan elusiva y, por eso mismo, tan delicada y mélica. Vallejo se pasea por hemerotecas, entrevista a los supervivientes que trataron a Barba Jacob, indaga por los lugares que el poeta frecuentaba, husmea por entre legajos y memorias escoradas, realiza una labor de detective privado en esta biografía que es casi persecución de su objeto, siempre inaprensible, creciendo en mito –aunque no en densidad material– conforme avanzamos llevados de su mano. Y, por fin, después de más de cuatrocientas páginas casi lisérgicas, cuando por fin Vallejo lo apresa, descubrimos lo que desde el principio veníamos sospechando, que, como se nos dice, "Barba Jacob es humo".

[Fernando VALLEJO, *El mensajero. Una biografía de Porfirio Barba Jacob*, Bogotá, Alfaguara, 2003, 422 pp.]

NUEVOS ASPECTOS DE LA LITERATURA DEL SUR ESTADOUNIDENSE

El Eco de los Libros, 31/08/2010.

Cuando a un escritor contemporáneo se le dedica un primer volumen de estudios críticos, uno se debate entre estar de enhorabuena o ceder a las suspicacias. Esta situación se nos antoja similar a la que Russell Harrison exponía en el preámbulo a su volumen de ensayos sobre Charles Bukowski *Against the American Dream: Essays on Charles Bukowski* (Santa Rosa (California), Black Sparrow Press, 1994), donde expresaba su sorpresa de que un escritor como Bukowski, estadounidense de la segunda mitad del siglo XX, escribiera sin reparos sobre el mundo del trabajo de su país y el estilo de vida que la actividad laboral imprimía en todo un pueblo. Harrison reflexionaba a continuación sobre la validez de ciertas teorías de corte marxista, procedentes algunas del viejo continente, otras asentadas en el nuevo, toda vez que el capital se había mostrado de forma manifiesta incapaz de proveer el bienestar de las naciones, a pesar de que amplios sectores de la población estadounidense seguían (siguen) presas de la creencia de las bondades del gran dinero. Todo depende, claro está, de en qué lado de la ecuación te encuentres: no es difícil intuir que la dicha de unos es el infierno de los otros. Pero retornemos a nuestro primer aserto, ese que casi es sinónimo de hallarse entre Escila y Caribdis, y no tanto por el hecho en sí como por a quién se le dedica la colección de ensayos que hoy presentamos al sufrido lector. Se aplaude el libro porque no hay motivo para rechazar las diversas incursiones más o menos expresionistas en la crítica literaria (unas, de carácter social, otras más centradas en lo puramente textual, casi todas impregnadas de lo biográfico), pero el resquemor de que a un autor tan libre, tan genuino, se le encasille persigue cada instante de la lectura de un libro de esta naturaleza. Conviene, en nuestra opinión, recapacitar. En primer lugar, entre el elenco de analistas encontramos a Rick Bass, novelista y amigo personal de Larry Brown, cuya aportación al conjunto del volumen es la de prologarlo con un panegírico con el que alabar la obra y la persona del autor de Oxford, estado de Misisipi. La introducción corre a cargo de Jean W. Cash, coeditora del volumen y, para más señas, estudiosa de la obra y vida de Brown hasta el extremo de hallarse preparando la biografía del novelista. Los artículos que integran el cuerpo del libro, por orden cronológico de publicación, están dedicados a las colecciones de cuentos, las novelas y los ensayos de Brown, y entre sus autores destacan, a nuestro juicio, el de Jay Watson, que se nos antoja el núcleo sobre el que gira el resto de estudios recopilados. Watson, que en su día editó un hermoso volumen de entrevistas con Brown (*Conversations with Larry Brown*, Jackson, University Press of Mississippi, 2007), centra su análisis en el Sur estadounidense y, en particular, lo que concierne a la economía más desfavorecida de sus habitantes del paisaje rural en virtud de un territorio concreto. La tesis fundamental de Watson es que, referido a *Joe*, "las condiciones de tensión y penuria económica no solo impiden la toma de conciencia de temas ambientales en la novela de Brown, sino que también, acaso de manera sorprendente, la crean. *Joe* demuestra que el ambiente sureño exige un profundo análisis socioeconómico: debido a que la historia natural del Sur es, significativamente, sinónimo de su historia social —y viceversa—, cualquier explicación de la

[...] ecología de una infancia blanca, rural y pobre debe estar acompañada de un estudio económico del paisaje correspondiente" (pág. 49). No se trata, así pues, de una fábula en la que un padre y su hijo (y, por extensión, su familia entera) se enfrentan a una serie de peripecias más o menos degradantes, sino que la humillación que sufren los personajes viene provocada por el uso corrupto e indebido una tierra de por sí fértil y próspera. O, en otras palabras, el retrato que Bukowski hacía del ciudadano de clase media o baja de la gran urbe estadounidense lo recoge Brown para aplicarlo a ese mismo tipo de sujeto, ubicado en el fondo abisal del Sur más lacerado. Quizá sea este el motivo, urgente en el ensayo de Watson, pero asimismo perceptible en el resto de los que componen el volumen, que nos alejen de la tediosa dicotomía que planteábamos al comienzo de estas notas, motivo que, como las nereidas con los argonautas, nos ayuden a sortear los monstruos del estrecho de Mesina.

[Jean W. CASH y Keith PERRI (eds.), *Larry Brown and the Blue-Collar South*, Jackson, University Press of Mississippi, 2008, 184 pp.]

LAS EXIGENCIAS DEL PASADO PARA EL AMERICANO JUDÍO, URBANITA E INTELECTUAL.

El Eco de los Libros, 01/11/2010.

Tras las aleluyas que siguieron a la publicación de la biografía que James Atlas escribiera sobre Delmore Schwartz, coetánea con la novela de Saul Bellow *Humboldt's Gift* (inspirada esta, más o menos, en la azarosa figura de Schwartz), el río desbordado de reediciones de la obra de Schwartz retornó a su cauce, lo que para el novelista, poeta y ensayista significó dar media vuelta por donde había llegado y, en silencio y con la vista gacha, acurrucarse en el agujero del olvido al que le había condenado la crítica estadounidense. Desde entonces, la suerte del neoyorquino se ha limitado a dar vueltas en la misma montaña rusa, tan pronto ensalzado como vilipendiado, pero sin salir de los raíles que le marcan el trazado de hierro, como si fueran solo los invitados a la fiesta los que pudieran disfrutar con el escarnio o con la admiración, mientras al resto de los mortales (los pocos que se han enterado de que se cuece algo y se han dejado caer por allí) se le impide la entrada al recinto y debe observar, desde lejos, desde detrás de las alambradas, algo así como unos destellos metálicos que vienen y van sin que nadie les explique a qué se debe todo aquello. Para todas esas personas que se esfuerzan en otear el resplandor que sube y baja, dejen que les abra una vía rápida en las vallas metálicas con las siguientes tenazas críticas. Pasen y vean el enredo formal del relato que da título al libro y, con tan solo eso, vuelvan a sus narradores posmodernos en busca de ficción autorreferencial, o comoquiera que la llamen hoy día, con la diferencia de que Schwartz ya lo escribió en 1937. Pero no se queden solo en la cáscara, en lo novedoso de que el narrador refiera su pasado a través de una onírica pantalla de cine sobre la que se proyecta la película de su propia vida desde el momento en que su padre (futuro) le propone matrimonio a su madre (futura). Pero la violencia que se esconde agazapada tras de unas escenas aparentemente triviales se revela cuando el narrador salta de su sillón gritándole a sus padres en la pantalla que no, que se detengan, que no se dejen engatusar por lo acaramelado del momento, impulsado por ser conocedor del resto de la cinta, de una película que ya no admite cortes ni saltos, de una existencia irremediablemente gris y mezquina: lo que ha sido es lo que será. La vida es lo que tiene que ser y no hay vuelta atrás. Más allá de esta pequeña obra maestra de su género, los demás relatos que engrosan la colección prosiguen con esa misma percusión urbana y dolorosa, a medio camino entre lo cómico y lo trágico, retrato de una América de emigrantes e intelectuales decepcionados consigo mismos y sus familias, una pila de frustraciones que crece conforme los personajes escarban en su pasado y sus relaciones. Ojalá llegue el día en que se le devuelva a Delmore Schwartz el lugar de privilegio que debe ocupar en las letras americanas. Y, puestos a soñar, por qué no imaginar un editor valiente que lo traiga a este país nuestro...

[Delmore SCHWARTZ, *In Dreams Begin Responsibilities and Other Stories*, Nueva York, New Directions, 1978, 202 pp.]

ACUARELA DE DOS MUNDOS

La primera impresión que recibo al sostener este libro en las manos es la de estar a punto de disfrutar un volumen hecho con esmero de artesano. Unas cubiertas sólidas, de tono metálico, con grafos amplios y claros, dan paso a unas páginas que recién abiertas huelen a promesas y obsequios, con un tipo de letra de fácil lectura y tamaño generoso, aunque sin excesos. Da gusto pasar las hojas, dejar que se pierda la vista en ellas, al azar, en un primer contacto con el volumen que se me antoja cercano al cortejo. Considero estos primeros momentos de acercamiento a un libro tan delicados como los muchos, posteriores, en los que me he de sumergir en su oleaje, y mi atención es máxima en ellos. La piel es el más sensible de los órganos, también en los libros.

Posiblemente llevado por una deformación personal, busco de inmediato un prólogo, alguna explicación del traductor, aunque sea una escueta aclaración de los criterios que han animado la selección que se ha llevado a cabo con la poesía de Walcott. Nada de eso aparece por parte alguna, ni siquiera al final del libro, donde la he rebuscado con resultado igualmente infructuoso. Retorno a la cubierta y leo que la colección a la que pertenece esta antología se la ha bautizado como "Esenciales", de modo que no sería de extrañar que haya sido voluntad editorial mantener el texto de los poemas sin acompañamiento de preámbulos ni anotaciones. Aplaudo esta decisión, tratándose de un libro que, con total seguridad, se plantea como objetivo primordial llegar a un máximo de lectores de poesía, entre los que se encuentran aquellos que se sienten molestos al saberse observados de cerca por el aparato crítico de algunas ediciones. Es también una resolución acertada que los textos en inglés y español, tratándose, como es esta, de una edición bilingüe, se encuentren hermanados, como si fueran mellizos que caminasen agarrados de la mano. Sabio planteamiento editorial este y no practicado por todas las casas editoriales, o al menos no siempre, esto es, el de ofrecer el poema en su lengua de origen junto con la versión que nos regala su traductor, sin que los cálculos de posibles beneficios acaben por dejar en la papelera de reciclaje los versos tal y como los escribiera el poeta.

Después de estas reflexiones preliminares, me asalta una sorpresa al darme de bruces en las páginas iniciales con un subtítulo que me deja perplejo: "Poesía selecta (1948-2004)". Sutilmente, en el intervalo que separa la cubierta del libro, donde aún tenía la certeza de que me había procurado una antología de la obra de Walcott, hasta esta tercera página, me he percatado de que la selección revela ciertos, digámoslo así, desequilibrios en la cantidad de material extraído de cada uno de los poemarios de la obra del de Santa Lucía. Es cierto que, por sus propias características, una antología se define tanto o más por lo que descarta que por lo que incluye, pero esto no debería configurar el volumen de tal guisa que *Otra vida*, el libro que en 1973 le diera a Walcott su dimensión internacional, quizá su obra cumbre junto con *Omeros*, de 1990, haya caído en desgracia frente a esta última: mientras que *Omeros* se despliega en un amplio margen de casi ciento sesenta páginas, *Otra vida* se ve constreñida a unas magras veintiocho. Supongo que se le disculpa al traductor este favoritismo hacia la épica de cuño homérico frente al relato autobiográfico en verso porque fue él mismo quien ya publicase, en 1994, la traducción al completo de aquel libro para la editorial Anagrama. Y la disculpa es aún mayor debido a que, por fortuna para el lector, José Luis Rivas se ha sumido en una revisión detallada del texto que produjo en 1994 y con gran maestría ha logrado que algunos pasajes algo ásperos entonces adquieran hoy un lustre exquisito, ya desde los tercetos de la primera página. Se hace patente que el traductor ha sabido aprovechar la ocasión para llevar a cabo eso que pocos tienen la posibilidad de realizar: retocar, una vez más, y para bien, esa obra inacabable que es toda traducción. Lo cual me trae a las mientes las palabras de otro traductor, versátil y elegante como pocos, que percibe en las traducciones un carácter inacabado, esto es, que el traductor no tiene otra que desentenderse de su labor para cumplir con la fecha de entrega a la editorial, no porque desee abandonarla voluntariamente.

En cualquier caso, lo que encuentro más difícil de elucidar es el motivo que haya llevado a José Luis Rivas a obviar en su selección el último título del antillano, *Garcetas blancas*, publicado en 2010. Encontrándonos en los albores de 2012, las explicaciones tienen que ser muy cautas y de gran peso para llegar a convencerme de la necesidad de haber sacrificado *Garcetas blancas* al completo, ya que ni uno solo de sus poemas entra a formar parte de esta antología. Busco por la red de redes alguna justificación para semejante vacío, y creo haber dado con una: confiesa el traductor, en una entrevista que Claudia Luna Fuentes le hizo para Vanguardia.com.mx, que "traducir a todo Walcott me llevaría diez años de mi vida", lo cual no amaina mi asombro, pero me ayuda a entender un poco mejor.

Todo lo expuesto anteriormente me hace pensar, en fin, que el criterio fundamental a la hora de seleccionar los poemas de Walcott no ha sido otro que el gusto del traductor, un criterio tan válido como cualquier otro, pero del cual el lector potencial debería estar avisado en una nota que, a pesar de lo que ya he razonado al respecto, sigo echando muy en falta en este libro. Puestos a comparar, prefiero la franqueza con la que en 2007 el editor de los *Selected Poems* del antillano, Edward Baugh, exponía las consideraciones que le animaron a la hora de compilar su selección: "mi objetivo ha sido [...] escoger poemas que sean representativos de la amplísima variedad que se recoge en la obra de Derek Walcott, poemas de entre los mejores y más importantes que ha escrito, y poemas que a mí me gustan personalmente". Lo dicho: el gusto propio es tan bueno como cualquier otro juicio, pero conviene advertirlo para que el lector no se llame a engaño.

Abandono mi actitud hipercrítica para, dejando atrás *Omeros* y *Otra vida*, volver a zambullirme en otras selecciones reunidas en el volumen, buscando en ellas los paisajes de la Santa Lucía natal del poeta, oliendo y escuchando la espuma del mar y los temas dispares que se tratan en ciudades europeas (España, por doquier) o americanas, desde los clásicos –con verso inquieto– hasta los más asuntos contemporáneos –con gran derroche de palabras–, desde la necesaria emancipación de la historia colonial y esclavista que azotó su tierra ("'Negra es la belleza del más luminoso de los días',/ negra la circunferencia que ciñe sus anillos/ que irradian desde la negra invisibilidad,/ negra es la música que la redonda boca de ella canta,/ negro es el telón del foro sobre el que brillan las diademas,/ negra es la perfección de la noche, que disimula sus defectos/ salvo la grieta de la línea del horizonte", leo en "Océano Nox" de *El testamento de Arkansas*, libro de 1987) hasta su enamoramiento del idioma inglés, desde sus modelos líricos hasta sus aventuras en territorios inexplorados, tanto lingüísticos o metalingüísticos ("Al final de esta frase, comenzará la lluvia./ Al filo de la lluvia, un velero", reza el "Mapa del Nuevo Mundo" en *Dichoso el viajero*, de 1981) como humanos. Quedo prendado y sobrecogido, ahora en español, como me sucediera antaño en inglés, de pasajes como este de "La isla de Crusoe", en *El náufrago y otros poemas*, de 1965:

> Ya pasados los treinta, ahora sé
> que amar al yo es el terror
> a ser tragado por el azul del cielo
> que está sobre nuestras cabezas,
> o por ese azul, más encrespado, que está debajo.
> Alguna lesión en el cerebro,
> debida al alcohol o al arte,
> hace que cada día relampaguee ese miedo;
> tan desconcertante como para el náufrago
> el crecimiento de su sombra. [...] Perdí de vista el
>   infierno,
> el cielo, la voluntad humana;
> mis destrezas
> no son suficientes
> y estoy herido por esa campana
> hasta la médula.
> Enloquecido por un sol torturante,
> me yergo en el mediodía de mi vida;
> mi sombra se estira
> sobre abrasadoras sombras en delirio.

Y busco, más que nada, las atrevidísimas metáforas del poeta, el sentido profundamente rítmico de sus versos, la concreción de la que hace gala en su idiolecto, su magistral condensación de imágenes e ideas con un mínimo de palabras, y casi todo ello lo encuentro en las versiones de José Luis Rivas, plenas de vida y de pulcra orfebrería poética, repletas de momentos luminosos, de esos que un traductor habría querido para sí en sus propias versiones de estos mismos poemas, de esos que el lector disfrutará en sus adentros y llevará consigo en años por venir.

[Derek WALCOTT, *Pleno verano: Poesía selecta*, edición y traducción de José Luis Rivas, Madrid, Vaso Roto, 2012.]

TRAGEDIA ANTIGUA, LITERATURA MODERNA
El Cuaderno, núm. 45, mayo de 2013, pp. 6-8.

"La presente edición es un experimento". Así comienza el estudio introductorio que firman Helena Cortés Gabaudan y Manuel Enrique Prado Cueva para este *Edipo* destinado al siglo XXI y que incluye las versiones simultáneas del griego de Sófocles, el alemán de Hölderlin y sendas traducciones respectivas al castellano, amén de la traslación a imágenes de mano de Pasolini en un DVD adjunto. Completa la tríada de nombres al cargo de la edición el de Arturo Leyte Coello, quien ha elaborado el prólogo de este volumen.

Al punto sabemos que el deseo que nutre este libro es el de "dar a conocer al lector hispanohablante la radical originalidad y modernidad de la traducción del texto de Sófocles realizada por Friedrich Hölderlin", lo cual incluye, de paso, hacerle justicia a una versión que en su día fue objeto del escarnio de sus coetáneos, incluso de eminencias como Goethe o Schiller, que se unieron a la balumba de críticos que redujeron la traducción del *Edipo* a meros balbuceos, a discurso pueril o, peor aún, al producto de una mente insana. Incluso los amigos personales de Hölderlin, como Schelling, dudaban de la cordura del traductor, de tan chocantes que les parecieron las líneas de Sófocles pasadas por su tamiz. Pero, ¿qué hay de risible en esas versiones? ¿A qué tanto sarcasmo? Veámoslo por nosotros mismos. Dice la versión castellana del griego sofocleo en boca del mismo Edipo (vv. 305-309):

¡Oh Tiresias, todo manejas, tanto lo que se enseña
como lo indecible, tanto lo celeste como lo que huella
la tierra! La ciudad, aunque no la ves, no obstante sabes
a qué enfermedad está unida; de ella a ti protector
y salvador único, ¡oh soberano!, encontramos.

Y llega ahora el turno de la versión española de esos mismos versos edípicos, por mediación de la alemana de Hölderlin (vv. 304-309):

¡Oh, tú, que todo lo meditas, Tiresias!
Dicho, no dicho, celestial o que
por la tierra vaga. Aunque no veas la ciudad,
con todo, bien sabes en qué enfermedad
se halla sumida. De ella, en tanto que primer salvador,
oh rey, solo a ti encontramos.

Llama la atención que Edipo recite cuatro versos en griego pero que se extienda ese mismo recitado a un quinto verso en alemán. Y, aun así, la versión de Hölderlin es más tersa, más compacta y elegante. Antes que nada, para nuestro gusto contemporáneo resulta una traducción más lírica y sobria. Por ese motivo, la columna inferior derecha de las páginas, esto es, la que recoge la versión al castellano de la alemana, será la que nos ayude a comprender el legado del Hölderlin maduro.

En tiempos del poeta alemán, varios de sus compatriotas habían escrito ciertas disquisiciones sobre la naturaleza y alcance del oficio de traductor. Destaca el nombre de J. G. Herder, quien aseguraba en 1767 que "el traductor debe adaptar a su lengua materna palabras, modismos y expresiones de otra más formada, sobre todo del griego y del latín"[1], pero con ciertas limitaciones, pues hay algunos aspectos de la lengua helénica que no admiten, a su juicio, trasladarse al alemán, como la métrica "pues, como es obvio –proseguía Herder–, esta resulta difícilmente imitable"[2]. ¿La respuesta de Hölderlin? Construir en hexámetros, un verso de clara factura clásica, todo un poema dedicado a Grecia, *El Archipiélago*. No sería una traducción, pero es lo más cerca que el lírico alemán estuvo de componer a la manera griega. No en vano, Hölderlin se embarcaría en la tarea de la traducción del *Edipo* tras haber abandonado, por creerlo un proyecto abocado al fracaso, y después de tres versiones, todas ellas insatisfactorias, la escritura de su tragedia en verso *La muerte de Empédocles*, de tema indubitablemente griego. Pero esta traducción seguiría el dictado de Herder al pie de la letra, aunque sin imponerse las limitaciones sobre las que el filósofo había advertido. Incluso –de haberse escrito antes de 1804, año en el que Hölderlin entregó su versión del *Edipo* a la imprenta– habría prestado oídos a las prescripciones de Schleiermacher, padre de la hermenéutica, quien estaba convencido de que la práctica de una traducción extranjerizante sería de gran utilidad a la hora de construir una cultura nacional, esto es, germana. La enseñanza hermenéutica se proponía asemejar la traducción a una interpretación de textos y, a la postre, a un modo de comunicación entre personas y naciones.

---

[1] J. G. HERDER, "Acerca de la moderna literatura alemana. Fragmentos (1767)", en Miguel Ángel VEGA (ed.), *Textos clásicos de teoría de la traducción*, Madrid, Cátedra, 2004, p. 201.

[2] Ibídem.

Pero se trata de introducirse en la mente de otra persona y, lo que es más, en el mundo de otra cultura, lo cual parece a simple vista un imposible. Así pues, el traductor se enfrentaría a una empresa disparatada, a un verdadero despropósito, con tan solo dos caminos que poder emprender: "O bien el traductor deja al escritor lo más tranquilo posible y hace que el lector vaya a su encuentro, o bien deja lo más tranquilo posible al lector y hace que vaya a su encuentro el escritor"[3]. Para Schleiermacher la opción más cabal sería la primera; para Hölderlin también lo había sido diez años antes.

Ofrecemos otro ejemplo, ya avanzada la trama sofoclea, en esta ocasión en boca de Yocasta, mientras se dirige a su hijo y esposo, Edipo. Primero, una vez más, la versión castellana del original griego (vv. 735-740):

> *Y en este caso Apolo ni cumplió que aquel*
> *llegara a ser asesino del padre, ni*
> *la terrible desgracia que Layo temía, morir por causa de su*
>   *hijo.*
> *Tales cosas voces mánticas determinaron.*
> *De ellas nada te preocupes. Pues el dios, de aquello*
> *cuya necesidad pretenda, él mismo lo mostrará fácilmente.*

Y ahora la española traída de la alemana de Hölderlin (vv. 740-745):

---

[3] F. SCHLEIERMACHER, "Sobre los diferentes métodos de traducir (1813)", en M. A. VEGA, ed., *Textos clásicos de teoría de la traducción*, ed. cit., p. 251.

Y ahí Apolo no cumplió que ese fuera
el asesino del padre, ni eso terrible que aquel
temiera, que por el hijo Layo muriera.
Así se declararon los dichos del vidente.
¡Y no te atormentes con eso! Pues lo que un dios
ve necesario fácilmente lo revela él mismo.

Entienden los traductores de este volumen que la intención primordial de Hölderlin no era otra sino "captar qué ocurre realmente en el original griego y permitir que eso mismo, y por raro que sea, resuene con la misma fuerza en alemán". Y esto nos resulta del todo grato, pues qué mejor garantía para que una versión sea lo más fidedigna posible a su original que, en lugar de decir lo que se dice en otro idioma, haga lo que tiene que hacer, esto es, que reviva en una lengua, una cultura, un tiempo tras el que se abre una brecha de miles de kilómetros y de años[4]. Invitamos a quienes se acerquen a este experimento sin parangón a que se dejen llevar por la versión del texto hölderlineano y que tan solo recurran a la traducción del griego en caso de que su concisión se haga en exceso intolerable. No prevemos que sea esa la tónica, pues el lirismo que desprende se asemeja más a un largo poema arrebatado que a un drama escénico, a pesar de la inmensa estima que el poeta alemán tenía por la tragedia y sus virtudes filosóficas, algo de lo que, por otra parte, ya había dejado constancia Aristóteles en su *Poética* al emplear el drama edípico como paradigma de la forma

---

[4] Aunque Agustín GARCÍA CALVO plantee en su versión de *Edipo* (Madrid, Lucina, 1982, p. 7) esta diferencia con otras intenciones, nos hemos inspirado en ella a fin de expresar la dicotomía que le interesaba enfatizar a Hölderlin.

trágica. Con todo, para la filosofía peripatética *Edipo* era un modelo de perfección en su consecución de la catarsis, esa purga física y mental que uniera al pueblo enfrentado al espejo escénico. Para Hölderlin, lo trágico, y en particular la versión sofoclea de lo trágico, denuncia el hiato insalvable entre dioses y hombres. El hombre ha caído para el poeta alemán en un abismo de silencio y soledad, alejado de lo celeste, inalcanzable su salvación. El destino humano es, pues, errar por mares y océanos sin rumbo fijo ni puerto al que arribar.

Hölderlin, por otra parte, era perfectamente consciente de que, por mucho que abandonase su producción dramática a favor de la traducción de un clásico, que es, al fin y al cabo, la voluntad de recuperación de un tiempo perdido, no por eso podría ser reproducida la antigüedad helena en la Europa de principios del s. XIX como, por ese mismo motivo, tampoco lo es hoy. La nostalgia es mala consejera, el hombre es un ser sin lazos que lo vinculen a sus dioses, e incluso el más piadoso de los mortales, Edipo, quien se afana por consumar el designio del oráculo, es objeto de la sorna del destino que los dioses le tienen preparado. Edipo es un ser condenado al sufrimiento y la muerte: ni héroe épico ni anti-héroe moderno. De ahí su radical contemporaneidad, ya que se ubica más allá del tiempo. En palabras de Heidegger, "es justamente en la medida en que Hölderlin funda de nuevo la esencia de la poesía por lo que podemos decir que determina un nuevo tiempo. Es el tiempo de los dioses huidos y del dios venidero. Es el tiempo de *penuria*, porque se encuentra en una doble carencia y negación: en el ya-no de los dioses huidos y en el todavía-no del dios venidero"[5].

Nos invade, llegados a este punto, la sensación de que este "experimento editorial" del *Edipo* trilingüe es una suerte de continuación de aquel otro, en igual medida experimental, de *El archipiélago* vertido en vibrantes hexámetros, como si después de publicado este último se le hubiera quedado algo en el tintero a su traductora, y en particular en lo que se refiere a la visión que Hölderlin mantenía de lo griego, de la Hélade perdida, extraviada y, acaso, irrecuperable. Observaba Arturo Leyte en un sagaz epílogo escrito para *El archipiélago* que "en realidad no se pregunta por el tiempo de Grecia, sino por el nuestro, que entretanto tampoco es ya el de Hölderlin, sino el que anticipó"[6], un tiempo ajeno al tiempo de los hombres, esto es, sin la necesidad, oculta o aparente, de consumarse la conjetura de una Grecia eterna. ¿Será Grecia aquella que en tiempos de Hölderlin se trataba de zafar del imperio otomano, o quizá la otra ocupada por la barbarie nazi en la primera mitad de la década de 1940? ¿Es Grecia entonces, si no es ninguna de estas dos, la desangrada en una guerra civil durante casi diez años y que dejó el archipiélago heleno en manos del bloque occidental? ¿O, mirándolo bien, será aquella Grecia cantada por aedos y rapsodas la que hoy vaga en solitario desdén, ce-

---

[5] Martin HEIDEGGER, "Hölderlin y la esencia de la poesía", en *Aclaraciones a la poesía de Hölderlin*, trad. de Helena Cortés y Arturo Leyte, Madrid, Alianza, 2005, p. 52.

[6] Friedrich HÖLDERLIN, *Der Archipelagus*, ed. bilingüe de Helena Cortés Gabaudan, Madrid, La Oficina, 2011, p. 108.

gada por las nubes de los gases lacrimógenos, rota por la codicia, devastada por el llanto hipócrita de los dioses?

[SÓFOCLES/ HÖLDERLIN/ PASOLINI, *Edipo/Edipo Re*. Prólogo de Arturo Leyte Coello. Edición y traducción de Helena Cortés Gabaudan y Manuel Enrique Prado Cueva, Madrid, La Oficina, 2013, 400 pp.]

DEL CIELO INTRADUCIBLE A LA TIERRA MULTILINGÜE

El Cuaderno, núm. 55, abril de 2014, pp. 22-23.

Aunque no sean literatura de altos vuelos, confieso que disfruto muchísimo viendo series televisadas producidas en los EE. UU. Como es sabido, ya sea en formato DVD o a través de la televisión digital, el espectador tiene la opción de sortear la dictadura que los dobladores han impuesto en nuestro país para las series o películas extranjeras y sustituir el castellano, idioma por defecto, por el original, sea inglés (en alguna de sus muchas variantes regionales) o cualquier otro. Para los que tenemos por costumbre escuchar a los estadounidenses hablando en su idioma nativo, se nos ponen los pelos como escarpias cada vez que, por accidente o, acaso, por complacer al dueño del aparato si estamos de visita en casa ajena, nos vemos en la tesitura de no poder escuchar no solo los timbres propios de los personajes sino, más que nada, los dejes, los acentos locales, las entonaciones, las frases hechas o las alusiones culturales más o menos intraducibles por carecer de referente paralelo en nuestro país. Olvídense, a este respecto, de lo que más ocupa a traductólogos (¿se acepta el neologismo?), filólogos y lingüistas: que el universo de los significantes, el referencial-denotativo, así como el connotativo, de dos idiomas no solo son distantes, sino también distintos. A lo sumo, pueden coincidir en aspectos formales (quizá son de la misma familia; digamos, por ejemplo, indoeuropea, lo que los hermana en su morfología, aunque siempre quede el capítulo de sus respectivas sintaxis por investigarse) o es posible que compartan, con suerte (léase: coincidencias históricas) sucesos, intereses, organización política, social o económica que los ayude a asemejarse, cuando menos, en lo superficial del día a día.

Por otra parte, casi es de Perogrullo señalar que las lenguas son sistemas comunicativos con una entidad no exclusivamente lingüística, sino también pragmática. Dicho menos pedantemente: son personas quienes hablan un idioma u otro y son esas mismas personas quienes producen gestos con la cara y con las manos, acompañan su discurso con movimientos corporales, conversan con volumen más alto o más bajo según la necesidad expresiva o bien entonan significativamente ciertas partes de sus parlamentos. Pues bien, estas manifestaciones no lingüísticas son intransportables de un idioma a otro, y de ahí esa extrañeza profunda (lo de los pelos como escarpias que sugerí más arriba) que se produce en el espectador. Curiosamente, he observado que entre nuestros adolescentes se desencadena una asimilación, por mímesis, de los contenidos pragmáticos de los mensajes propios del inglés adaptados al castellano: ¿será porque los programas en lengua inglesa están doblados? ¿Podría ser que la exposición constante a esas disparidades entre lo lingüístico y lo pragmático se contemplen como normales entre nuestros jóvenes, ávidos de absorber todo lo foráneo como si de esponjas se tratasen? ¿Cambiará nuestro idioma y los gestos que lo acompañan hacia el del inglés estadounidense, influidos por este colonialismo cultural esquizoide que el doblaje propicia? El tiempo nos lo dirá.

Don Miguel de Unamuno aprendió danés para leer a Kierkegaard y a Ibsen sin intermediarios, sin transportes desde una lengua, la danesa, a otra tan distante, el castellano. Quiso ser él mismo el vehículo y el camino por el que circularan ideas, mensajes, metáforas. Pero nosotros no somos Unamuno, ni es esta una época que acepte embarcarse en semejante aventura con actitud receptiva: el tiempo se nos escapa entre los intersticios de las manos, queremos hacerlo todo, verlo todo, escucharlo todo, leerlo todo. Para qué empeñarse en algo que otros pueden hacer por mí. Esos otros son, claro está, los traductores, esos lunáticos disparatados que se esfuerzan en labores de ingeniería civil tendiendo puentes no solo entre orillas distantes, sino entre culturas que, en ocasiones, no presentan siquiera puntos de contacto.

Afirma Jacques Derrida que "no hay problema de traducción en matemáticas: la matemática es, incluso por esencia, la anulación o la solución inmediata de la traducción"[1]. El lenguaje matemático es pura forma, esto es, todo denotación y ninguna connotación. Semejante inexistencia de connotación hace que un matemático ruso entienda a la perfección las exposiciones de un colega francés o indio. Yo le he oído a uno de mis profesores de lógica en Salamanca referirse a la elegancia que presentaban ciertas formulaciones de lógica modal, frente a otras posibilidades menos agraciadas de ordenación y buenas maneras. Aun así y con todo, las trapacerías se detectan al instante en los lenguajes formales, ya sea el matemático o el lógico, y poco importan, por mucho que puedan agradecerse, la sutileza y el proceder estilizado de un razonamiento lógico, pues lo que interesa al final es un resultado verdadero y correcto. Esta naturaleza no connotativa de la matemática y la lógica formal tiene que ser lo que

---

[1] Jacques DERRIDA, "Teología de la traducción", en *El lenguaje y las instituciones filosóficas*, Barcelona, Paidós, 2012² [1995], p. 119.

algunos lingüistas (e, incluso, no pocos traductores) estiman que debe ser el modo en que hable Dios: con cifras y conectores indubitables.

Contábamos en España con un par de volúmenes de cierta semejanza con este *Hijos de Babel* que ahora nos ocupa. En primer lugar, hay que destacar el que Miguel Ángel Vega editó con tantísima oportunidad bajo el rótulo *Textos clásicos de teoría de la traducción* (Madrid, Cátedra, 2004; incluye, por cierto, en su cubierta un fragmento de *La torre de Babel* de Brueghel), que, como su propio título indica, compendia una selección de pensamientos y reflexiones sobre el oficio del traductor y la naturaleza de su obra, desde Cicerón (46 a.C) hasta A. V. Fedorov (1983). El otro libro que es preciso señalar es el titulado *Poesía en traducción* (Madrid, Círculo de Bellas Artes, 2007), en el cual Jordi Doce reunió con gran tino a un inolvidable elenco de poetas-traductores (o, mejor dicho traductores-poetas, que no es lo mismo), entre los que se encuentran Jorge Riechmann, Luis Javier Moreno y Andrés Sánchez Robayna, por dar algunos nombres. No hace falta mucha atención para percatarse de que este volumen tiene intenciones mucho más limitadas que el editado por M. Á. Vega, pues se trata ahora de pensar la traducción exclusivamente poética, pero le une a *Hijos de Babel* el hecho de que todos los invitados a ambos libros sean traductores contemporáneos de habla española.

He leído *Hijos de Babel* con una atención y un placer extraordinarios. Desde el primero hasta el último, sus artículos son muy provechosos, incluso para alguien que previamente haya leído no pocos tomos en torno al tema. Virgilio Moya recogía hace diez años en su estudio *La selva de la traducción* (Madrid, Cátedra, 2010³ [2004]) las líneas maestras de las siete teorías actuales en torno a la traducción: teoría lingüística, de equivalencia dinámica, interpretativa, del "skopos", polisistémicas, deconstructiva y feminista. En su deslumbrante introducción, Moya señalaba que "[l]os tratados, en cambio, escritos expresamente para dar una respuesta al complicado y misterioso fenómeno de la traducción son cosa del siglo XX", en particular sus últimas décadas. Esta misma voluntad de reflexión es lo que anima a los ya no siete, sino catorce (¿o debería decir quince?, pues el prólogo no tiene desperdicio) intervinientes de este volumen colectivo. Y no lo digo yo: lo reza el subtítulo del mismo: *Reflexiones sobre el oficio de traductor en el siglo XXI*. Reflexión, oficio, siglo XXI. Nos encontramos, por lo tanto, frente al que puede que sea el primero de –esperemos– un aluvión de tomos dedicados a este mismo asunto: ¿qué es traducir, quién lo hace, qué implica lo que hace, qué y cómo se traduce? Es bien cierto que los textos de *Hijos de Babel* no proponen novedades teóricas, ni tratan de presentar ninguna de las vertientes más, digamos, técnicas de la moderna traductología. No en vano, los desacuerdos entre unos y otros traductores son manifiestos, habida cuenta de que cada uno de ellos procede de campos bien diferenciados donde el oficio de traductor es esencial: la traducción literaria (la mayoría de ellos), la filología, el periodismo, el cómic, la lingüística... Esto no le resta mérito a ninguno de los textos, y como prueba de ello haremos ahora un ejercicio práctico al hilo de sus enseñanzas. Compongamos, pues, el decálogo de cualidades que debe mostrar el traductor: paciencia y capacidad de decisión (Amelia Pérez de Villar y Eduardo Iriarte); reinvención (David Paradela) y creatividad propia de un autor (Martín López-Vega); habilidad diplomática con los significados

(Mercedes Cebrián); fluidez en la escritura (Marina Bornas); honradez del traductor consigo mismo y lucha permanente contra los tópicos culturales (Rafael Carpintero), compaginadas con la lealtad a la tradición tanto de la lengua original como de la traductora (Xavier Farré y Paula Caballero); pasión por el detalle (Berta Vías Mahou); intuición a la par que racionalidad (Eduardo Moga); eterno estudio de lenguas y culturas (Lucía Sesma); y, por fin, puesto que las lenguas tienden a la autoconservación, al secreto y a la resistencia, el traductor precisa de un profundo respeto ante lo intraducible, aquello que "representa el anverso de la voluntad de dominio de los sistemas simbólicos, esa tendencia natural a todas las lenguas de imponer sus significados más allá de sus propios límites, de esa *inclinación* a alcanzar el mar de lo indiferenciado"[2], según apunta en una máxima luminosa y certera Juan Arnau.

Se podría concluir, en fin, que los puntos de vista en torno a la traducción basculan o se disponen en una suerte de escala según la cual, en palabras de Friedrich Schleiermacher, "[o] bien el traductor deja al escritor lo más tranquilo posible y hace que el lector vaya a su encuentro, o bien deja lo más tranquilo posible al lector y hace que vaya a su encuentro el escritor"[3]. Esto es, según la primera postura, el lector se acerca a la lengua y la cultura del autor; según la otra, se vierten a la lengua del traductor, siguiendo el modelo y la visión de este, el idioma y la cultura del autor. Por fortuna, ninguno de ellos propone el sempiterno mito de la torre de Babel como

---

[2] *Hijos de Babel*, ed. cit., p. 109.

[3] En *Textos clásicos de teoría de la traducción*, ed. cit., p. 251.

modelo de traducción: ninguno cree que, tirando de los hilos que conectan las lenguas entre sí, tendríamos que ser capaces de retrotraernos a una lengua primera, que sería la que hablase el Dios de la Biblia o, acaso, la de la matemática a la que aludía Derrida, una suerte de supralengua celestial que, además de perfecta, funcionaría como modelo de corrección de todas y cada una de las traducciones más terrenales. O sea, un despropósito, una absurda entelequia.

[VV. AA.: *Hijos de Babel. Reflexiones sobre el oficio de traductor en el siglo XXI*, edición y prólogo de Javier Jiménez, Madrid, Fórcola, 2013, 174 pp.]

"PALABRAS, PALABRAS, PALABRAS"

Nayagua, núm. 21, febrero de 2015, pp. 286-289.

Es este el segundo libro de poemas escrito por Robert Hass que se traduce en nuestro país. El primero, *Tiempo y materiales*, lo publicó Bartleby Editores con la impagable versión de Jaime Priede; el que ahora nos ocupa, *El sol tras el bosque*, nos llega de la mano de Ediciones Trea, vertido al español con delicadeza y dedicación por Andrés Catalán. Me llama la atención, sin llegar siquiera a abrir el libro, que los dos títulos de Hass que se han hecho un hueco entre la voluminosa montaña anual de textos traducidos al castellano sean hijos de sendas editoriales independientes. Parece que tienen que ser estos sellos, humildes pero no por ello menos aventureros, los que nos descubran a un escritor del calibre de Robert Hass.

Nacido y criado en San Francisco, alumno en un centro católico (el catolicismo poco vociferante es marca de esta figura señera de las letras estadounidenses), poseerá una formación universitaria refinada y erudita, aunque se deje igualmente fascinar por los versos de Gary Snyder y Allen Ginsberg antes de modificar el rumbo de su escritura desde la prosa hacia la poesía. Traductor de Czesław Miłosz y otros poetas polacos, así como de Pablo Neruda y César Vallejo, entre los de ascendencia hispana, ha dedicado gran atención teórica y lírica al haikú, habiendo por ello traducido a maestros de esta estrofa, lo cual ha dejado su impronta, sobre todo, en los poemas en prosa de su segundo libro, *Human Wishes* [*Deseos humanos*], tal y como señala en su impecable prólogo al volumen el traductor Andrés Catalán. A quien desee conocer los detalles de la carrera literaria de Hass previa a *El sol tras el bosque* le remito sin dudarlo a ese prólogo, conciso mas no por ello falto de iluminación y perspicacia.

A la sorpresa inicial de que la poesía de Hass sea leíble en nuestro idioma gracias a pequeñas y aguerridas editoriales independientes (lo cual es gravemente indicativo de que la brecha entre las letras duraderas y los grandes conglomerados editoriales y distribuidores, con sus paladas de papel pintado de garabatos efímeros y pasajeros, se ha ensanchado hasta ser imposible alcanzar de un brinco el extremo opuesto del tajo) se une al punto un segundo pasmo: buscar reseñas de *Tiempo y materiales* es tarea poco fructuosa, pues son tan solo unas cuantas bitácoras bien intencionadas las que le dedican su espacio para la exégesis. Mis pesquisas pueden haber sido erróneas, no lo niego, pero confieso que he sido incapaz de dar con una sola redactada en uno de los grandes rotativos españoles. Han pasado pocos meses desde la publicación de *El sol tras el bosque* y es comprensible que no haya aún ninguna reflexión crítica al respecto de este poemario en la prensa, o en la red de redes. Sin embargo, ¿cómo se explica que, desde finales de 1996, fecha de publicación del original inglés, hasta hoy, tan solo cuatro reseñas destaquen por su enjundia y entrega de entre la maraña de anotaciones varias que pueblan la red? Al este del país, *The New York Times*; al oeste, *Los Angeles Times*; entre medias, *Publishers Weekly*, *The Atlantic* y pare usted de contar. ¿Cómo es esto posible? Estamos hablando de un poeta con un largo listado de galardones, de entre los que destacan el premio Pulitzer, así como el de haber sido distinguido como Poeta Laureado de los EE. UU. desde 1995 a 1997. Aun así, Andrés Catalán abre su prólogo señalando que Hass es "una de las voces principales de la poesía norteamericana reciente". ¿Son las minorías lectoras de poesía tan reducidas y escasas que pudiéramos decir que se trate de un género condenado a la extinción? Hay voces que vienen augurando, desde hace algún tiempo ya, el declive, decadencia y cercana defunción de la literatura al completo, así que, ¿qué decir del más recóndito y hermético de sus vástagos?

"La realidad primigenia es que el mundo se repite", afirma Hass en su ensayo "One Body: Some Notes on Form" ["Un cuerpo: algunas notas sobre la forma"]. Nos reconocemos en los gestos metódicos, redundantes, que nos ayudan a tomar conciencia de quienes somos tras haber asumido la constancia de lo por venir, la familiaridad de lo múltiple, hasta el extremo de hacerlo todo una misma naturaleza. *Physis* llamaban a esto los primeros filósofos griegos; el ser, añadirán después otros que los siguieron. "Ser y ser visto", precisa Hass, o, en otras palabras, la indivisibilidad del yo y su entorno, nuestra propia configuración como experiencia primera de la forma.

Sin embargo, la forma no existe, no es sino una pura entelequia, "la imaginación de un orden". No hay motivo para pensar que el rechazo que han sufrido las formas poéticas tenga algo que ver con la anterior afirmación, con la presunción de que se llega a una situación histórica en la cual se despierta a una verdad antes velada, de tal modo que, al retirar la venda que cubría los ojos, se produzca una explosión de versos sin medida, azarosos, en todas direcciones. Hass entiende que, en el fondo, incluso el verso libre busca un ritmo profundo, quizá no tan ostensible como las formas clásicas, pero sin duda presente y vivo, guiando el fluir de la voz. Las medidas clásicas pueden llegar a constreñir; el verso libre se abre a mil posibilidades por descubrirse. El ritmo se hace patente en la repetición, en el sentido del orden que esta nos imbuye: el corazón que late, el batir de las olas del mar contra el saliente rocoso, la sonrisa de la luna que sigue a su densidad de huevo, el transcurrir de las estaciones y su rueda de vida y muerte y vuelta a vivir. La esperanza de que a la muerte de un amigo le seguirá su renacer en el recuerdo. Pero hay también una dosis de magia en eso que está por llegar y se ha hecho presente un instante antes de que se haga realidad. Es la clarividencia, la confianza de que hay un equilibrio que todo lo rige y gobierna, aún invisible, pero legible si se le presta la debida atención. Y justo en esa grieta es donde el verso libre del poeta anuda su riesgo y su accidente, con el fin de desplegar un haz de potencialidades.

Sin una comprensión previa de este motor lírico, no habrá posibilidad de comunión con la poesía de Robert Hass. Antes, a mayor profundidad que los temas, se encuentra el lecho pelágico sobre el que transcurren los remolinos y las corrientes de las aguas, su vaivén, su fluir. Tras haber fijado las bases, se podrá entonces merodear por las cámaras de las imágenes de *El sol tras el bosque*, de su material diverso: la muerte de los padres, su madre alcohólica, su propio divorcio; la dispar sucesión de acontecimientos; la superposición rabiosa y recurrente de anécdotas (suicidios, infidelidades, "un par de braguitas amarillo limón/ colgadas de un picaporte"); y, sobre todo, la presencia de lo natural en forma de simbolismo animal (un gato, un mapache, un murciélago, una marmota, o bien "una pareja de zorros rojos al otro lado del arroyo/ [...] alzaron la vista para mirarnos con sus ojos verdes/ el tiempo suficiente como para simbolizar la alerta de las cosas vivas", e incluso "una pequeña bandada de cisnes chicos/ por segundo invierno se alimentaba de brotes/ en los campos empapados; simbolizan misterio, supongo", con esa incertidumbre final, casi involuntaria, como restándole importancia a la meditación que arrastra el examen de esa escena) o vegetal (flores silvestres, "las últimas manzanas caídas", bosques, polen, semillas, "el heno timoteo en la pradera"). Y qué hay de esta metáfora implacable y rotunda como magnífico ejemplo de lo natural como símbolo: "Como en la historia que un amigo contó de cuando/ trató de matarse. Su chica le había dejado./ Abejas en el corazón, después escorpiones, gusanos, y después ceniza".

Hay una segunda voluntad implícita en los poemas de esta colección: la de tratar de salvar la grieta que se abre entre palabra y referente, llegando a concluir que "El otro nombre que damos a este exceso de apetito/ y de belleza inconsciente de sí misma es vida", una suerte de órdago a la totalidad, acompañado de titubeos ("Quizá necesitas escribir un poema acerca de la gracia", conjetura a solas la voz lírica) o negaciones absolutas (*"¿Y qué hay del ser?* Le había preguntado. *¿No es el lenguaje responsable/ de ello, de todo ello, la textura del pan, los estilos de peinado/ de las chicas que conociste en el instituto, los cordones de zapatos, las puestas de sol,/ el olor del té?* Ah, dijo, *has estado hablando con Miłosz./ A Czesław le digo esto: el silencio nos precede. Nosotros solo intentamos alcanzarlo*"), cercanas al deseo de la iluminación zen: "Al final hay silencio,/ y no explica, ni siquiera pregunta".

Sedación de los sentidos, plasticidad de la imagen, contemplación de lo natural, recogimiento de la palabra en los pliegues del ser, intimidad al hallar la trascendencia del aquí y el ahora: este es el baño —o casi la ablución— que nos aguarda en esta singular colección de poemas.

[Robert HASS, *El sol tras el bosque*, traducción de Andrés Catalán, Gijón, Trea, 2014.]

"ESTO NO ES UN LIBRO: QUIEN LO TOCA, TOCA A UN HOMBRE"

Nayagua, núm. 22, julio de 2015, pp. 244-248.

Le propongo al lector un juego en el que tendrá que adivinar, si tiene a bien jugar conmigo, quién es el autor de cada una de las tres versiones o traducciones de un fragmento de *Hojas de hierba* de Walt Whitman que a continuación incluiré. Para mayor exactitud, el ejercicio – o juego, como hemos convenido en llamarlo hace un instante– versará sobre "Song of Myself", el celebérrimo canto con el que, dicen algunos, comienza la poesía estadounidense liberada de las ataduras del romanticismo (con mayor o menor influencia inglesa), aunque quizá demasiado cercana al movimiento trascendentalista (el de Emerson y Thoreau), en particular por la necesaria relación del hombre y la naturaleza con el fin de conseguir la unidad del ser humano y su divinidad, llámese a esta orden general, cosmos, alma primordial o como se prefiera. Leyéndolo, sin embargo, me da la impresión de que a Whitman el trascendentalismo no le terminaba de llenar, que no acababa de creérselo del todo. No pongo en duda que las primeras fases de su libro [¿lo llamamos así o preferimos el otro de proyecto de vida, germen y espiga y fruto de la labor cotidiana y anual, cíclica y en constante crecimiento, debatiendo consigo mismo para encontrar la expresión perfecta, la entonación requerida, el matiz singular que capte lo mínimo, lo más recóndito, día a día, año a año, hasta llevarse sus folios incluso a su lecho de muerte, buscando entonces darles un último lavado de cara, el tinte característico y postrero?], que, como decía, en los primeros estadios de la composición de su obra

Whitman conjugase el verbo "trascender" de mil y una formas, y que se sintiese atraído por lo que de unión humano-naturaleza ese pensamiento filosófico ofrecía —una doctrina filosófica deudora, por otra parte, del idealismo trascendental kantiano: pero esto casi no hace ni falta señalarlo, pues en su propia etiqueta se percibe ya su parentesco—, así como el rechazo frontal a la esclavitud que compartía con Emerson. Pero, en fin, además del propio título de su libro, tan herborizador, hay en él tantas versiones de sí mismo, tantas facetas, que me siento tentado de comenzar nuestra andadura, antes incluso de pasar a la adivinanza con que se abrió esta reseña, por ese otro poema, singular y conmovedor, que es "Gliding o'er All" o, en versión de Eduardo Moga, "Deslizándome por todo":

> Deslizándome por todo, a través de todo,
> de la Naturaleza, el Tiempo y el Espacio,
> como un barco que avanzara por el agua,
> el viaje del alma —no solo la vida,
> sino la muerte, muchas muertes— cantaré.

[Déjame, lector cómplice, que te confíe un pequeño secreto: Moga escribe el "solo" del verso cuarto con tilde diacrítica (es decir, "sólo"), lo cual me hace pensar, conociendo su esmeradísima ortografía, incluso en contextos informales, que comenzó a redactar sus traducciones de Whitman hace mucho tiempo, años incluso, antes, me aventuro a decir, de la nueva norma académica, la implantada en 2010, o sea, pues hoy día me consta que se guía por esta, esto es, ya no escribe tildes diacríticas en palabras tónicas; pero no nos desviemos de nuestro propósito inicial]. Se dice que Whitman es el cantor de la sensualidad, de los cuerpos, de la vida natural. Se dice, y es cierto: sus poemas lo atestiguan. Sin embargo, a mí me impacta mucho más este otro que he escogido ahora y que Moga tan sutilmente revierte a nuestra lengua común: cantaré la vida, nos revela Whitman, sí, pero también la muerte. No una en particular [no solo llorará la muerte de su querido y admirado Abraham Lincoln, como hace en ese poema que hizo famoso para el siglo XX la película *El club de los poetas muertos* protagonizada por Robin Williams, un actor polifacético donde los haya, en chocante y no poco irónico contraste con el trasfondo de ese poema, "¡Oh, Capitán, mi Capitán! Ha terminado el proceloso viaje./ El barco ha salvado todos los escollos, y hemos ganado el premio que perseguíamos./ El puerto está cerca, ya oigo las campanas, la gente proclama su júbilo./ A la firme quilla siguen los ojos, al navío porfiado y audaz./ Pero, ¡oh, corazón, corazón, corazón!/ Oh, rojas gotas de sangre/ donde, en cubierta, yace mi Capitán,/ frío y muerto", que Moga se apresura a señalar en su exhaustiva introducción al volumen como, acaso, el menos whitmaniano de los poemas de Whitman, por estar compuesto con versos medidos que lo impregnan de un aroma a clásico, a foráneo en su producción lírica], sino que cantará, más que ninguna otra, su propia muerte.

Nada hay de paradójico en esta afirmación anterior: cantar las varias muertes de uno responde al hecho de que uno no es uno: más bien, uno es varios. A las mientes se me vienen varios Whitmans: el Whitman cantor del yo, o el Whitman demócrata fervoroso que asiste, en el umbral, al nacimiento de una nación, a un experimento político y social en un mundo nuevo, alejado del pasado, tan ominoso, de la viejísima Europa, o el Whitman lleno de optimismo trascendental a la Emerson, ese en el que lo patriotero se mezcla con lo idealista, en el que las ristras de descripciones, de elementos naturales o de objetos se suceden interminablemente en los versos como si el propio Whitman hubiese sido invitado al mismísimo Edén y estuviese dando cuenta de lo que allí se ha encontrado, observándolo todo con los ojos muy abiertos y la mirada atenta, pendiente del detalle que confiera sentido a un gesto, a una palabra, a un anhelo.

Pero también podemos referirnos a otros Whitmans: sin ir más lejos, al que, en busca de su hermano herido en batalla, opera como enfermero durante la guerra civil, o de secesión, como quiera denominarse, una guerra que divide en dos a un país que aún no ha llegado a su adolescencia histórica, si se me permite el símil, una guerra que, incluso hoy, mantiene a algunos estados del sur con su orgullo confederado intacto (impacta contemplar la bandera sudista ondeando en los edificios gubernamentales del Sur, junto a la correspondiente bandera estatal y la federal, la de las barras y las estrellas, o sea), una contienda que trastoca el glorioso porvenir de ese ideal llamado América y lo revierte a un estadio primitivo, asesino y doliente, de persecuciones y matanzas indiscriminadas, de linchamientos y barbarie. Recomiendo buscar a este último Whitman en la sección *Redobles de tambor*, cuyos poemas son trágicos y crudos, sin el más mínimo atisbo de autobombo o patrioterismo: pareciera que este nuevo Whitman, conmocionado, buscase en el baúl de su idiolecto las expresiones que aprendió cuando se dedicó al periodismo o la crónica, envolviéndolo los poemas en un luctuoso tono elegiaco. Ya no hay naturaleza inabarcable con las palabras, ni vergel paradisíaco que llene el alma de esperanzas, sino estampas litográficas robadas a un momento cualquiera, al alto que hace un regimiento en su marcha al frente, a la vigilia junto a un soldado que a la mañana siguiente irá a la batalla, al hospital de campaña en el que fue él mismo curador de heridas (hecho este al que le dedica un poema entero, desgarrador) y al buscar el camino entre los bosques, iluminados por antorchas y pendientes de una emboscada. Este Whitman, desconocido hasta el estallido de la guerra fratricida, es el mismo que canta estos versos:

Mucho, demasiado tiempo, América,
llevas viajando por caminos llanos y tranquilos, y
aprendiendo solo de las alegrías y la
prosperidad.
Pero ahora, oh, ahora has de aprender de las crisis
de angustia, y avanzar, y enfrentarte al destino
más cruel, sin retroceder,
y concebir y enseñar al mundo lo que son
realmente tus hijos en masse
(porque, ¿quién sino yo ha concebido lo que son
realmente tus hijos en masse?*).*

¿Entiendes ahora, lector, por qué me llama la atención —poderosamente, además— esta visión de un Whitman cantor de vidas y de muertes? La idea de un yo único, mostrenco, más cercano al adoquín o el ladrillo que a la fluidez del vivir (y, dentro de este, el ir muriendo y volviendo a la vida a cada poco, o el descubrirte renovado y plural en los amaneceres inhóspitos e impasibles del mes de abril, ese al que cantó T. S. Eliot con palabras que me resuenan cada primavera: "Abril es el mes más cruel...",

¿recuerdas, lector?), el concepto de que uno es el que es y sanseacabó, no me atrae de Whitman. Comprendo sus intenciones; como Antonio Gamoneda, sin embargo, las califico de erróneas. El yo caprichoso, el individuo todopoderoso, no es sino un centro de poder magnífico y castrense. Fundamentado en la creencia de que uno es quien es (y no otros, propiciados por los avatares de la vida), ese yo whitmaniano se me aparece como el consumidor o comprador confiado de la estabilidad de sus gustos, o el feligrés convencido de la inmortalidad de sí mismo (o de su alma, llámeselo como se prefiera), o el directivo que vela por el buen caminar de su empresa, ese que en los aeropuertos toma un avión con la seguridad de que sabe lo que hace, de que su destino es manifiesto e indubitable.

Que la poesía de Whitman ha hecho mella en muchísimos lectores y escritores, coetáneos a él o posteriores, no es difícil de probar. Piénsese en Gerald Stern (acaso el más whitmaniano de los poetas contemporáneos), pero, antes que él, están Allen Ginsberg, Ezra Pound, C. K. Williams, Galway Kinnell o Robinson Jeffers, por invitar tan solo a unos pocos a este festín de cánticos. Incluso en las series televisivas actuales (al igual que en el ejemplo cinematográfico al que aludíamos antes) detectamos la huella de Whitman: en *Breaking Bad*, su protagonista, Walter White (fácil es ver que Walter White es Walt[er] Whitman, pero ¿no es este apellido, White, también una forma abreviada de Whitman, que acaso fuera en siglos pretéritos Whiteman?), lee *Hojas de hierba* en diversos momentos de la serie, e incluso varios de los capítulos llevan por título los de poemas del bardo americano. Hay quien asegura también que la transformación personal y la fijación que tiene en la mejora paulatina de su obra y su legado (en forma de metanfetaminas) son paralelas a la figura del poeta, siempre en mutación, y la de su obra, en permanente desarrollo. En cualquier caso, más allá de estas menudencias, no hay duda de que la obra y la figura (el mito, también) de Walt Whitman están vivos y coleando en la imaginería estadounidense de hoy.

Y volvamos, ahora sí, al comienzo, pues no habrá pensado el ávido lector que nos habíamos olvidado ya del juego con el que partimos. Destapemos ya la caja que contiene el acertijo. Son estas las tres versiones de "Song of Myself" (fragmentarias las tres: leamos las dos primeras estrofas de la primera parte del poema): una es de León Felipe, otra la de Eduardo Moga y la última de Jorge Luis Borges, aunque no necesariamente en ese orden:

(1) "Canto de mí mismo": *Yo me celebro y yo me canto,/ Y todo cuanto es mío también es tuyo,/ Porque no hay un átomo de mi cuerpo que no te pertenezca.// Indolente y ocioso convido a mi alma,/ Me dejo estar y miro un tallo de hierba de verano.*

(2) "Canto a mí mismo": *Me celebro y me canto a mí mismo./ Y lo que yo diga ahora de mí, lo digo de ti,/ porque lo que yo tengo lo tienes tú/ y cada átomo de mi cuerpo es tuyo también.// Vago... e invito a vagar a mi alma,/ vago y me tumbo a mi antojo sobre la tierra/ para ver cómo crece la hierba del estío.*

(3) "Canto de mí mismo": *Yo me celebro y me canto,/ y cuanto hago mío será tuyo también,/ porque no hay átomo en mí que no te pertenezca.// Holgazaneo, e invito a mi alma./ Holgazaneo, a mi antojo, y me paro a observar una brizna de hierba estival.*

La primera de ellas es escueta, parca incluso en su trasvase del inglés oriundo y no poco vociferante de Whitman; la segunda es, más que traducción, paráfrasis, versión o perversión caprichosa del original; por fin, la última es rotunda y brillante, actual e indómita, tan rítmica en su prosodia como fluida en su discurrir, habiendo hallado en su composición la dosis adecuada de vocablos. Llegados a este punto, creo innecesario manifestar cuál es la preferible de las tres. Pero, por favor, que nadie vuelva a calificar este libro de monumental, pues el monumento está hecho de materia inerte, reproduce o retrata a prohombres y gerifaltes, rememora a los muertos en su pétreo registro, mientras que, tanto Walt Whitman como su poesía, son materia orgánica, universales e igualitarios, y están muy, pero que muy vivos.

[Walt WHITMAN, *Hojas de hierba. Edición completa; selección de prosas*, traducción de Eduardo Moga, Barcelona, Galaxia Gutenberg, 2014, 1580 pp.]

TRASIEGO DEL PENSAMIENTO HUMANO, ENTRE LO DIVINO Y LO BESTIAL

El Cuaderno, núm. 72, septiembre de 2015, pp. 13-15.

En su último libro de artículos y ensayos, *The Life of Images* [*La vida de las imágenes*], Charles Simic recoge la reseña que él escribiera acerca del estudio *Searching for Cioran* [*A la busca de Cioran*] de Ilinca Zarifopol-Johnston, publicada originalmente en 2010 en la *New York Review of Books*. Que Simic se prestase a redactar ese artículo no debe extrañarnos, pues sus simpatías por el pensador de origen rumano son más que palpables. En particular, le resulta familiar y perfectamente asumible la falta de temor de la que hace gala Cioran hacia la contradicción (real o aparente) que rezuma en su obra o, como gusta de expresarlo Simic, el hecho de que cada uno de nosotros seamos "un guiso casero de ángel y bestia". La mezcla de lo más elevado y lo más rastrero (en el sentido de "rasante" que tiene este término) se dan cita igualmente en los textos del filósofo apátrida y del poeta serbioamericano, acompañados de la incertidumbre, la paradoja, el mordisco del atrevimiento metafísico, la broma escatológica o el tintineo del juego de palabras. Llevados por este compendio de asuntos, podríamos sentirnos tentados de calificar a ambos escritores de "moralistas", lo cual bien resultaría en un ejercicio de cinismo; pero, si se le ofrece al término el contexto adecuado, como acertadamente apunta en una nota a pie de página Rafael Panizo, el traductor de *De lágrimas y de santos* de Cioran, quizá se logre salvar el aparente abismo que separa ese vocablo entendido al modo tradicional de la escritura de Cioran y de Simic: moralista sería, en este último sentido, el *moraliste* francés, esto es, quien escribe en torno a un asunto de actualidad reflexionando sin intención de ofrecer normas ni de juzgar a los hombres, sino con el solo propósito de traernos a la mano, de ponernos delante de los ojos, las fallas de nuestra manera de habitar el mundo. Quien así proceda –sugiere Panizo– estará, siempre, tocado por el pesimismo, no con el significado que este concepto acarrea en cuanto sistema filosófico, sino por esa otra manera desengañada de fijar la vista en las costumbres y los modos de los hombres que conduce a la porfía tanto con lo cotidiano como con lo sobrehumano. Y ahí es, en fin, donde empezaríamos ya a columbrar el territorio Simic.

Comparte Simic, asimismo, con Cioran, famoso por sus paseos de madrugada por las calles de París, la ciudad que le acogió desde la década de 1940 hasta su fallecimiento en 1995, la carencia patológica de sueño. No en vano, la reseña en torno a la biografía de Cioran que Simic escribiera para la *New York Review of Books* lleva el revelador título de "Insomnia's Philosopher" [el filósofo del insomnio]. Pero, por si resultara insatisfactorio todo el elenco de semejanzas que ha aflorado entre ambos escritores, Simic vuelve a recordarnos su condición cioranesca cuando se autorretrata, en su última colección de poemas, *The Lunatic*, como "the uncrowned king of the insomniacs" ["el rey de los insomnes"], cualidad no buscada que, por muy trivial que al de buen dormir le pueda parecer, no implica tan solo la acumulación de falta de sueño, sino un estado mental en el que se pugna contra el aturdimiento, la irritabilidad y el amoratado peso que se engancha permanentemente bajo los ojos. Un cerebro hiperactivo, como el de Cioran o el de Simic, imposibilita la conciliación del sueño y esta, a su vez, impide la necesaria restauración del organismo (¿cómo extrañarse, entonces, de la obsesión del filósofo por el desgaste del cuerpo, por el asalto permanente de las enfermedades, físicas y mentales, al que este se ve sometido, así como al sufrimiento, la desgarradura y el dolor asociados a que todo lo anterior?) y empuja a quien lo padece hacia un estado alterado de conciencia en el que la atención se traslada a lo más insospechado, o bien en el que se observa lo cotidiano bajo una luz entre ambarina y plúmbea, pero siempre desfiguradora.

A la trasposición de la conciencia insomne debemos añadirle la otra más física, la del viaje desde la tierra natal hasta otra adoptiva, desplazamiento geográfico cuya coincidencia también comparten el pensador nacido en Rumanía y residente en Francia durante la mayoría de su vida adulta y el poeta nacido en Yugoslavia y emigrado a EE. UU. siendo adolescente. Concurren en ambos escritores no solo la mudanza espacial, sino también el sentido, digamos, simbólico, así como el trasfondo histórico, del origen y el destino de esas migraciones: ambos se trasladan desde la Europa más oriental, en un caso, hasta la cuna de la Ilustración y, en el otro, hacia un crisol de razas y pueblos, hogar del pragmatismo y la antiintelectualidad tan protestante y tan rural de la que hace gala la mayoría blanca estadounidense. Así expuesto, no se puede por menos que percibir cierto grado de ironía en, precisamente, que sea esta pareja de escépticos la que se haya cobijado bajo las faldas de damas gigantescas: la gran Francia y la inmensa Norteamérica. ¿Y qué se puede buscar bajo esas faldas? Simic lo tenía claro y así lo recogía en sus cuadernos: "Había una criada en casa que me dejaba meter la mano por debajo de su falda. Yo tenía cinco o seis años. Aún puedo recordar la humedad de su entrepierna y mi sorpresa al ver que estaba cubierta de pelo. Yo nunca me cansaba ni tenía suficiente" (pp. 15-16).

Y, casi sin quererlo, acabamos de dar con otra convergencia más: *El monstruo ama su laberinto* incluye un subtítulo, *Cuadernos*, que es, precisamente, el título que exhibe uno de los libros de Cioran: *Cuadernos (1957-1972)*, selección de entre los treinta y tantos que dejara escritos, donde se dan cabida, como en el de Simic, a todo tipo de observaciones, apuntes, pensamientos o rememoraciones de índole personal, con ese carácter desenfadado y ferozmente sincero que ofrece la escritura garabateada para uno mismo, sin intención de ser publicada, la instantánea en palabras que ejecutamos a modo de ejercicio o que guardamos con la pasión del que siente que ha dado con una perla expresiva entre el fango de la verborrea que nos acecha e invade a diario. Los cuadernos de Simic, para nuestra fortuna, han sido vertidos por un Jordi Doce en el cenit de su arte traductor, con un castellano musculoso, vivaz, resuelto, que busca en todo momento la adaptación de los modos y locuciones ingleses a la idiosincrasia del español, logrando con ello que el lector se sumerja en el texto con la chocante pero, a un tiempo, complaciente y vaporosa sensación de que bien pudiera ser que Simic lo hubiera escrito originalmente en castellano. Una escritura fragmentaria, que es la más propicia para la libreta o el cuaderno, la favorecida por Lichtenberg, a quien Nietzsche, otro maestro del fragmento, tanto admiraba y quien, siguiendo una suerte de propiedad asociativa entre autores, a su vez era objeto de fascinación para Cioran, una escritura, así pues, no entendida como colección de máximas morales (ya lo apuntábamos al comienzo de esta reseña) o sentencias –las ubicuas

Sententiae, tan abundantes en la tradición clásica y renacentista– dirigidas a un público concreto, o sea, cultivado, siempre del mismo rango social y cultural que el del escritor, sino como aforismos, como cajón de sastre en el que se dispongan de manera más o menos azarosa, y para cualquiera a quien pueda picarle la curiosidad, todo tipo de géneros o redacciones, desde la diatriba hasta el diálogo, pasando por el retrato, el álbum familiar, la hipótesis ontológica, la disección religiosa, la reflexión poética o la floritura literaria.

El monstruo ama su laberinto se reparte en cinco secciones, de las cuales la primera reproduce el capítulo "The Necessity of Poetry" ["La necesidad de la poesía"], extraído de la colección *The Unemployed Fortune-Teller* [*El adivino en paro*], de 1994, la tercera es reproducción de "Wonderful Words, Silent Truth" ["Palabras prodigiosas, verdad silente"] incluido en el libro homónimo publicado en 1990 y, asimismo, más de la mitad de la cuarta recoge el ensayo "The Minotaur Loves His Labyrinth" ["El minotauro ama su laberinto"], igualmente contenido en *The Unemployed Fortune-Teller* (a este respecto, hacemos notar la oportuna elección de la cubierta del libro de Vaso Roto, con una hermosa ilustración medieval que representa un laberinto cretense de forma circular en cuyo centro se encuentra un minotauro –con cuerpo de toro, tórax humano y cabeza astada, esto es, siguiendo la iconografía medieval y renacentista– que sujeta una espada desenvainada). Pero, ¿quién es el monstruo del título? Simic usa esta imagen, por primera vez, en un fragmento (p. 20) dedicado a un dictador, a quien lo asemeja al susodicho monstruo, y más tarde añade alguna pista al incluir un aforismo cioranesco (p. 73): "Dios tiene miedo del hombre... El hombre es un monstruo, y la historia lo ha demostrado", lo cual da buena cuenta de la visión del mundo que podemos extraer de este sutilísimo y desencantado compendio de pensamientos: por una parte sabemos que "[l]a compasión bondadosa de un solo ser humano por otro en tiempos de odio y violencia masivos merece más respeto que los sermones de todas las iglesias desde que el mundo es mundo", mientras que, por otra, se nos asegura que "[l]a estupidez es la especia secreta que a los historiadores les cuesta identificar en esta sopa que no dejamos de sorber" (p. 34). El hombre es, a fin de cuentas, un monstruo estúpido, capaz de las aberraciones más lacerantes, pero con un hueco reservado para la (sorpresiva, por poco habitual) bondad desinteresada. El repaso por los altos y los bajos humanos, incluidas sus producciones artísticas, hacen de este un libro inclasificable y magnífico, que nos atrae y aterra en dosis iguales, tal y como hace el misterio al que nos hemos de enfrentar a diario: el de unos seres de apariencia angelical que se comportan como diablos enfurecidos, abandonados a su suerte en un mundo inhóspito sin guía, ni humana ni divina, con los pies de barro y el corazón de látex.

[Charles SIMIC, *El monstruo ama su laberinto. Cuadernos*, traducción de Jordi Doce, epílogo de Seamus Heaney, Madrid, Vaso Roto, 2015, 165 pp.]

Algunos
artículos
(2007-2012)

TRADUCCIÓN COMO FALSIFICACIÓN: VERSIONES Y PERVERSIONES POÉTICAS

Aventura, núm. 1, 2007, pp. 58-72.

> *Para que haya arte, para que haya algún hacer y contemplar estéticos, resulta indispensable una condición fisiológica previa: la embriaguez.*
>
> Friedrich Nietzsche[1]

Cuando se mencionan las traducciones de T. S. Eliot que Claudio Rodríguez elaboró tras su regreso de Inglaterra a mediados de la década de 1960[2], hay una serie de temas que pasan de mano en mano del modo en que los refranes lo hacen de boca en boca: algunos son indicati-

---

[1] Friedrich NIETZSCHE, *Crepúsculo de los ídolos*, "Incursiones de un intempestivo", § 8, introd., trad. y notas de Andrés Sánchez Pascual, Madrid, Alianza, 1973, p. 90.

[2] En rigor, Claudio Rodríguez ya había trabajado en los poemas de Eliot durante su estancia en Inglaterra, tal como relata Dionisio CAÑAS: "El joven profesor también [durante sus años de Cambridge] se inicia en la poesía de T. S. Eliot" (*Claudio Rodríguez*, Madrid, Júcar, 1988, p. 67). Sin embargo, parece que fue en 1966 cuando "[c]omienza a traducir por encargo de una editorial española los poemas de T. S. Eliot" (Luis GARCÍA JAMBRINA, "Hacia el canto de Claudio Rodríguez", en Claudio RODRÍGUEZ, *Hacia el canto*, selección del autor y de Luis García Jambrina, ed. de Luis García Jambrina, Salamanca, Ediciones Universidad de Salamanca y Patrimonio Nacional, 1993, p. 28; posteriormente en "Introducción biográfica y crítica" a Claudio RODRÍGUEZ, *Don de la ebriedad/Conjuros*, edición de Luis García Jambrina, Madrid, Castalia, 1998, pp. 19-20).

vos de arcanas verdades populares, mientras que otros no lo son tanto. Se afirma que Rodríguez tradujo toda la obra poética de T. S. Eliot, a excepción de los *Four Quartets*; también aseguran que el zamorano se acercó a la lírica del angloamericano con recelo, desapasionadamente, tratándola igual que un forense, escalpelo en mano, examina un órgano sajado del conjunto al que pertenece y da sentido; por último, se da por supuesto que ese desagrado personal habría provocado que el interés de Rodríguez por la poesía de Eliot fuera perdiendo vigencia con el transcurrir del tiempo.

Pues bien, a nuestro entender, las tres sentencias anteriores pecan de inexactitud o, cuando menos, están faltas de cierta actualización. En lo referente al primer asunto, esto es, que Rodríguez tradujo la obra completa de Eliot, tenemos constancia de que el grueso de la poesía eliotiana, que integrarían *Prufrock and Other Observations* (1917), *Poems* (1920), *The Waste Land* (1922), *The Hollow Men* (1925), *Ash Wednesday* (1930) y los así denominados "Ariel Poems" (1927-1932), fue con toda probabilidad el objetivo primario de las traducciones. Para verificar esta conjetura, no podemos remitirnos más que a los únicos poemas de Eliot que Rodríguez quiso ver publicados en vida, y no en forma de libro, sino en dos fugaces apariciones, una de ellas ocupando tres páginas del suplemento Literario de *ABC* de 24 de septiembre de 1988[3], y la otra

---

[3] Se publicaron, en las pp. VII-IX, las siguientes traducciones: "La figlia che piange" (*Canción de amor de Prufrock*, 1917) ["La Figlia che Piange" (*Prufrock and Other Observations*)], "El cultivo de los árboles de Navidad" ("Poemas de Ariel", 1954) ["The Cultivation of Christmas Trees" ("Ariel Poems")], "Un canto a Simeón" ("Poemas de Ariel", 1928) ["A Song for Simeon" ("Ariel Poems")], "Histeria" (*Canción de amor de Prufrock*, 1917) ["Hys-

en la primera página del suplemento *Dominical* de *El Correo de Zamora* de 5 de enero de 1992[4]. Después de esta última fecha, y ya fallecido el poeta zamorano, la única publicación que se hizo de las traducciones de Eliot data del año 2000, en el *Boletín de la Fundación Federico García Lorca*[5], donde se incluía, además de varias de las que Rodríguez ya había publicado en *ABC*, una sección de *The Waste Land* inédita hasta entonces[6]. En cuanto a la fortu-

---

tería" (*Prufrock and Other Observations*)], "Miércoles de Ceniza" (1930) [*Ash Wednesday* (l)], "I. El entierro de los muertos" (*La tierra yerma*, 1922) ["I. The Burial of the Dead" (*The Waste Land*)]. A todos ellos les precedía un párrafo introductorio firmado por Claudio Rodríguez y titulado "Porque el principio nos recordará el fin".

[4] Se trata de "El viaje de los Magos" ["Journey of the Magi" ("Ariel Poems", 1927)].

[5] *Boletín de la Fundación Federico García Lorca*, año XIV, n° 27-28, diciembre de 2000, pp. 107-117.

[6] Este número del *Boletín de la Fundación F. G. L.*, realizado bajo el cuidado de Philip W. Silver y Fernando Yubero Ferrero, incluye, con el epígrafe "Seis poemas de T. S. Eliot", los que aparecieron en *ABC*, aunque con las siguientes variaciones: (a) no se encuentra "Histeria" entre ellos; (b) los títulos de los libros a los que pertenece cada poema no son los que Rodríguez había incorporado en las páginas de *ABC*, sino que han sido modificados de esta guisa: (b1) "Ariel Poems" se escribe como si del título de un libro se tratara, esto es, en letra cursiva, y no como la colección de textos que aparecieron dispersos entre 1927 y 1932 y que los estudiosos de Eliot denominan con esa especie de rúbrica, (b2) *La tierra yerma* se ha reducido hasta ser *Tierra yerma*, y (b3) *La canción de amor de Prufrock* es ahora el normalizado *Prufrock y otras observaciones*. Por otra parte, encontramos en las páginas del *Boletín* el inédito "Muerte por agua", que no es sino la parte IV de *The Waste Land* (y que Fer-

na del resto de los poemas, debemos fiarnos de las palabras de los que han tenido alguna noticia al respecto, y de las que se puede inferir que algunos, o la totalidad, de los otros fragmentos líricos que fueron apareciendo en las sucesivas colecciones elaboradas en vida de Eliot[7] habrían sido asimismo traducidos por Rodríguez. No en vano, este atesoraba en su biblioteca personal, presumiblemente al tiempo que realizaba las traducciones, unos *Selected Poems* de 1961, una compilación de versiones castellanas hechas por Dámaso Alonso y otros en 1946 con el título genérico de *Poemas*, y una edición española de 1965 de *La tierra baldía*[8].

---

nando Yubero presenta en las páginas introductorias a las traducciones, sin hacer mención del orden que ocupa dentro del extenso poema eliotiano, como "La muerte por agua"; cf. *Boletín de la Fundación F. G. L.*, ed. cit., p. 100). Igualmente se detecta en los poemas aparecidos en ese *Boletín* una serie de variantes textuales con respecto a las traducciones de *ABC* y *El Correo de Zamora*, variantes de las cuales, debido a la exigida brevedad de este artículo, solo podemos ahora hacernos eco, pero que Fernando Yubero justifica así: "Se han revisado las versiones ya editadas y se han subsanado pequeños errores de edición" (*Boletín de la Fundación F. G. L.*, ed. cit., p. 100).

[7] T. S. ELIOT falleció en 1965, prácticamente al tiempo que Rodríguez preparaba las traducciones de su poesía (cf. la nota 2, más arriba). Las colecciones que se publicaron en vida del angloamericano son: *Poems 1909-1925*, Londres, Faber and Faber, 1925; *Collected Poems 1909-1935*, Londres, Faber and Faber, 1936; *The Complete Poems and Plays*, Londres, Faber and Faber, 1952; y *Collected Poems 1909-1962*, Londres, Faber and Faber, 1963. Tras su muerte también se publicó *The Complete Poems and Plays of T. S. Eliot*, Londres, Faber and Faber, 1969.

[8] El listado completo de las obras de T. S. Eliot que Claudio Rodríguez poseía en su biblioteca personal, y que en la actuali-

Ya hemos advertido al comienzo de nuestra intervención que los *Four Quartets* (1944) quedaron sin recibir una versión claudiana al castellano, pero, haciendo esta salvedad por todos conocida, tenemos la impresión de que hay otros dos libros de Eliot que Rodríguez, por distintos motivos, no llegó a traducir. A riesgo de equivocarnos con el primero de ellos, y desestimando, acaso por improbable, que le fuera desconocido, diremos que el *Old Possum's Book of Practical Cats* (1939) no debió de

dad se encuentra en la Fundación Jorge Guillén de Valladolid, es este: *Tierra baldía*, trad. cast. y prólogo de Ángel Flores, Barcelona, Cervantes, 1930; *Poemas*, versiones cast. de Dámaso Alonso y otros, Madrid, Editorial Hispánica, 1946; *Tierra baldía y otros poemas*, Buenos Aires, Los Grandes Poetas, [1954]; *Sobre la poesía y los poetas*, Buenos Aires, Sur, 1959; *Selected Poems*, Londres, Faber and Faber, 1961; *La tierra baldía*, trad. y estudio de J. M. Aguirre, Zaragoza, [s.n.], 1965; *Criticar al crítico y otros escritos* [*To Criticize the Critic and Other Writings* (1965)], trad. de Manuel Rivas Corral, Madrid, Alianza, 1967; *Poesías reunidas 1909-1962*, vers. cast. e introd. de José María Valverde, Madrid, Alianza, 1978; "Burnt Norton", introd. de Fidel Villar Ribot, Granada, Universidad de Granada, Secretariado de Extensión Cultural, 1988, ed. trilingüe en inglés, castellano y catalán; *The Waste Land, with an Afterword to the 75th Anniversary Edition by Christopher Ricks*, San Diego, Harvest, 1997.

Además de estos volúmenes, Rodríguez poseía ejemplares de los siguientes estudios y miscelánea: Dereck A. TRAVERSI, "*Crimen en la catedral*" *y el drama poético moderno en Inglaterra*, Cuadernos del Instituto de Teatro, n° 6, Barcelona, [s.n.], 1960; D. E. S. MAXWELL, *The Poetry of T. S. Eliot*, Londres, Routledge and Paul, 1966; Northrop FRY, *Eliot*, Madrid, EPESA, [1969]; *100 Eliot*, Granada, Aula de Poesía, 1988, 8 pp. de fotografías; Kay SIBBALD y Howard T. YOUNG, *T. S. Eliot and Hispanic Modernity (1924-1993)*, Boulder, Society of Spanish and Spanish-American Studies, [1994].

llamar la atención de Rodríguez, o que acabó por considerarlo como parte de la obra menor de Eliot, algo que no debe extrañarnos demasiado si pensamos que hasta el mismísimo Eliot estimó oportuno dejarlo fuera de su compilación de 1963[9]. Sin embargo, ese breve volumen lírico resulta de capital importancia para romper con la idea del Eliot monotemático y megalítico al que nos tienen acostumbrados los prólogos unilaterales y los comentarios poco atentos, esos que se refieren en exclusiva a la etapa juvenil eliotiana de la década de 1920[10] en la que, por una parte, formuló sus tesis sobre la teoría clásica de la poesía en tanto que combinación del talento individual que fructifica dentro de una tradición a la que per-

---

[9] T. S. ELIOT, *Collected Poems 1909-1962*, ed. cit.

[10] Y que, como más adelante podremos ver en sucesivas ocasiones, el propio Eliot se esforzó por restarle su papel preponderante a la hora de ser juzgado en tanto que figura señera de la crítica en lengua inglesa. Así, no tenía reparos en mostrarse arrepentido por sus errores pasados, por "la jactancia del hombre de suaves maneras atrincherado y a salvo tras su máquina de escribir", pues, a pesar de que en 1961 se siguiera sintiendo identificado con el autor de los ensayos de juventud, se hacía precisa una salvedad: "Me irrita siempre que se citen las palabras que escribí hace treinta o cuarenta años como si lo hubiera hecho ayer. [...] Todo escritor está habituado a que sus palabras se citen fuera de contexto, de modo que polemistas no demasiado escrupulosos puedan interpretarlas de forma que no corresponde a la intención. Pero todavía es más frecuente citar lo dicho hace muchos años como si se hubiera proferido ayer, porque eso suele hacerse casi siempre sin malicia" (T. S. ELIOT, *Criticar al crítico y otros escritos*, ed. cit., pp. 13-14).

tenece[11] y, por otra, redactó sus ensayos sobre los poetas metafísicos[12]. Las cantinelas para niños del *Book of Practical Cats* distan mucho de ser características del Eliot que nos presentan las campañas publicitarias que lo describen, además de con la trillada declaración de principios que el propio Eliot hiciera en 1928 de "clasicista en literatura, monárquico en política y anglocatólico en religión"[13], como un poeta reseco, flemático, hierático y pétreo, antirromántico hasta tratar de hacer desaparecer la figura del autor, aunque sin llegar al posmodernismo embrionario de William James[14], y

---

[11] T. S. ELIOT, "Tradition and the Individual Talent", *The Egoist*, vol. 6, n° 4, septiembre-octubre de 1919 y vol. 6, n° 5, noviembre-diciembre de 1919, reimpreso en *The Sacred Wood* [1920], Londres, Faber and Faber, 1977, y más tarde en *Selected Essays*, Londres, Faber and Faber, 1932

[12] T. S. ELIOT, "The Metaphysical Poets", *The Literary Supplement*, n° 1031, 20 de octubre de 1921, reimpreso en *Homage to John Dryden* [1924] y más tarde en *Selected Essays*, ed. cit.

[13] En alusión a los ensayos de *For Lancelot Andrews: Essays on Style and Order*, Garden City, NY, Doubleday, 1929, ELIOT entendía en su prefacio que "The general point of view may be described as classicist in literature, royalist in politics and anglo-catholic in religion".

[14] "Precursor de la postmodernidad, William James afirmaba la primacía de la experiencia sobre cualquier principio abstracto y cuestionaba los juicios aprioristicos de corte idealista o materialista. Para él, la realidad era la corriente diversificada y movediza de la experiencia, y la verdad no existía, sino que se hacía en función de sus consecuencias prácticas y experimentales. [...] Eliot coincidía con James en la relatividad del conocimiento y concedía al pragmatismo el mérito de ser una filosofía que respondía a una necesidad vital, pero denunciaba su relativismo

entregado a plasmar en verso su programa filosófico y crítico. Muy al contrario de lo que podría pensarse, las rimas felinas de un Eliot juguetón no son algo pasajero y marginal, sino una más de las múltiples facetas de un iconoclasta de la poesía con apariencia aristocrática y monolítica[15]. Esta misma opinión acerca de los mininos rimados sería la de Fernando Ortiz, quien nos advierte que "[l]a imagen de Eliot sufre una seria mutilación si no

---

extremo y su antropocentrismo" (Viorica PATEA, "Introducción" a T. S. ELIOT, La tierra baldía, trad. de José Luis Palomares, ed. bilingüe de Viorica Patea, Madrid, Cátedra, 2005, p. 30).

[15] Antes de que nadie se lleve las manos a la cabeza y se rasgue las vestiduras por la aplicación que del término "iconoclasta" hacemos con Eliot, es conveniente saber que, en palabras de Jaime GIL DE BIEDMA, "[a]llá en 1917, [...] [Eliot] y sus amigos eran tenidos por unos revolucionarios ruidosos y maleducados" ("Prólogo" a T. S. ELIOT, *Función de la poesía y función de la crítica* [*The Use of Poetry and the Use of Criticism* (1933)], ed., trad. y prólogo de Jaime Gil de Biedma [1955], Barcelona, Tusquets, 1999, p. 11), o que, tal y como el mismo Eliot confiesa recordar, hubo "una época en que una cuestión de lengua poética estaba también en el aire, cuando Ezra Pound proclamó que 'la poesía ha de estar tan bien escrita como la prosa' y él y sus compañeros fuimos calificados de 'bolcheviques literarios' por un escritor del *Morning Post* y de 'ilotas borrachos' (con una intención que siempre se me ha escapado) por Arthur Waugh" ("Wordsworth y Coleridge", en *Función de la poesía y función de la crítica*, ed. cit., p. 106). Asimismo, a propósito de la cita de Joseph Addison "[h]ay, verdaderamente, muy pocos que sepan ser ociosos y honrados o que sepan disfrutar con placeres que no son criminales", un irónico y antielitista Eliot la declaraba en uno de sus ensayos críticos como "[u]na observación que sin duda interesará a las víctimas del paro forzoso" ("La época de Dryden", en *Función de la poesía y función de la crítica*, ed. cit., p. 94).

se tienen en cuenta estos poemas, en los que da rienda suelta, más que en ninguna otra parte de su obra, a su faceta humorística"[16]. Lo que nos hace sospechar que Rodríguez no tuvo noticia de este libro fue que jamás aludió a los versos más ágiles y livianos de Eliot, los del *Book of Practical Cats*, por supuesto, los que le acercaban al sinsentido de Edward Lear o al delirante sueño multiespecular de Lewis Carroll[17], ya que, de haber sido así, es

---

[16] Fernando ORTIZ, presentación en la solapa de la portada de T. S. ELIOT, *El libro de los gatos habilidosos del viejo Possum*, Valencia, Pre-Textos, 2004, 2ª ed. rev. y corregida. No es este el único lugar en el que Eliot despliega su ingenio y su humor, pues en *Prufrock and Other Observations*, excepción hecha del que da título al volumen, sus poemas son, en palabras de José María VALVERDE, "fáciles bromas de amargo sarcasmo" ("Introducción" a T. S. ELIOT, *Poesías reunidas 1909-1962*, ed. cit., p. 15), no más que una desigual ristra de frivolidades, todas ellas compuestas a partir de chascarrillos perfectamente conocidos por el común de los angloparlantes y, sin llegar a lo grotesco, con la voluntad de arruinar la solemnidad de los personajes retratados en ellas.

[17] Que Eliot conocía sobradamente tanto al primero como al segundo, además de en el título mismo *Inventions of the March Hare* (que alude a los inventos improbables del Caballero Blanco y a la liebre de marzo de *Alicia a través del espejo*), queda explícitamente recogido en uno de sus ensayos: "Volvamos ahora, por un momento, a la palabra *runcible*. Es una palabra sin sentido, pero creo que podemos aprender algo acerca de las 'palabras con sentido' al examinar las palabras sin sentido. Las palabras arbitrarias, como *slithy*, *gimble* y *wabe*, que inventó Lewis Carroll, no son puros despropósitos, puesto que definió su significado; tampoco lo es la palabra *spongetaneous*, de Edward Lear. Pero *runcible*, por lo que he podido averiguar, es un puro despropósito, y por serlo no tiene raíz. No puede ser definida"

presumible que el concepto que el zamorano tenía del poeta angloamericano se hubiera visto modificado en algún momento o en alguna de sus declaraciones públicas.

Por otra parte, y para continuar con este primer asunto de la presunta traducción íntegra de Eliot, no hay lugar a la duda en la siguiente afirmación: Claudio Rodríguez no pudo incluir en sus traducciones de mediados de los años 60 el texto de *Inventions of the March Hare*. La primera publicación de esta colección es de 1996, fecha en la que el manuscrito salió de su encierro universitario y vio la luz en forma de gruesa edición filológica[18]. De los doce poemas que componen *Prufrock and Other Observations*, el poemario capital de la juventud de Eliot, seis de ellos ya se habían incluido en su versión íntegra y acabada en *Inventions of the March Hare*[19], y de entre la maraña del poco más de medio centenar de páginas que integran el cuaderno manuscrito pueden rescatarse versiones primitivas de "The Love Song of J. Alfred Prufrock", así como divertimentos a modo de continuación de su imposible canción de amor. La edición de *Inventions of the March Hare* en el mundo anglohablante se recibió de manera desigual, y son representativas de tan distantes recepciones

---

(T. S. ELIOT, "Los fines de la educación", en *Criticar al crítico y otros escritos*, ed. cit., p. 85).

[18] T. S. ELIOT, *Inventions of the March Hare. Poems 1909-1917*, ed. de Christopher Ricks, Londres, Faber and Faber, 1996.

[19] Esa media docena está compuesta por los siguientes poemas: las tres secciones de "Portrait of a Lady", los tres "Preludes", "Rhapsody on a Windy Night", "Morning at the Window", "Mr. Apollinax" y "Conversation Galante".

las actitudes de Michael Donaghy y de Nicholas Jenkins[20]. Donaghy entendió que el libro, tanto por su contenido como por su docta y voluminosa exégesis, no podía ser más que un modo de escarbar entre las cenizas de un Eliot inconcluso, astillado y vacilante, y que solo habría de interesarle a los eliotianos "patológicamente obsesivos" o a los eruditos "profesionalmente obsesos". Por el contrario, Jenkins mantuvo la opinión de que la aparición de *Inventions of the March Hare* suponía "el acontecimiento más significativo de los últimos veinticinco años en el campo de los estudios sobre Eliot"[21]. A medio camino entre ambos comentarios críticos, Dámaso López García, el traductor y prologuista de la edición castellana del poemario, asegura al respecto que "no cabe sino hacerse cargo de este conjunto de poemas como lo que es: un repertorio de posibilidades negadas explícitamente por el autor, posibilidades que habrían podido alterar de manera considerable la imagen del poeta, si se hubieran desarrollado de forma adecuada"[22]. Cabe preguntarse, teniendo en cuenta estos datos, qué habría supuesto para Rodríguez la lectura de este libro de Eliot, qué habría pensado el zamorano de ambos, es decir, tanto del volumen como de su autor. ¿Habría seguido afirmando que toda la escritura del angloamericano era el resultado de un plan preconcebido sobre el cual se tenían que encajar las pie-

---

[20] La del primero apareció en *New Statesman* en septiembre de 1996; la del segundo, en *The New York Times* el 20 de abril de 1997.

[21] Ambas citas, recogidas por Dámaso LÓPEZ GARCÍA en su "Prólogo" a T. S. ELIOT, *Inventos de la liebre de marzo. Poemas 1909-1917*, Madrid, Visor, 2001, p. 13, n. 4.

[22] Ibídem, p. 13.

zas surgidas del impersonal desdoblamiento poético del escritor? ¿O, por el contrario, habría sido más proclive a permitir que la figura de Eliot adquiriese nuevas tonalidades al haber comprobado que el espectro de color se había dilatado?

No es nuestra intención entrar ahora a valorar si la lectura que Rodríguez realizó de Eliot fue todo lo completa y atenta como cabría esperar de aquel. No nos referimos al decir esto a que su conocimiento de la lengua inglesa fuera escaso o torpe, ni mucho menos[23], pues lo

---

[23] La carta que Claudio Rodríguez escribió a Louis Bourne desde Comillas el 22 de agosto de 1978, y a cuya transcripción mecanográfica (realizada por el propio Bourne) hemos tenido acceso privilegiado, es un ejemplo, suponemos que no único, de la habilidad que tenía el poeta zamorano para pasar del castellano al inglés y viceversa, no solo en cuestiones de gramática o de léxico elementales, sino en matices sutiles que precisan de un conocimiento profundo y un manejo experto tanto de la lengua propia como de la aprendida, y que dan fe de que, en el juego de indecibles posibilidades que es la labor traductora, Rodríguez lo tomaba con el mismo aplomo y ansia detallista que haría si de una composición personal se tratase, hecho este que, por otra parte, despeja las posibles dudas que cupieran acerca de lo "buena" o lo "mala" traducción, *desde un punto de vista exclusivamente lingüístico*, que de los poemas de Eliot hizo Rodríguez. Sobre este particular, estimamos oportuno y necesario ceñirnos a las tres máximas que Valentín GARCÍA YEBRA señala como elementales: "La regla de oro para toda traducción es, a mi juicio, *decir todo* lo que dice el original, *no decir nada* que el original no diga, y *decirlo todo con la corrección y naturalidad* que permita la lengua a la que se traduce" ("Prólogo" a ARISTÓTELES, *Metafísica*, ed. trilingüe de Valentín García Yebra, Madrid, Gredos, 1982, 2ª ed. revisada, p. XXVII; subrayados en el original). Cf. también su *Teoría y práctica de la traducción*, Madrid, Gredos, 1984, 2ª ed. revisada, p. 43, donde reproduce el

contrario es lo pertinente en este particular, sino a que quizá la imagen que de Eliot tenía no era todo lo amplia, generosa y sugerente que a otros nos llega. No ponemos en tela de juicio las sentencias acerca de "[l]a concepción católica de la vida, la crítica a situaciones muy concretas de la sociedad británica, la interpretación de, por ejemplo, los viajes de los Reyes Magos"[24] que Rodríguez entendía como fidedignas a la idea del Eliot crítico y público, y que son ciertas en cuanto a la ideología desplegada en la etapa de la década de 1920, e incluso en las posteriores, pues siempre hubo una tensión, nunca resuelta del todo, entre el poeta y el crítico, entre su labor poética experimental y vanguardista y, en el otro plato de la balanza, su actividad cultural cercana al proselitismo. Igual que todo esto es cierto del Eliot más tozudo, no lo es menos el hecho de que él mismo recriminaba, tanto a sus lectores como a sí mismo, el exceso de importancia que se le concedía a los ensayos de los años 20. Así, por ejemplo, en el prefacio a la reedición de 1964 de sus ensayos de 1939, *Función de la poesía y función de la crítica*, Eliot expresaba su deseo de que las posiciones que defendió en los años 20 no acabaran siendo su legado personal a la crítica literaria[25], lo cual podría sonar a disculpa

---

pasaje anterior para después glosarlo así: "Las dos primeras normas compendian y exigen la fidelidad absoluta al contenido; la tercera autoriza la libertad necesaria en cuanto al estilo".

[24] Claudio RODRÍGUEZ, "Claudio Rodríguez o la influencia de todo. Entrevista de Federico Campbell" [1971], en *La otra palabra. Escritos en prosa*, ed. de Fernando Yubero, Barcelona, Tusquets, 2004, p. 224.

[25] "De la misma manera que todo estudiante de literatura que debe exponer sus conocimientos acerca de mi trabajo crítico aprobará el examen, sin duda, si alude a la 'disociación de la

postrera, incluso a respuesta senil y quizá tardía, a la sarta de acusaciones de diversa índole que había recibido a lo largo de su vida. Sin embargo, nada como las palabras de José María Valverde para aplacar los ánimos lapidatorios que pudieran asaltarnos: "[Eliot] se desentendió de aquel manifiesto de 1928 en lo que tenía de militante, para atenerse el resto de su vida a un discreto conservadurismo pesimista"[26].

Es muy posible que la reacción de Rodríguez contra el ensayo *Tradition and the Individual Talent* y contra lo que todo este implicaba, reacción que se recoge en la entrevista que le hizo Federico Campbell en 1971, se debiera a una animadversión personal hacia la figura de T. S. Eliot, lo que efectivamente sería una repulsa lícita a pesar de injustificada, y acaso imprecisa, como lo son todas las pasiones. ¿Cómo juzgar si no las siguientes palabras del zamorano?: "No puedo tener una posición objetiva respecto a Eliot. Es lo que pasa con la gente que te cae simpática o no, y no tienes una explicación razonable. Simple-

---

sensibilidad' y al 'correlato objetivo', así todo crítico que desee presentar una muestra de mis ensayos seleccionará *La tradición y el talento individual*, tal vez el más juvenil y, desde luego, el primero que apareció en letra impresa. Publico nuevamente *Función de la poesía y función de la crítica* con la leve esperanza de que algún antólogo futuro considere representativa alguna de estas conferencias en lugar de *La tradición y el talento individual*" (T. S. ELIOT, "Prefacio a la edición de 1964" de *Función de la poesía y función de la crítica*, ed. cit., p. 35. La trad. de ese "Prefacio a la edición de 1964" es de Jordi Fibla).

[26] José María VALVERDE, "Introducción" a T. S. ELIOT, *Poesías reunidas 1909-1962*, ed. cit., p. 21.

mente es así"[27]. Debemos recibir estos asertos como si se tratara de un alejamiento en espiral de las tesis eliotianas. Es decir, puesto que Eliot presume de una sensibilidad impersonal y de un intelectualismo desligado de lo cotidiano y material como base de partida para la construcción del poema, Rodríguez, que entiende que la poesía es el producto incalculable de la contemplación, del rapto, de la experiencia sensible hecha palabras, contraría al angloamericano precisamente en su punto crítico más distante al suyo, y, en vez de tratar de rebatir sus teorías, pasa de un brinco a un plano personal, a un enfrentamiento dialéctico en el terreno de lo íntimo, que es lo que Eliot nunca habría hecho. Desde luego, la de Rodríguez no parece la respuesta de un intelectual, lo que sin duda era su propósito al responder de ese modo, y al hacerlo así optaba por una posición que le habría de distanciar doblemente de la de Eliot.

Pero las cosas no son tan simples, y los deseos no tienen por qué convertirse en realidades por el solo hecho de haberlos pronunciado en voz alta. Rodríguez habría intentado con sus testimonios situarse en las antípodas de Eliot, igual que este quiso distanciarse de sí mismo cuando se le echaba el tiempo encima. Sin embargo, las coincidencias entre el Rodríguez teorizador y el Eliot del que aquel no quería hablarnos pasan de ser meras casualidades. Veamos dos ejemplos ilustrativos.

El poeta zamorano recriminaba, según sus palabras, a la "lógica pura", es decir, al racionalismo, grandes defectos a la hora de crear poemas vivos y que consiguieran hacer vibrar al lector. La poesía del siglo XVIII, opinaba

---

[27] Claudio RODRÍGUEZ, "Claudio Rodríguez o la influencia de todo", en *La otra palabra. Escritos en prosa*, ed. cit., p. 224.

Rodríguez, era un ejemplo característico de esa aplicación de presupuestos filosóficos concretos a la producción poética, aunque no concluía con ella el elenco de poesía que nacía muerta. Para él, el caso era similar al de "la poesía escrita a partir de ciertos dogmas, políticos, sociales, lo que quieras. Esas posturas *a priori* invalidan, matan la emoción o la frescura auténtica del poema. Por eso Eliot está muy lejos de mí"[28]. No trataba Rodríguez, pues, de atacar cualquier poesía, sino la de Eliot en concreto, habida cuenta de que estas aseveraciones estaban hechas al hilo de las preguntas acerca de sus traducciones. Es pasmosa la similitud que presenta esta respuesta de Rodríguez con lo que Eliot proclamaba en una de sus conferencias: "Toda doctrina que liga estrechamente la poesía a un esquema social o religioso de las cosas se propone, probablemente, explicar la poesía mediante el descubrimiento de sus leyes naturales y se expone siempre al peligro de sujetar la poesía a una legislación obligatoria que aquella no puede aceptar"[29]. Estas palabras de Eliot parecen casi un calco de las de Rodríguez, si no fuera porque se da la circunstancia de que las del primero se pronunciaron algo más de treinta años antes que las de este último. Ambos autores vienen a decir lo mismo: la poesía escrita bajo una normativa impuesta desde cánones sociales, políticos, religiosos o filosóficos resultará en un completo dislate, puesto que los ritmos primigenios de la poesía nada saben de los dictados y los constructos racionales a los que se la quiera amoldar.

---

[28] Ibídem.

[29] T. S. ELIOT, "La mente moderna", en *Función de la poesía y función de la crítica*, ed. cit., p. 178.

Previamente Rodríguez había querido desvincularse del modo de hacer poesía del angloamericano, y para ello había destacado lo que no le gustaba de él, personal y poéticamente, para después pasar a mencionar a alguien más de su agrado, a Dylan Thomas, "muy afín a mí en la visión irracionalista, mágica de la realidad"[30], decía, y, en un movimiento de contraposición a este, para que la repetición surtiese el efecto enfático de desprestigio que buscaba, volvía a modo de colofón a identificar a Eliot con aquello que él consideraba nefasto en la actividad poética. Está claro que la dualidad que recorre estas proclamas no es sino la del racionalismo enfrentado al irracionalismo, siendo Eliot un preclaro adalid del primero y Dylan Thomas su antítesis más fiera y desbocada. Sin embargo, si nos apartamos de aquel fatídico ensayo crítico, el de *Tradition and the Individual Talent*, encontramos pasajes eliotianos como este: "[...] no más que una parte de las imágenes de un poeta proceden de sus lecturas; proceden de su entera vida sensitiva desde la más temprana niñez. ¿Por qué, de todo lo oído, contemplado y sentido a lo largo de una vida, nos vuelven más a menudo que otras ciertas imágenes cargadas de emoción? El canto de un pájaro, el salto de un pez, en un cierto instante y lugar, el aroma de una flor, una anciana en un camino de montaña alemán; seis rufianes que juegan a los naipes, vistos a través de una ventana abierta, de noche, en una pequeña estación francesa de enlace ferroviario donde había un molino. Tales recuerdos acaso posean un valor simbólico, pero no podemos decir cuál: representan profundidades de nuestro sentimiento que nosotros no po-

---

[30] Claudio RODRÍGUEZ, "Claudio Rodríguez o la influencia de todo", en *La otra palabra. Escritos en prosa*, ed. cit., p. 224.

demos atisbar"³¹. En un claro alegato por la influencia y presencia de lo subconsciente en la construcción poética, Eliot pretende rebuscar más allá de las palabras, más allá incluso de las imágenes nítidas que registran nuestras retinas, para bucear en las aguas turbias de los recuerdos velados, allá donde los silogismos ni siquiera logran asomarse, donde las voces, los cantos, los olores y los gestos flotan y se confunden en un caleidoscopio onírico de figuras blandas y mutantes. No parecen estas palabras la declaración de principios que un racionalista implacable haría ante su audiencia, sino, antes bien, la confesión de un curtido artesano de la palabra tratando de ayudar a su público para que comparta con él sus miedos y limitaciones a la hora de moldear la inestable materia prima del poema³². No debemos pasar por alto que, a pesar de los pesares, nos estamos refiriendo al poeta que aprendió de Jules Laforgue la técnica para el control de la emoción dramática hecha palabras, al poeta que pondrá en escena no al héroe en singular batalla épica contra personajes

---

[31] T. S. ELIOT, "Conclusión", en *Función de la poesía y función de la crítica*, ed. cit., p. 188.

[32] A este respecto, al de cómo el subconsciente o el pasado se mezclan con lo racional y el presente, acierta Jaime Gil de Biedma cuando, en sendas notas a pie de página de *Función de la poesía y función de la crítica*, discretamente señala cómo por la mente y los labios de Eliot circulaban algunas frases que le obsesionaban y con seguridad le asaltarían más tarde en sus conversaciones, como ocurría con un verso de Shakespeare proveniente de *La tempestad*, "*Those are pearls that were his eyes*", que se repite en *The Waste Land* en dos ocasiones, o el de "*Donee, I suspect, was such another*", que utilizó como inciso en una de sus conferencias públicas y antes había sido, casi al pie de la letra, un verso del poema "Whispers of Immortality" (véanse las pp. 186 y 103, respectivamente).

igualmente formidables, sino al "atribulado hijo de vecino que se enfrenta diariamente a la realidad y al reflejo que proyecta en su conciencia esa realidad", como bien ha indicado Felipe Benítez Reyes en el prólogo a su versión castellana de *Prufrock and Other Observations*[33].

Claudio Rodríguez releyó las traducciones que había hecho de Eliot con motivo de su publicación en las páginas del suplemento *Literario* de *ABC* de septiembre de 1988. Comentaba entonces al presentar sus versiones que, al releerlas, sentía que había "invadido demasiado con [sus] hábitos lingüísticos castellanos, sobre todo en el aspecto métrico, el estilo del autor, pensando más que nada en la fluidez de la lectura". Lo cual tiene todos los tintes de una confesión de fracaso, o acaso de excesiva traición del original. Esto, antes que concluir en una derrota, consideramos que, contrariamente a lo admitido, revela que la seducción que Eliot ejercía sobre Rodríguez no fue mermando con el transcurrir de los años. Habían pasado más de veinte desde que concluyó sus traducciones hasta que Rodríguez se decidiera a publicar un escueto repertorio de ellas, y ese testimonio de perversión agazapada entre los ritmos de sus versiones eliotianas no pudo deberse a la presunta falta de interés por Eliot que los estudiosos de Rodríguez han tomado como verdad palmaria, ya sea por alusión directa o por el silencio que al respecto de este capítulo de la obra claudiana se desprende de los comentarios críticos. Rodríguez adquirió, después de que ya hubiera traducido a Eliot, no menos de cuatro volúmenes de poesía y crítica del poeta angloamericano, y un número casi igual de estudios

---

[33] Felipe BENÍTEZ REYES, "Prólogo" a T. S. ELIOT, *Prufrock y otras observaciones*, Valencia, Pre-Textos, 2000, p. 15.

críticos, uno de ellos en 1994 y otro en fecha tan tardía como 1997[34]. En nuestra opinión, tanto la relectura que Rodríguez hizo en 1988 de sus traducciones de Eliot como la adquisición de volúmenes de este para su biblioteca personal, lejos de fomentar la imagen de un Claudio desligado de la poesía del angloamericano, presentan a un traductor en permanente estado de alerta con sus propias palabras, y no tanto porque fueran la reproducción de la poesía eliotiana como por tener plena conciencia de haber gestado una criatura insólita, es decir, una creación genuinamente claudiana.

No tenemos constancia de que Claudio Rodríguez elaborara su propia teoría de la traducción de manera precisa y cabal. Sí dejó, sin embargo, unos breves retales dispersos en presentaciones y entrevistas, de entre los cuales merece la pena, debido a su vehemencia y extensión, atender a la respuesta que daba a la pregunta de Federico Campbell sobre si le parecía que un poema es intraducible. En ese momento Rodríguez le respondía que "[s]í, porque al traducirlo se comete una falsificación. Toda traducción, todo comentario sobre el poema, lleva en el fondo la semilla de la falsificación. El poema es esto, y nada más que esto. El poema es inexorable. Las palabras son irremplazables, [...]. Suprimir una palabra equivale a aniquilar el poema; es destruir la experiencia"[35]. Si de algún modo se pudiera, entonces, caracterizar una teoría claudiana de la traducción, esta sin lugar a dudas llevaría como epígrafe el de *Traducción como falsificación*, es decir, traducción como recreación, como nueva creación.

---

[34] Véase la nota 8, más arriba.

[35] Claudio RODRÍGUEZ, "Claudio Rodríguez o la influencia de todo", en *La otra palabra. Escritos en prosa*, ed. cit., p. 224.

Los casos de poetas que opinan de igual manera acerca del papel creador de la traducción de poesía se multiplican. Así, por ejemplo, Charles Bukowski animaba por carta a su traductor alemán, Carl Weissner, para que no desfalleciera a la hora de traducirle tanto a él como a los demás poetas, una labor que, en palabras de Bukowski, debía de ser "endiablada, porque algo que desde luego consigue es dejarte sin fuerzas para ponerte a hacer tu propio trabajo, aunque también te aleja de las fábricas y/o de enseñar literatura en alguna puta universidad en la que las chicas de las primeras filas no dejan de enseñarte los muslos para que les subas la nota"[36]. Lejos de limitarse a estos exabruptos, Bukowski añadía de inmediato que, en relación a la tarea que llevaba a cabo su traductor y confidente, "lo que de verdad importa es el modo en que puedes *mejorar* a esos escritores (yo incluido) al trasladarlos al alemán; parte de tu personalidad se transmite y eso es un acto creativo, amigo mío"[37].

Esa descarga de lo personal, ese vertido de lo propio en lo traducido que convierte a la materia, al vehículo y a

---

[36] Carta a Carl Weissner de 21 de mayo de 1979, en Charles BUKOWSKI, *Living on Luck. Selected Letters 1960s-1970s, Volume 2*, Santa Rosa, Black Sparrow Press, 1995, p. 266. El original dice así: *"for you, I imagine translating can really be hell because one thing it does is keep your energy from getting at and doing your own work but it also keeps you out of the factories and/or teaching literature at some fucking university with the girls in the front rows flashing their thighs at you for grades"*.

[37] Ibídem. En el inglés del poeta de Los Ángeles: *"and what is really important, I think about the ways you can improve on these writers (including me) by putting them into German; part of your personality does enter and that's a creative act, my friend"*. Subrayado en el original.

la construcción final en algo indisoluble del modelo original, pero con sus idiosincrasias genuinas y novedosas, ese incluso *enriquecimiento* del original, era el modo en que también Ezra Pound se acercaba al proceso traductor. Hugh Kenner, en su introducción al volumen de traducciones de Pound, asegura que "tantos principios poundianos se dan cita en la acción del traductor que en sus mejores traducciones se manifiestan como tres naturalezas: como ventanas a nuevos mundos, como homenajes y como personajes de Pound"[38]. La actitud del traductor que encorseta la lengua de origen en los patrones de la lengua de llegada es, precisamente y a sabiendas, la opuesta a la de Ezra Pound[39], quien comparte su noción del oficio del traductor con la que Claudio Rodríguez dejó apuntada en varias ocasiones. Así, en el párrafo que el poeta zamorano había escrito como presentación a las traducciones de Eliot en el periódico *ABC*, entendía que su labor traductora no le había encaminado hacia un asqueamiento por Eliot o la lengua inglesa, sino que, muy al contrario, había provocado un trastrocamiento de su rumbo poético, un replanteamiento de su propio cultivo de la poesía, situación a la que llegaba como desenlace de su reflexión en torno al lenguaje en sí y tras la experiencia

---

[38] Hugh KENNER, "Introduction" a Ezra POUND, *Translations*, Norfolk, CT, New Directions, 1963, ed. aumentada, p. 10. El original dice así: "*It is because so many Poundian principles meet in the translator's act that the best of his translations exist in three ways, as windows into new worlds, as acts of homage, and as personae of Pound's*".

[39] Ibídem, p. 9: "*Numerous foreign poems have been shoved into an idiom invented by Milton, which goes flat the moment the atmosphere is cleared of sulfur. Ezra Pound never translates 'into' something already existing in English*".

vital que la traducción había supuesto[40]. Rodríguez admitía que se había propuesto "realizar el consejo de Fray Luis de León de no limitar [sus] palabras", pues su recombinación novedosa y creativa conducen, tal y como muy bien sabía el propio Eliot y Rodríguez intuía, a una "perpetua novedad"[41].

No por más infiel una traducción resulta peor, aseguraba Pound, asumiendo como premisa de partida que el tiempo dedicado a la lectura de un poema escrito en una lengua extraña a la suya propia tiene que estar justificado por algo más que el mero hecho de saber qué se dice en él. Antes bien, según Pound, cuando se traduce hay que tratar de "construir una forma nueva, similar en su efecto al del original, pero que expanda para siempre las fronteras del verso inglés"[42] o, en el caso de Rodríguez, del verso castellano. De este modo, la traducción "no difiere

---

[40] Son pertinentes a este respecto las palabras de Dionisio CAÑAS acerca de la transformación personal y literaria que acaeció en el Rodríguez posterior a su voluntario exilio británico: "El poeta que vuelve a España en 1964 es otro y el mismo Claudio Rodríguez. Otro, en el sentido que su conocimiento poético y vital se han enriquecido con la experiencia de los años ingleses. El mismo, puesto que en lo esencial su don poético permanece intacto" (*Claudio Rodríguez*, ed. cit., p. 73).

[41] Claudio RODRÍGUEZ, "Porque el principio nos recordará el fin", *ABC*, 24 de septiembre de 1988, supl. "Literario", p. VII.

[42] Hugh KENNER, "Introduction" a Ezra POUND, *Translations*, ed. cit., p. 9. En el original se lee: "[...] *to make a new form, similar in effect to that of the original, which permanently extends the bounds of English verse*".

en esencia de ninguna otra labor poética"[43]. El traductor que no reproduce el original al pie de la letra permanece fiel al ritmo interno de aquel, a sus imágenes o a lo que ambos provocan y entresacan de lo más profundo del lector. Y en eso sin duda consiste el debido tributo que el traductor rinde a la creación original, en asegurarse de que los gestos, los ritmos, se recreen con la certeza de que el resultado no será propiedad ni del creador ni del traductor[44].

Semejante opinión acerca de la naturaleza de la traducción es extensible a lo que esta tiene de ejercicio, un parecer compartido por Rodríguez cuando aseguraba una y otra vez[45] que su acercamiento a Eliot no se había pro-

---

[43] Ibídem, p. 10: *"Translating does not, for [Pound], differ in essence from any other poetic job"*.

[44] Ibídem, p. 12.

[45] Claudio RODRÍGUEZ, "Cada libro y cada poema míos son una aventura controlada", *ABC*, 29 de mayo de 1993, "Cultura", p. 72: "En realidad, me impuse aquella tarea [i.e., la traducción de la poesía de Eliot] como un ejercicio. Yo había ido a Inglaterra y no sabía inglés. Así que tuve que aprenderlo, y aprenderlo bien". Encontramos declaraciones semejantes en "Porque el principio nos recordará el fin", *ABC*, 24 de septiembre de 1993, supl. *Literario*, p. VII, donde C. R. identifica la traducción de Eliot con un "ejercicio o disciplina", y en "Claudio Rodríguez o la influencia de todo", en *La otra palabra. Escritos en prosa*, ed. cit., p. 224, donde aseguraba que "Para mí la traducción de Eliot ha sido un ejercicio mental". Paul Auster, un escritor aparentemente enfrentado al hacer tanto de Pound como de Rodríguez, pero que previamente a su producción novelística fue poeta y, asimismo, traductor, admitía en una entrevista que "[e]l carácter extranjero de estos textos [poemas de Baudelaire, Rimbaud y Verlaine] me amilanaba, como si por estar escritos en

ducido tanto por su interés en la poesía de este como por habérselo propuesto como un ejercicio, como una labor que le ayudaría a lograr el dominio de la lengua inglesa. La traducción tiene un alto contenido de complejidad técnica, pero, a diferencia de la composición poética, no es tan exigente en cuanto a la carga emocional y cerebral que hay que volcar sobre ella. Por esta razón, esto es, por ser menos agotadora que la escritura original, Pound "recomendaba la traducción como ejercicio indicado para los jóvenes poetas acosados por la tendencia de que lo que tratan de expresar sufra las transformaciones oportunas"[46]. En otras palabras, hay una impres-

---

una lengua extranjera no fueran reales, y solo cuando empecé a traducirlos al inglés comencé a entenderlos. En ese momento, era una actividad estrictamente personal, un método para comprender lo que leía, y no tenía intenciones de publicar lo que hacía" ("La traducción. Una entrevista con Stephen Rodefer" [1985], trad. de María Eugenia Ciocchini, en *Experimentos con la verdad*, Barcelona, Anagrama, Colección "Compactos", 2004^2, p. 143).

[46] Hugh KENNER, "Introduction" a Ezra POUND, *Translations*, ed. cit., p. 10: *"Pound [...] recommended translation as an exercise to young poets plagued by the tendency of what they are to trying to express to undergo expedient transformations"*. Paul Auster también reflexiona sobre los comentarios de Ezra Pound acerca de la traducción como ejercicio indicado para jóvenes poetas: "A esa edad [diecinueve o veinte años] las ambiciones son enormes y uno no tiene necesariamente las herramientas para llevarlas a cabo. [...] Durante aquellos años me esforcé duramente para encontrar mi camino y sobre la marcha descubrí que la traducción era un ejercicio muy útil. Pound recomienda la traducción a los jóvenes poetas y creo que eso demuestra una gran lucidez. [...] Un joven poeta aprenderá más del método de Rilke para escribir sonetos intentando traducirlos que es-

cindible y paciente labor interpretativa y reconstructora que realizar previa al ejercicio traductor en sí, hay que dedicarse al andamiaje técnico como rutina preliminar en tanto que actividad fundamentadora de la manufactura que se desea obtener.

Resulta llamativo comprobar cómo dos poetas de la talla de Claudio Rodríguez y de Ezra Pound (quien, como es bien sabido, resultaría indispensable en la formación del joven Eliot y en el desarrollo del Eliot maduro), tan distantes entre sí tanto en lo geográfico como en lo personal y lo estético, coincidan con el Bukowski más lírico, el de la década de 1970, y con una buena retahíla de otros poetas. Por mor de la brevedad, mencionaré tan solo a tres poetas que traducen poesía.

El primero, Roberto Mascaró, quien, en nota aclaratoria a sus versiones de Tomas Tranströmer, asegura que "[m]ás que *traducir* me gusta el término *transcrear*. Más que *traducción* me gusta el término *versión*"[47], y nos aclara que el advenimiento de una versión poética requiere de una espera solitaria y paciente, de una búsqueda sostenida de los rumores y los ecos, si lo que se pretende es lograr que renazcan estos bajo el ululato castellano. Mascaró propone cuatro sinónimos con los que denominar este alumbramiento feliz y milagroso: "[r]e-generación, recreación, transcreación, escritura poética"[48].

---

cribiendo un ensayo al respecto" ("La traducción", en *Experimentos con la verdad*, ed. cit., p. 144).

[47] Roberto MASCARÓ, "Sobre esta versión", en Tomas TRANSTRÖMER, *Para vivos y muertos*, Madrid, Hiperión, 1992, p. 11.

[48] Ibídem, p. 12.

Otro poeta traductor de poesía es Ron Padgett. En su prefacio a la traducción inglesa de la poesía completa de Blaise Cendrars, Padgett advierte que "es habitual que los traductores se disculpen por no hacerle justicia al original"[49], como si se tratase de una competición en la que uno de los dos textos, el original y su versión, se disputasen la gloria del cajón más elevado, del brazo en alto que levanta el árbitro una vez concluido el pugilato. En contra de esta noción de la traducción como justa o injusta, Padgett nos acerca a la que ya conocimos de mano de Ezra Pound y Claudio Rodríguez: el traductor tiene el derecho de tomarse las licencias que estime oportunas al recrear el poema bajo una forma novedosa, que no es sino "otro modo de ser fiel al original"[50]. Esta actitud no implica el deseo de pasar a escondidas errores de interpretación o meros descuidos imperdonables bajo el manto de una palabrería que los justifique; muy al contrario, su pretensión es la de aclarar que un exceso de reverencia hacia el original es perjudicial para el triunvirato formado por el creador, el traductor y el lector, y que cierto distanciamiento se hace preciso para que el inglés de Eliot reviva en las cadencias castellanas, o para que el francés de Cendrars se vuelque en poesía americana, y, en palabras de Padgett, "si eso implica apartarse un poco del original, eso es lo que hago"[51].

Pero el que de veras lleva estas premisas hasta su paroxismo y no duda en cruzar el último puente que le se-

---

[49] Ron PADGETT, "Translator's Preface", en Blaise CENDRARS, *Complete Poems*, Berkeley, Los Ángeles y Oxford, University of California Press, 1992, p. IX.

[50] Ibídem, p. X.

[51] Ibídem.

para de la obra original es Leopoldo María Panero, quien, en su prólogo a la *Matemática demente* de Lewis Carroll, no califica a la traducción de creación literaria sino de transformación alquímica, no de versión sino de perversión[52]. Panero insiste en que una traducción es "una operación literaria, creadora, si es que lo traducido es literatura y si se quiere, efectivamente, traducirlo: más creadora, literaria incluso, que el original traducido, puesto que [...] la traducción de una obra literaria es *imposible*: en primer lugar porque, como dice Paz [...], "cada texto es único"[53], en segundo lugar porque, como Sapir demostró

---

[52] Leopoldo María PANERO, "Sobre la traducción", prólogo a Lewis CARROLL, *Matemática demente*, ed. y trad. de L. Mª Panero, Barcelona, Tusquets, 1995⁷ [1975], p. 16.

[53] Esta sentencia del Premio Nobel de Literatura nos trae de inmediato a la memoria aquella reflexión de Rodríguez en la que juzgaba que "[e]l poema es esto, y nada más que esto. El poema es inexorable. Las palabras son irremplazables, [...]. Suprimir una palabra equivale a aniquilar el poema" ("Claudio RODRÍGUEZ o la influencia de todo", en *La otra palabra. Escritos en prosa*, ed. cit., p. 224). Merece la pena reproducir el pasaje del que Panero había extraído las palabras de Octavio PAZ: "En un extremo el mundo se nos presenta como una colección de heterogeneidades; en el otro, como una superposición de textos, cada uno ligeramente distinto al anterior: traducciones de traducciones de traducciones. Cada texto es único y, simultáneamente, es la traducción de otro texto. Ningún texto es enteramente original porque el lenguaje mismo, en su esencia, es ya una traducción: primero, del mundo no-verbal y, después, porque cada signo y cada frase es la traducción de otro signo y de otra frase. Pero este razonamiento puede invertirse sin perder validez: todos los textos son originales porque cada traducción es distinta. Cada traducción es, hasta cierto punto, una invención y así constituye un texto único" (*Traducción: literatura y lite-*

y Marx dijo, 'las ideas no existen separadas del lenguaje': por consiguiente [...], [c]ada lenguaje es un universo distinto"[54]. No hay lugar para el encuentro entre dos orbes tan distantes y tan divergentes como lo son una pareja de sistemas lingüísticos paralelos, aunque acaso quepa la posibilidad, sugiere Panero, de expatriarse a otro imposible, a la alquimia, cuyo "objetivo máximo" era "lograr 'la unión de lo que no puede unirse' —el espíritu y el cuerpo—"[55], lo cual, traspasado a los ingredientes de la traducción, correspondería al intento de "síntesis de letra y sentido, sentido y significado, que es también 'la unión de

---

ralidad, Barcelona, Tusquets, 1981² [1971], p. 9). Las conclusiones a las que estas premisas nos conducen no pueden ser otras sino que "[t]raducción y creación son operaciones gemelas. [...] Los estilos son colectivos y pasan de una lengua a otra; las obras, todas arraigadas a su suelo verbal, son únicas... Únicas, pero no aisladas: cada una de ellas nace y vive en relación con otras obras de lenguas distintas" (Octavio PAZ, Traducción: literatura y literalidad, ed. cit., pp. 16 y 17).

[54] Leopoldo María PANERO, "Sobre la traducción", prólogo a Lewis CARROLL, Matemática demente, ed. cit, p. 15; subrayado en el original. Palabras similares a las de Panero son las que Jaime GIL DE BIEDMA escribía en 1955 para su "Prólogo" a T. S. ELIOT, Función de la poesía y función de la crítica, ed. cit., p. 28: "Como todo traductor, empecé mi tarea decidido a guardar una fidelidad literal al texto extranjero para advertir muy pronto que la traducción literal es a menudo la más infiel, porque conceptos equivalentes poseen en cada lengua un valor idiomático distinto; no queda otro remedio que apartarse de la letra. Si traducir es siempre traicionar, mejor traicionar a conciencia y con toda la ciencia de que uno sea capaz".

[55] Leopoldo María PANERO, "Sobre la traducción", Prólogo a Lewis CARROLL, Matemática demente, ed. cit., p. 16.

lo que no puede unirse'"[56]. Así pues, continúa Panero, dado que la traducción debe ser un procedimiento literario en el único sentido que cabe otorgarle, esto es, el de ser una *operación alquímica*[57], y ya que una síntesis es, según los dictados de Hegel, la negación de la negación, esto es, la destrucción de ambos contrarios, una traducción debería ser la perversión de ambos polos. "[S]i queremos salvar a un tiempo la letra y el sentido del original [...] solo lo lograremos *a costa de ambos*, cuando el sentido per-vierta a la letra, y la letra al sentido. Solo por su recíproca anulación podremos *conservarlos*, restituirlos en un tercero que será, y no será, la tesis (la letra) como la antítesis (el sentido). Este tercero [...] será la per-versión"[58].

De este modo, y a la luz de lo que acabamos de exponer, la reflexión que Claudio Rodríguez hacía en aquel párrafo de presentación a sus versiones de Eliot en *ABC*, lejos de ser la confesión de que había invadido el original con sus hábitos lingüísticos castellanos, es la prueba fehaciente de que, en realidad, tenía la certidumbre de que, después de su traducción, el original había quedado de hecho desplazado, que ya no importaba demasiado su contenido, pues se había transmutado definitivamente en una versión, o perversión, claudiana. "El error fundamental del traductor es que se aferra al estado fortuito de su lengua, en vez de permitir que la extranjera lo sacuda con violencia", sentenciaba Walter Benjamin en su ensayo "La

---

[56] Ibídem.

[57] Ibídem.

[58] Ibídem, pp. 16-17.

tarea del traductor"[59]. Benjamin abogaba por una traducción que se alejase del original, no porque este fuera pobre o insignificante, sino porque era el producto de su tiempo y porque su materia prima, el lenguaje, estaba expuesto al envejecimiento y la caducidad. El buen traductor, observaba el filósofo berlinés, tendría que ser capaz de encontrar en un texto de otro tiempo todo aquello que le resulta imposible de percibir al lector ocasional, intervendría con su pericia hasta el punto de actualizar el mensaje soterrado del original, de traerlo de nuevo a la vida. Visto de este modo, no habría de preocuparnos si la traducción resulta más o menos fiel al original: lo que de veras sería meritorio es que este habría logrado sobrevivir gracias a aquella. Pero también exhortaba Benjamin al traductor a que propiciara un encuentro con las formas genuinas del original, a que se remontara hasta "los últimos elementos del lenguaje, donde la palabra, la imagen y el sonido se confunden en una sola cosa" y a que ampliara y profundizara "su idioma con el extranjero"[60], tal como Rodríguez nos decía que se había percatado de que le había sucedido a él mismo con las traducciones, es decir, que no solo había creado algo legítimamente suyo, sino que, con su traición a los cánones traductores, se había

---

[59] Walter BENJAMIN, "La tarea del traductor", en Miguel Ángel VEGA (ed.), *Textos clásicos de teoría de la traducción*, Madrid, Cátedra, 1994, p. 295. La trad. de este ensayo es de H. P. Murena. Cf., a este respecto, el "Prólogo" (Parte I, "Lo que por fin dijo Benjamin") de Leopoldo María PANERO a Edward LEAR, *El ómnibus, sin sentido*, Madrid, Visor [Alberto Corazón, editor], 1972, pp. 7 y 8.

[60] Walter BENJAMIN, "La tarea del traductor", en Miguel Ángel VEGA (ed.), *Textos clásicos de teoría de la traducción*, ed. cit., p. 295.

visto reformada su propia lengua y, además, había traído hasta la orilla a un Eliot náufrago y a la deriva. En su meditación final, después de más de veinte años de que las hubiese archivado, Rodríguez presentaba en público sus traducciones porque tenía la convicción de que el valor que se hacía preciso estipularles nunca prescribiría: "En fin", concluía, "sirvan como acompañamiento al gran poeta, a la poesía imperecedera"[61].

---

[61] Claudio RODRÍGUEZ, "Porque el principio nos recordará el fin", *ABC*, 24 de septiembre de 1988, supl. *Literario*, p. VII.

FRIDA KAHLO: LA VOZ DE LOS MUDOS, LOS OJOS DE LOS CIEGOS

Luke, núm. 88, septiembre de 2007.

Me he quedado con cara de pasmo al leer una reseña de Juan Luis Calbarro sobre Frida Kahlo, y no por la reseña en sí –breve, pero jugosa–, sino por el asunto de la Kahlo, que (al menos así me lo parece a mí) me viene persiguiendo desde hace unos cuantos años. Yo a la Kahlo, a su obra, quiero decir, la consideraba como una de esas pintoras que echan los bofes, las lágrimas, la rabia de juventud sobre el lienzo, igual que hacen los poetas durante la adolescencia, que escriben con toda su pasión y convicción, pero con malas maneras o falta de organización general (o visión de las cosas). En fin, casi no hace falta detallar a qué me refiero: cuadros (o poemas) que mejor haríamos si los quemásemos, pero que preferimos leérselos a amigos, vecinos, tíos, primos y ex-novias, como si con ello nos fuéramos a ganar el aplauso general, algo que, por otra parte, nos ganamos, claro, pero como compromiso social por no hacernos caer en el más insondable de los bochornos. Por debajo se sonríen todos, por los adentros les recorre una mezcla de tedio y sorna, pero lo que a nosotros nos dejan ver es una condescendiente complacencia. Algo así es lo que me transmitían a mí los cuadros de la Kahlo: bochornosos por lo confesionales de su tema.

Entonces sucedió que fui a vivir a Chicago, y allí tuve alumnos y, sobre todo, alumnas mexicanas. No estoy seguro del todo de cómo fue, pero en algún momento, después de conocerles mejor, de escuchar sus historias, las historias de sus padres y abuelos y familia que quedó allá en México, y ellos emigrados a las nevadas praderas del Medio Oeste americano, se me prendió una luz que conectó lo que ellas me relataban con las pinturas de la Kahlo. Entonces dejaron estas de tener un carácter confesional para mostrarse como pintura colectiva: una mujer mexicana, generalmente relegada a un segundo o tercer o cuarto plano, después del hombre, después de los ancestros, casi después de los perros del rancho, hablaba con la voz de todas las mujeres mexicanas, de todos los pueblos indígenas incluso, y lo que aparentaba ser un desarrollo personal y obsesivo se transformó en la voz de quienes no tienen voz. Algo así como los relatos de Rulfo, o como sus fotografías en blanco y negro. La voz y los ojos de quienes están mudos y ciegos porque no les dejan ni hablar ni mirar ni ver ni casi vivir.

Se me ocurrió, al caso, llevarles a mis alumnas algún libro sobre la Kahlo, y compré algunos que me parecieron más ilustrativos, fijándome más en la calidad de la imagen que en el brillante texto de algún erudito, y de entre ellos destacaba el de Taschen, claro (el consagrado a ella, así como el dedicado al elefante de su marido –cito a la madre de Kahlo con motivo de la boda de ambos: el matrimonio de una paloma y un elefante, dijo entonces–), y aunque Rivera no despertaba ninguna pasión entre mis alumnas, las pinturas de Kahlo fueron pasando de mano en mano. Después busqué algún documental, que encontré, y lo convertí todo en una sesión de clases: primero hablábamos –aprovechando la mezcla de mexicanos y afroamericanos en mis clases–, después veíamos el libro y el documental, y por fin me los llevé al museo de arte mexicano que se encuentra en la Villita, el barrio mexicano de Chicago, y que, además, coincidió entonces que atesoraba una buena muestra de arte de Oaxaca –alfarería, sobre todo, de barro negro, típico de la zona–, lo cual les llamó mucho la atención. En fin, pensé incluso en que vieran *Frida*, la película con Salma Hayek interpretando el papel de la Kahlo, pero como en ella se enseña demasiada carne femenina, me quedé con las ganas. La normativa sobre lo que se proyecta en el aula de las escuelas públicas de Chicago es estricta –y trata como delito que no la observes a rajatabla–, de modo que me limité a alquilarla para que la pudieran ver en sus casas aquellos a quienes les interesase. Al final, antes de venirme para acá, regalé los libros, las cintas de vídeo, todo, a las alumnas que más interés habían puesto. Y no fueron solo las mexicanas, porque buena parte de las chicas negras también se identificaban con las cuitas que la Kahlo desplegaba en sus pinturas, además de que me hacían saber que el rostro de la pintora les parecía de lo más hermoso, tan doloroso y terrorífico como inquietante y plástico, las cualidades propias del misterio, que atrae tanto como repele. Toda una grata sorpresa para mí, desde luego.

    El caso es que, una vez de vuelta en Zamora, no sé bien cómo ni por qué, a mi mujer le empezó a interesar la obra de la mexicana, de modo que busqué y me hice con un ejemplar del librito de Taschen, que lo recordaba como el que más me había llegado a mí como *amateur* de la pintura. Y ahora viene Juan Luis Calbarro con sus comentarios, que me hacen pensar en lo que, de alguna manera, estaba latente por algún sitio de mis memorias americanas, esa mezcla de lo que se quiere recordar y olvidar.

TRADICIÓN Y RUPTURA: EL CUENTO DE NUNCA EMPEZAR

Luke, núm. 89, octubre de 2007.

Cuando la novela juega a disfrazarse de otros géneros con la intención de no ser ninguno, la reacción de algunos editores es la de rechazar los manuscritos en virtud de lo que ellos denominan carencia de tensión en el hilo argumental. Llegan, incluso, a poner en duda que exista la más mínima traza de hilo, argumentando que las tramas no están lo suficientemente hilvanadas como para tejerse ni la más minúscula de las minifaldas. No deja de resultar sorprendente que se trate de buscar una trama, digamos, clásica, a textos que voluntariamente la esquivan, aunque más chocante resulta aún que semejantes varapalos lleguen acompañados de observaciones sobre protagonistas que a los editores se les antojan más cotidianos que dramáticos: aseguran que esos sucedáneos de relato tienen como protagonista a algún individuo que se encuentra metido hasta el cuello en cualquier peripecia ordinaria, rodeado de personajes vulgares, acaso con retazos de caricatura, pero desde luego nada calamitosos, desventurados ni patéticos. Es decir: todo lo contrario al compendio que ellos estiman que debe ser un héroe novelesco.

Apuntemos ya al meollo de la cuestión: el de la naturaleza aparentemente rota de esas novelas rechazadas, el del juego entre realidad y ficción, el de unos personajes que no existen más que en su silencio recreado por un lector no poco impenitente, y el del maridaje de géneros bajo un solo epígrafe. Permítaseme ahora que, velozmente, repase una nómina de autores que han jugado con la intertextualidad, el matrimonio de formas y géneros y la ruptura de la trama argumental. Hablemos del Javier Cercas de *Soldados de Salamina*, de Chuck Palahniuk en *Fantasmas*, del Céline de *Fantasía para otra ocasión*, del Cortázar de *Rayuela* y del Nabokov de *La verdadera vida de Sebastian Knight*, incluso de Saul Bellow en *Herzog*, el sobrenombre que le dio a Delmore Schwartz para, a través de sus cartas, relatar el declive y el infortunio del escritor americano. Hablemos también de Fernando Vallejo en todas sus novelas, y en particular en *El mensajero*, su biografía de Porfirio Barba Jacob, en el que el relato de la búsqueda de datos sobre los paraderos y quehaceres diarios del biografiado se convierte, como por arte de magia, en la propia biografía; o de Ricardo Piglia en *Respiración artificial* y en *El último lector*, y si se me apura un poco en *Crítica y ficción*, legibles todas ellas en clave de proto-autobiografía. Y es que dicen que dijo Emerson que en el futuro, es decir, hoy, la novela sería autobiográfica.

Hace un tiempo cayó en mis manos, casi por casualidad, *Autobiografías ajenas: Poéticas posteriores*, de Antonio Tabucchi. Además de varias secciones dedicadas a la evocación del otro a través de la palabra, es decir, a la naturaleza chamánica o de médium que posee la literatura (por ser capaz de convocar fantasmas delante del lector), amén de las reflexiones sobre el carácter novelesco de la autobiografía y la naturaleza autobiográfica de la novela, recomiendo encarecidamente la última sección, la que tiene por objeto la novela del propio Tabucchi *Se está haciendo cada vez más tarde*. Dice Tabucchi que decía Pirandello que lo dramático es el anverso de lo cómico, que es su reverso, pues ambas son cara y cruz de una misma moneda. Según sus apreciaciones, lo dramático, en tanto que sinónimo de lo trágico, no se opone a lo cotidiano, tal y como sugieren los análisis de la nueva hornada de editores *clásicos*, sino a lo esperpéntico. Es precisamente este asunto lo que me resulta particularmente conflictivo, es decir, el uso que se quiere hacer del término "dramático". Los nuevos editores, que hemos venido en denominar *clásicos*, pretenden que "dramático" y "clásico" vayan de la mano en la exposición que hacen de su poética de lo novelesco. Sin embargo, ¿en qué canon se señala que la literatura tenga que tener el drama (o la farsa) como objetivo o como escenario exclusivos? ¿Dónde se recoge la normativa que instituya lo dramático como modelo de referencia y de construcción de lo novelesco? La única alusión que conozco al respecto es la de Aristóteles en su *Poética* (59a17-19), en la que se señala que "en la epopeya, como en las tragedias, se debe estructurar las fábulas de manera dramática". ¿Es esto a lo que se acogen los editores cuando confiesan, y acaso aconsejan, su predilección por lo clásico?

Por los mismos derroteros que los dos anteriores, es decir, *Crítica y ficción* de Piglia y el capítulo último de *Autobiografías ajenas* de Tabucchi, transitan asimismo *Los testamentos traicionados* de Kundera, *Entre paréntesis* y *El gaucho insufrible*, ambos volúmenes de Roberto Bolaño, o *Trópico de Cáncer* de Henry Miller, el gran cajón de sastre literario, en el que se incluye de todo en cualquier momento, venga o no venga a cuento. Pienso también en Enrique Vila-Matas y su *Bartleby y compañía*, y aun en Salvador Elizondo y su *Farabeuf, o la crónica de un instante*, que no es sino el lenguaje que habla del lenguaje con apariencia de contar una historia (en realidad, tan solo un instante, como reza el subtítulo). Otros anti-clásicos: Robert Musil (*El hombre sin atributos*), Eduardo Lago (*Llámame Brooklyn*), Guillermo Cabrera Infante (*Tres tristes tigres*), Alan Lightman (*Los sueños de Einstein*), Bret Easton Ellis (en *Glamorama*, por ejemplo), Félix de Azúa en su *Diario de un hombre humillado*, en apariencia decimonónica por su formato de diario y por su tono a lo Dostoyevski, pero con un pie en el siglo XXI, Blaise Cendrars (*Moravagine*), Agustín Fernández Mallo (*Nocilla Dream*), J. G. Ballard (*The Atrocity Exhibition*), Alasdair Gray (*Poor Things*, un ejemplo febril de cómo el melodrama trivial de lo cotidiano se torna sorprendentemente trágico, pesado), Abilio Estévez en *Inventario secreto de la Habana*, colección de retales a medio camino entre la realidad y la ficción, entre la crónica y la fábula, entre el recuerdo y las citas, entre lo actual y lo mítico, o, por fin, la Virginia Woolf de *La Sra. Dalloway*, en la que no sucede absolutamente nada más que lo que sucede en la cabeza de la narradora, es decir, palabras.

Por si alguien busca una novela cuya trama sea tan sutil que ni siquiera sea palpable, recomiendo la lectura de *Alfred y Ginebra* de James Schuyler, en la que jamás se llega a una resolución, por inexistente, de un relato que se desarrolla implícitamente en diálogos, entradas de diario y cuentos que se narran uno a otro los personajes. Este me trae a la mente otro título, el de las *Crónicas de motel* de Sam Shepard, acumulación de anotaciones, registros y poemas que, por su lirismo, su lenguaje, sus ambientes y sus motivos tan americanos, darían pie a la película *Paris, Texas*, a pesar de no tener trama alguna, y ni siquiera hilo conductor detectable a primera vista. También F. Scott Fitzgerald haría algo parecido en *La grieta* (*The Crack-Up*), sus legajos reunidos en forma de aparente autobiografía, pero que no es sino una serie de diálogos, entradas de diario, cartas, escenas dramáticas, comentarios sobre literatura, arte y sociedad, todos ellos escritos cuando ya no tenía que complacer a nadie ni a nada, y cuando, paradójicamente, consigió su prosa más firme y distinguida, justo cuando la trama no le exigía ni una línea ni una forma geométrica concreta, cuando su escritura pasó a justificarse por sí misma. Y, por supuesto, no puedo dejar pasar a Laurence Sterne y su *Tristram Shandy*, el rey del mambo en cuanto a novela anunciada, aplazada y nunca concluida, ya que, no en vano, el protagonista del libro, del que se ha prometido relatar su vida y opiniones, no nace hasta el segundo tercio de la novela.

Dejo al margen todos los declaradamente postmodernos, o los que han coqueteado con esta tendencia ya incluida en los manuales de literatura, y que salen hasta de debajo de las piedras (Vollmann, DeLillo, Fairbank, Coover, Gibson, Federman, Sukenick, Wallace...). Y paro ya, que no se trata de aburrir, sino de ilustrar.

Voy a concluir, abusando a estas alturas de la, seguramente, delgada paciencia del lector, con unas meditaciones a propósito de *Bajo el signo de Marte* de Fritz Zorn, el relato de un hombre de treinta y dos años enfermo de cáncer y que se sabe abocado a una muerte temprana. El editor del texto, en un extenso Prólogo, quiere presentarnos el caso de Zorn como una tragedia. Sin embargo, en sí, el acontecimiento principal, la enfermedad de un pequeñoburgués al borde del sueño eterno, es trágico en tanto que el protagonista del drama, según la dramaturgia clásica, fallece al final del mismo, pero no en cuanto hecho exclusivo y único ni por ser esta una situación desamparada. El cáncer de este individuo, del tal Fritz Zorn, no es distinto ni más patético que el de miles de sujetos atacados por el mismo mal: lo que lo hace genuinamente distintivo es el tratamiento que del mismo hace su narrador, el hecho mismo de narrarlo, y la consumación meditativa que le instila en sus propios textos adjuntos que conforman las segunda y tercera partes del volumen. Resulta, en fin, lamentable que esta nueva hornada de editores defensores de la tradición *clásica* se opongan a lo que hace que esa misma tradición florezca: respetarla para contrariarla. ¿No se percatan de que sus juicios encierran una contradicción desmesurada? ¿No es, además, el mismo criterio que se aplica a las novelas para adolescentes: que traten de algún tema? ¿No es contravenir, en fin, el fundamento mismo del arte narrativo, que no es otro sino el de hacer que el lenguaje se desperece, bostece un par de veces, se haga crujir los nudillos y se ponga a trabajar picando, arañando, raspando y triturándose a sí mismo?

TÍTULOS, TRADUCCIONES Y DESATINOS: EL CASO BUKOWSKI

Luke, núm. 90, noviembre de 2007.

Lo que hasta hace no demasiado parecía ser tan solo una tendencia, más o menos esnobista, hoy se nos ha hecho tan habitual que a nadie le llama la atención. Me estoy refiriendo a los títulos de películas que los publicistas prefieren dejar en su original, generalmente inglés, en lugar de ofrecer al intrépido espectador una traducción de esos títulos. ¿Razones? Seguramente ninguna. Porque no se puede calificar de razón a la mera excusa de que un título en inglés suena mejor en esa lengua que en español, o que verterlo al castellano sería un malabarismo disparatado y rompería el efecto, el impacto, de la brevedad anglosajona. Sí, es cierto: el inglés tiende a la concisión, y el español a desparramarse. Claudio Rodríguez lo sabía y por eso leyó a los románticos ingleses, para aprender de ellos la mesura y la concisión del verso inglés. Pero lo que se ha conseguido manteniendo los títulos en inglés es una generación de aguerridos espectadores que, con ímprobos esfuerzos, tratan de que el título sajón suene lo menos castellano posible. Porque es un lugar común que en este país, en el que todos sabemos inglés, en realidad nadie lo habla. Querría pensar que esa tendencia de los títulos no traducidos de películas no es sino el movimiento natural del péndulo, rozando ahora el punto álgido del extremo opuesto al que alcanzó el siglo pasado, para contrarrestar así el exceso de casticismo que invadió las letras españolas. ¿Recuerdan al castellanizado "Óscar Wilde", con tilde sobre la O mayúscula? ¿O a "Federico Nietzsche", o incluso a "Segismundo Freud"? Entonces, en lugar de insignes pensadores, se transformaban, sin oprobio de estas profesiones, en el pescadero y el repartidor del butano. De manera que, si me lo permiten, voy a tomar cierta perspectiva, la que conceden, digamos, unos quince o veinte años, para observar por dónde van los tiros y, después de transcurrido ese tiempo, realizar un juicio lo más mesurado posible al respecto.

Hoy, sin embargo, y quizá al hilo de lo que comentaba antes, querría comentar algo que no admite excusas, porque no las tiene, y para lo que, como mucho, podrá esbozarse alguna explicación más o menos afianzada en el objetivo último de algunas editoriales, que no es otro sino el de hacer dinero contante y sonante. Estaba pensando, en relación con esto último, en los títulos con los que la editorial Anagrama ha presentado la narrativa del estadounidense Charles Bukowski al público lector español. Comencemos, por ejemplo, con una colección de relatos y poemas, *Septuagenarian Stew*, que ningún editor que quiera sacarle algún dinerillo al libro se atreverá a ponerlo en una portada de su catálogo. Porque una traducción mínimamente honrosa tendría en cuenta que "stew" es un guiso, un estofado, ya saben, un perol lleno de pedazos de carne y de zanahorias, patatas, puerros, quizá una cebolla en rodajas, todo ello cociendo a fuego lento para que espese y coja consistencia. En cuanto al adjetivo "septuagenarian", no es más que "septuagenario", desde luego, o sea, relativo a los setenta años. Y es que Bukowski acababa de superar la barrera de esa edad cuando lo escribió. No es más que eso. Pero no: un guiso, un estofado septuagenario no es un título que case con la imagen de maldito y borrachuzo que querían construir para el poeta de Los Ángeles; cómo iban los editores a presentar al más indecente de los degenerados americanos con un estofado en la portada de un libro. Es preferible, en su lugar, el otro de *Hijo de Satanás*, que engancha mucho más porque apunta hacia el lado perverso del lector, se dirige a ese Mr. Hyde que todos nosotros, humildes y bienintencionados doctores Jekyll, cargamos bajo el dobladillo del pantalón. Pero la sorpresa llega cuando se descubre que el título del primer cuento de la colección es, precisamente, "Son of Satan", que ha habido intencionalidad y premeditación del editor: no era más que una artimaña, y traída por los pelos, que todo hay que decirlo. Y querrán exculparse los de Anagrama con un: Bueno, nos hemos inspirado en una práctica poética habitual, la de hacer que un poema sin título adopte el primer verso a modo de epígrafe. Y entonces es cuando a los lectores se nos queda tal cara de pasmo que nos confunden con un mimo callejero y nos echan unas monedas a los pies. Por cierto, y para que conste en acta, el libro publicado por Anagrama se dejó en la cuneta todos los poemas del volumen original, y uno no puede por menos que preguntarse quién les ha dado potestad a ellos para que recorten y hagan jirones los libros ajenos. Y como este particular va más allá del asunto que hoy nos ocupa, prefiero dejarlo estar.

Prosigamos, pues. Otra de las colecciones de cuentos de Bukowski lleva por título *South of No North*, el cual me parece de lo más poético y revelador: *Al sur de ningún norte*. Es algo así como rizar el rizo, como decir que no nos valen ni las dicotomías, ni la lógica binaria de Aristóteles, ni los unos y los ceros de los ordenadores, porque el sur del que hablamos, el sur al que Bukowski aludía con su título, ese sur no tiene norte. Porque, a la postre, prometerle al respetable público la existencia de un norte es apostar con sus esperanzas y sus sueños. No hay norte, es lo que viene a decirnos Bukowski, y lo más que podemos aventurar —sin demasiada convicción— es que se intuye la presencia de un sur, el sur en el que tanto nos cuesta pensar a diario, las "Stories of the Buried Life", como reza el subtítulo del libro, los relatos, las historias de la vida enterrada, en el sentido de soterrada, escondida, subterránea, es decir, aquello de lo que nadie se ocupa, de lo que nadie quiere oír hablar, de aquellas dos abuelas matándose a cuchillazos porque una le debía a la otra tres euros de la vuelta de la compra. Todo eso es parte de un sur sin norte, pues no hay quien le ponga brújula a este desaguisado que es la vida. Bien, pues a *South of No North* lo hemos conocido en España como *Se busca una mujer*. Y se preguntarán ustedes, ¿de dónde habrán sacado ese título? ¿Cómo habrán llegado hasta ese título en español? Al respecto, dejen que les adelante que entre los publicistas de Anagrama no hay ninguno tocado por los dioses: el título de marras no ha sido revelado desde lo alto, sino que procede de un cartel que uno de los personajes del primer cuento de la colección ve pegado en la ventanilla de un coche. El cartel en cuestión reza "Woman Wanted", con claras resonancias a los famosos reclamos del lejano oeste en los que se exponían los rostros de los forajidos más buscados bajo un inmenso "Wanted", incluso con la coletilla "Dead or Alive", "vivo o muerto", y la recompensa que reportaría su captura. Así es que, en esta ocasión, los editores de Anagrama no se han quedado en el burdo título del primer relato de la colección (el truco les funcionó una vez ya, no es cuestión ahora de intentar repetirlo y que les cacen en un renuncio), sino que han hurgado en los entresijos del relato y, como por arte de birlibirloque, sacaron de la chistera un conejo fluorescente. Y olé. Y una vez resuelto el misterio de las referencias, queda por dirimir el otro, más peliagudo, de qué relación pueda haber entre el original y el que Anagrama escogió para el volumen. ¿Necesitan una respuesta? Ya me figuraba que no...

Pero tampoco querría extenderme innecesariamente cuando entiendo que mi argumento ha quedado bien apuntalado con los ejemplos previos. Los dos que siguen los incluiré a modo de mensaje telegráfico. *Música de cañerías* es la traducción que Anagrama escogió para *Hot Water Music*, que no puede ni compararse al original, pues se zampa de un solo bocado la alusión a la *Water Music*, la *Música Acuática* de Händel, además de obviar la otra referencia, quizá más indirecta, a las pensiones de mala muerte en las que solo se dispone de agua fría en los baños comunales. Cuando ducharse significa un sacrificio, por el riesgo de tiritona añadida que conlleva, el agua caliente sin duda se convierte en música celestial. Y, una vez más, todo el lirismo de un título desaparece de un plumazo tras pasar por las manos de un editor poco sutil. Y paso ya al último ejemplo. La autobiografía de juventud de Bukowski, *Ham on Rye*, publicada en nuestro país como *La senda del perdedor*, sería quizá traducible como *Jamón en pan de centeno*, con esa palmaria referencia a *The Catcher in the Rye*, *El guardián entre el centeno* de J. D. Salinger, que también es, como de sobra es sabido, una novela autobiográfica sobre la juventud del protagonista. Por no mencionar el hecho de que no puede haber nada más simple y vulgar y cotidiano que un emparedado de unas pocas lonchas de jamón cocido entre dos rebanadas de pan de molde de centeno, que es lo que el título de Bukowski quiere asimismo recoger. Pero eso es, precisamente, lo que se pierde cuando se destierra el gusto por el matiz y se prefiere, en su lugar, vender la imagen premeditada de alguien, de un escritor en este caso, en lugar de permitirle al lector que vaya forjando la suya propia. Si es que en algún momento tuvo la necesidad de tal imagen; porque acaso lo que sucede es que olvidaron la lucha constante del escritor contra las definiciones, contra las limitaciones y las barreras. Cuando se parte del presupuesto de que la escritura es dinero, todo lo demás queda supeditado a esa premisa. Y entonces llega el momento de que el creador haga mutis por el foro y deje que sean los números y los rediles para las ovejas los que tomen las riendas de la situación. Y amén, todos a comulgar con la misma muela de molino.

CIVILIZACIÓN, DESEO Y MUERTE: LA ERÓTICA COMO EXACERBACIÓN DE LA ESTÉTICA KANTIANA

Luke, núm. 92, enero de 2008.

Adán, languideciendo en su destierro post-edénico, recibe un correo electrónico de su añorada Eva, quien, después de saberse el objeto de comidillas por las tabernas y casas públicas de medio Occidente por haber alumbrado a dos retoños, el uno modelo de virtudes y el otro ejemplo de fratricidas, y sospechando que pudiera haber alguna conexión entre el asesinato de su primogénito y el hecho de haber descubierto su propia naturaleza sexual, trata de recuperar un paraíso imposible adentrándose en una tierra de nadie a la que llaman ciberespacio y en la que ni su mismo Dios tiene potestad alguna. Esta es la respuesta que Eva recibe de Adán:

Fecha: Viernes, 28 Diciembre 2007 04:57:13 -0800 (PST)
De: "Adán" <tierraybarro@hotmail.com>
Para: "Eva" <costillar@yahoo.com>
Asunto: RE: SEXOOOOOOOOOOOO

¿Y qué es lo que te hace suponer a ti que un cartelón tan pantagruélico iba a llamarme la atención? ¿No demuestras con ello ciertas ínfulas? ¿O es que presumías que iba a generarse toda una cadena de pensamientos subconscientes que me llevasen desde "Sexo" hasta el teclado del ordenador pasando por, qué sé yo, tu nombre, por ejemplo? Pues supusiste bien, hermosa, y tienes toda mi atención. Déjame, por un prurito de analista envejecido y sabedor de tu amor por los listados, ensayar ahora la retahíla de hipotéticas conexiones:

(1) Eva me envía fotos porno; ["Pero los órficos dicen que la Noche de alas negras, diosa que inspiraba temor al propio Zeus, fue cortejada por el Viento y puso un huevo de plata en el vientre de la Oscuridad; y que Eros, al que algunos llaman Fanes, salió de ese huevo y puso el universo en movimiento. Eros poseía los dos sexos, tenía alas doradas, cuatro cabezas, a veces mugía como un toro o rugía como un león, y a veces siseaba como una serpiente o balaba como un carnero. [...] Fanes creó la tierra, el cielo, el sol y la luna" (Robert Graves, *Los mitos griegos*, 2b)];

(2) Eva me envía fotos porno de ella misma; ["Otros sostienen que fue hijo de Afrodita y Hermes, o Afrodita y Ares, o incluso de Afrodita y su padre Zeus; o hijo nacido de Iris y el Viento del Oeste. Era un niño indómito que no demostraba ningún respeto por la edad ni el orden establecido, sino que volaba con sus alas doradas disparando al azar sus afiladas flechas o inflamando desenfrenadamente los corazones con sus terribles antorchas" (Robert Graves, *Los mitos griegos*, 15b)];

(3) Eva me envía fotos porno de ella misma con alguien más; ["La carne es del sexo femenino –Innana, Astarté, Melita, Cali, Venus–, y guarda un parentesco no aclarado con Eros, un vástago de Tierra y Caos que no es del todo encarnación. La naturaleza de este parece más bien masculina, aunque ambigua, y lo que en su contrapartida femenina es inclinación a conocerse con otro él lo expresa como agitación de todo lo quieto, como movimiento constante". (Antonio Escohotado, *Rameras y esposas*, 1)];

(4) Eva me envía fotos porno de ella misma con varios álguienes más; ["Las diversas sensaciones de agrado o desagrado no se sustentan tanto en la disposición de las cosas externas que las suscitan cuanto en el sentimiento de cada hombre para ser por ellas afectado de placer o desplacer. De ahí que algunos encuentren alegrías en lo que a otros les causa asco, la pasión enamorada que frecuentemente resulta un enigma para todo el mundo, o también la viva repugnancia que algunos sienten en aquello que para otros resulta del todo indiferente". (Immanuel Kant: *Observaciones acerca del sentimiento de lo bello y de lo sublime*, Sección Primera, p. 207)];

(5) Eva ha mantenido contactos sexuales recientemente; ["... la afección de lo sublime es más poderosa que la de lo bello, solo que la primera sin la alternancia o el acompañamiento de la segunda, fatiga y no puede disfrutarse por tanto tiempo. [...] La *amistad* guarda en sí principalmente el carácter de lo sublime, pero el *amor sexual* el de lo bello". (Immanuel Kant: *Observaciones acerca del sentimiento de lo bello y de lo sublime*, Sección Primera, p. 211)];

(6) Eva estaba manteniendo contactos sexuales en el momento de escribir su mensaje; ["Nada hay tan contrario a lo bello como lo repugnante, ni entre lo sublime nada cae más bajo que lo ridículo" (Immanuel Kant: *Observaciones acerca del sentimiento de lo bello y de lo sublime*, Sección Tercera, p. 233)];

(7) Eva mantiene contactos sexuales mientras estoy escribiendo esto que ahora lees; ["Para decidir si algo es bello o no, referimos la representación, no mediante el entendimiento al objeto para el conocimiento, sino, mediante la imaginación (unida quizá con el entendimiento), al sujeto y al sentimiento de placer o de dolor del mismo.

El juicio de gusto no es, pues, un juicio de conocimiento; por lo tanto, no es lógico, sino estético, entendiendo por esto aquel cuya base determinante no puede ser más que *subjetiva*". (Immanuel Kant, *Crítica del Juicio*, Primera Parte, Primera Sección, Primer Libro, Primer Momento, § 1)];

(8) Eva desea mantener contactos sexuales en cualquiera de las categorías desde la cinco a la siete, arriba indicadas; ["Agradable es aquello que place a los sentidos en la sensación. [...] Ahora bien, que un juicio sobre un objeto, en el cual este es por sí mismo declarado agradable, expresa un interés hacia el mismo, se colige claramente de que, mediante la sensación, se mantiene vivo mi deseo hacia objetos parecidos; [...] De aquí que se diga de lo agradable, no solo que *place*, sino que *deleita*. [...] Agrado es goce. Si este, pues, es solo lo que importa, sería locura ser escrupuloso en lo que toca a los medios que nos lo proporcionan" (Immanuel Kant, *Crítica del Juicio*, Primera Parte, Primera Sección, Primer Libro, Primer Momento, § 3 y 4)];

(9) Eva desea mantener contactos sexuales, pero no tiene con quién; ["En consideración a la cantidad lógica, todos los juicios de gusto son juicios *individuales*, pues como tengo que comparar el objeto inmediatamente con mi sentimiento de placer y dolor, y ello no mediante conceptos, aquellos juicios no pueden tener la cantidad de los juicios objetivos con validez común". (Immanuel Kant, *Crítica del Juicio*, Primera Parte, Primera Sección, Primer Libro, Primer Momento, § 8)];

(10) Eva desea mantener contactos sexuales, pero no tiene quien verdaderamente la complazca; ["Por ejemplo, la rosa que estoy mirando la declaro bella por medio de un juicio de gusto; en cambio, el juicio que resulta de la comparación de muchos individuales, a saber: las rosas,

en general, son bellas, enúnciase ahora, no solo como estético, sino como un juicio lógico fundado en uno estético. Ahora bien, el juicio: la rosa es (en el olor) agradable, es ciertamente estético e individual, pero no un juicio del gusto, sino de los sentidos". (Immanuel Kant, *Crítica del Juicio*, Primera Parte, Primera Sección, Primer Libro, Primer Momento, § 8)];

(11) Eva desea mantener contactos sexuales con alguien que no sea su amante habitual; ["La Europa del *Aufklärung* acentúa quizá la dimensión de la vista en la economía política de los sentidos y relega doblemente el olor a las tinieblas haciendo pesar sobre él una capa de oscuridad igualándole, como sentido, al oscurantismo mismo. [...] Puede decirse muy bien que un olor agradable provoca placer y un olor desagradable, sufrimiento". (Dominique Laporte, *Historia de la mierda*, "Non olet"];

(12) Eva ya ha encontrado un(a) nuevo/a amante que le satisface tanto o más que su antiguo amante; ["Todo interés estropea el juicio de gusto y le quita su imparcialidad, sobre todo si no pone, como el interés de la razón, la finalidad delante del sentimiento de placer, sino que funda aquella en este. Y esto último ocurre siempre en los juicios estéticos sobre algo que hace gozar o sufrir. [...] El gusto es siempre bárbaro, mientras necesita la mezcla con encantos y emociones para la satisfacción y hasta hace de estas la medida de su aplauso" (Immanuel Kant, *Crítica del Juicio*, Primera Parte, Primera Sección, Primer Libro, Primer Momento, § 13)];

(13) Eva querría que su recién estrenado/a amante no revelase a nadie sus esporádicos episodios amatorios; ["El blanco tiene para el negro olor a cadáver. El negro tiene para el blanco olor y color de mierda. Este común reconocimiento sustenta su odio recíproco, odiándose

uno al otro precisamente porque se devuelven la imagen de lo que cada uno esconde y se disimula a sí mismo y viendo, en esa obstinación del otro en arrancarse de la propia tierra [...], la ciega arrogancia del que no sabe que debe morir. El que impone la civilización no puede dejar de creerse inmortal" (Dominique Laporte, *Historia de la mierda*, "La Cosa colonial")];

(14) Eva querría que su recién estrenado/a amante no revelase a nadie sus habituales episodios amatorios; ["... cuando se proclama el placer en el dolor, aparentemente no se realiza con esa síntesis sino la operación, asaz trivial, de ampliación del campo del placer (ya que, en efecto, un dolor que da placer es ya sin más un placer y no un dolor), pero es que todo ello pasa, al respetar los nombres separados de placer y de dolor, sobre la conservación de la antítesis más fundamental del mundo: en efecto, al proclamar en la moral inmoral sadomasoquista bueno el dolor que da placer, se conserva la antítesis BIEN/MAL de la moral sin más sobre la que el Orden está montado" (Marqués de Sade, *Instruir deleitando o Escuela de Amor*, "Prólogo del Traductor" [A. García Calvo], XVIII, § 107)];

(15) Eva querría que su recién estrenado/a amante publicase a los cuatro vientos car(di)nales sus esporádicos/ habituales episodios amatorios; ["Habrá que escribir, efectivamente, una historia de la mierda desde el punto de vista de sus efectos terapéuticos y complementarla con otra que trate esta materia bajo el único aspecto de la belleza que, en algunos tiempos, derramó sobre el rostro de las damas o sobre sus cabellos. [...] Se trazan aquí extrañas correspondencias en que el excremento humano anima una sabia geografía de los cuerpos, localizando sus poderes alternativamente en sus antípodas (la cabeza)

y en sus regiones fronterizas (el sexo), calmando lo que quema o haciendo desaparecer el ardor de las llagas purulentas en el vaivén de una armonía especular". (Dominique Laporte, *Historia de la mierda*, "El maquillaje")];

(16) Eva querría aprender nuevas técnicas amatorias, ya sea de un(a) nuevo/a amante, ya sea de un manual al caso; ["No obstante, si el uso de los placeres constituye un problema en la relación del individuo con su propio cuerpo y en cuanto a la definición de su régimen físico, la razón no radica simplemente en el hecho de que se sospeche que este uso pueda estar en el origen de ciertas enfermedades o que se teman las consecuencias sobre la prole" (Michel Foucault, *Historia de la sexualidad, 2. El uso de los placeres*, II. "Dietética")];

(17) Eva quiere compartir sus nuevos hallazgos teóricos y/o prácticos en materia sexual, sea cual fuere su origen (manual, prensa, revista, experimentación directa, etc.); ["*Dolmancé:* Por la actitud en que me sitúo, mi verga, señora, está muy cerca de vuestras manos; dignaos meneármela, os lo ruego, en tanto que yo chupo este divino culo. Hundid más adentro vuestra lengua, señora; no os limitéis a chuparle el clítoris; haced penetrar esa lengua voluptuosa hasta la matriz: es la mejor manera de apresurar la eyaculación de su jodedura.// *Eugenia (poniéndose rígida):* ¡Ah, no puedo más, me muero! ¡No me abandonéis, amigos míos, estoy a punto de desvanecerme! (*Descarga en medio de sus preceptores*).// *Madame de Saint-Ange:* ¡Bueno, amiga mía! ¿cómo te sientes con el placer que te hemos dado?// *Eugenia:* ¡Estoy muerta, estoy deshecha... estoy aniquilada!" (Marqués de Sade, *Instruir deleitando o Escuela de Amor*, "Diálogo tercero")];

(18) Eva querría preguntar algún detalle, tema, asunto o esquema acerca de la vida sexual de su contertulio/co-

rrespondiente; ["Pero los textos [griegos] dan testimonio de una inquietud que alcanza a esa misma actividad [el acto sexual], inquietud que gira alrededor de tres focos: la forma misma del acto, el costo que entraña y la muerte a la que está ligado. [...] La reflexión médica y filosófica lo describe como amenazador, por su violencia, ante el control y el dominio que conviene ejercer sobre uno mismo; como minante, por el agotamiento que provoca, de la fuerza que el individuo debe conservar y mantener, y como marca de la mortalidad del individuo aun asegurando la supervivencia de la especie" (Michel Foucault, *Historia de la sexualidad, 2. El uso de los placeres*, II. "Dietética")];

(19) Eva quiere olvidar todo lo relativo al sexo; ["La esencia del hombre se basó en la sexualidad —que es el origen y el principio— planteándole un problema cuya única salida es el enloquecimiento.// Este enloquecimiento aparece en la "pequeña muerte". ¿Podría yo vivir plenamente esta pequeña muerte sino como una anticipación de la muerte definitiva?// La violencia del placer espasmódico se halla en lo más hondo de mi corazón. Al mismo tiempo, esta violencia —me estremezco al decirlo— es el corazón de la muerte: ¡se abre en mí!" (Georges Bataille, *Las lágrimas de Eros*, "Prefacio del autor")];

(20) Eva y el sexo son una misma cosa; ["Mis cinco sentidos no me pertenecen. Solo existe una cosa propia, el deseo. Quisiera vivir por mi cuenta.// El placer es la cosa más difícil de imaginar del mundo. (¿Contra quién quiere luchar?). El deseo es probablemente todo lo que un hombre posee. Soy un hombre que intenta no morir". (Jacques Rigaut, *Agencia general del suicidio*, "Todos los espejos llevan mi nombre")];

(21) no existen ni el sexo ni Eva; ["Por un lado, el sexo se expresa cada vez más de manera paroxística; por el

otro, los comportamientos cotidianos son poco desmedidos, poco transgresores, poco desbocados. Hipertrofia icónica del sexo, moderación libidinal de las masas: exceptuando algunas minorías, las lógicas del exceso siguen atrincheradas en el consumo exclusivo de imágenes y discursos. Desbocado en lo imaginario y lo simbólico, lo libidinal se autolimita, es 'prudente' en lo real. Orgía de representaciones, orden regulado de las costumbres: de este modo, más allá de las promesas porno, prosigue el proceso de civilización de Eros". (Gilles Lipovetsky, *La felicidad paradójica. Ensayo sobre la sociedad de hiperconsumo*, Cap. 8, "Dioniso: sociedad hedonista, sociedad antidionisíaca")].

LA COTRADUCCIÓN DE POESÍA

Coescrito con Michael Smith

El Cuaderno, núm. 39, diciembre de 2012, pp. 8-11.

In memoriam Claudio Rodríguez

¿Cómo trabajan de manera conjunta dos traductores de poesía cuyas lenguas nativas sean distintas? Esta es la principal cuestión que querríamos abordar en este breve ensayo, para lo cual nos serviremos de la poesía completa de Claudio Rodríguez con la intención de ilustrar el trabajo de una traducción conjunta, partiendo de la base de que el que aquí se presenta no es el único modo de llevar a cabo semejante tarea, ni se propone esta exposición como un método científico de traducción, sino como un análisis, más o menos pormenorizado, de la labor que hemos llevado a cabo en los últimos años.

Quede dicho de antemano que el idioma nativo de Smith es el inglés, mientras que el de Ingelmo es el español. Asimismo, conviene señalar que, en nuestra opinión, este modo de proceder en una traducción conjunta solo podrá ser satisfactorio si ambos traductores, dejando al margen cualesquiera habilidad literaria que puedan además poseer, tienen un dominio por encima de la media del idioma nativo del otro. Esta competencia no tiene por qué ser equilibrada entre ambos traductores. Por descontado, la habilidad que Smith tiene con su idioma es mayor que la de Ingelmo en esa misma lengua; y, viceversa, Ingelmo domina el español, mientras que podría decirse que Smith tiene un buen conocimiento de la lengua española. Ambos admitimos estos particulares sin ambages, sin preocuparnos de esto más allá de lo puramente utilitario. Lo que de verdad importa en este sentido es el hecho de que los dos desplegamos durante el proceso de traducción unas habilidades lingüísticas propias de quien se muestra competente en una lengua que no sea la suya propia. Es, por fin, también destacable el hecho de que ambos le dedicamos a nuestra labor traductora una cantidad de tiempo notable (constancia), que las traducciones se suceden con bastante frecuencia en el tiempo (continuidad), de tal modo que contamos en nuestro haber con una estimable producción de traducciones (cantidad), y que, por fin, los integrantes del tándem traductor somos, a la vez, escritores (coherencia).

Para pasar de lleno al tema que nos ocupa, querríamos hacer una observación, acaso, de Perogrullo: Rodríguez hace un uso mínimo, por no decir inexistente, de la narrativa, lo cual resulta, a la postre, muy ventajoso para el traductor. En su lugar, influido por los románticos ingleses, los simbolistas y surrealistas franceses, por las intuiciones de Dylan Thomas, así como, hasta cierto punto, por algunos modernistas ingleses, como es el caso de T. S. Eliot, Claudio Rodríguez se siente en la necesidad de explorar las posibilidades de la trascendencia mientras que, a un mismo tiempo, se involucra en una apreciación celebratoria y extasiada del mundo natural, en particular el territorio de su Zamora natal. A nadie le resulta ajeno que la obra de Vicente Aleixandre y las vicisitudes personales del poeta empujaron a Claudio Rodríguez a ir más allá del naturalismo (entendido este como concepto pictórico o, incluso, filosófico) de un, pongamos por caso, Antonio Gamoneda, quien, por así decirlo, se instaló en una poesía de la naturaleza de fácil acceso e impecable factura comparable en cierto sentido a la obra temprana del poeta irlandés Seamus Heaney, quien, por otra parte, ha expresado en repetidas ocasiones la gran admiración que profesa hacia la poesía de Gamoneda.

Cuando Rodríguez emplea un término como el de "ebriedad" para expresar con él su estado de embeleso con el mundo de la naturaleza, ¿cómo puede el traductor ir más allá de la palabra *rapture*, que implica algo más que el profundo disfrute de los fenómenos naturales que se nos revelan para asombro y maravilla nuestros? *Inebriation*, que es la palabra inglesa por la cual optamos al final en nuestra traducción, nos parecía una elección preferible a la otra de *intoxication*, pues esta acarrea consigo un exceso de equipaje relacionado con la embriaguez y el alcoholismo, incluso con el desvarío, algo que nos parecía del todo impropio. El vocablo *euphoria*, por otra parte, se nos antojaba en exceso delgado y provisional como para hacerle cargar con el peso de la "ebriedad" claudiana. *Inebriation*, en fin, se reveló como el término que mejor amalgamaba no solo el más sencillo de *rapture*, sino que incluía en sí el sentido celebratorio de la vida, el ser consciente de que esta es una aventura interminable, visión que permeó toda la obra de Rodríguez hasta su última colección.

De igual modo, *celebration* es una palabra de la que se ha abusado en inglés y que tiene connotaciones de cumpleaños y eventos similares. ¿Cómo darle, entonces, a la "celebración" de Rodríguez el calado que el poeta había planeado para ella? Nuestra respuesta en este caso concreto fue permitir que el contexto de la palabra, siempre alejado de la noción de cumpleaños y demás, le concediera al término "celebración" la profundidad requerida, forzando a la palabra a que traspasara lo cotidiano al tiempo que no dejase al margen los detalles concretos de cada una de sus apariciones.

Tal como ilustran los ejemplos previos, los traductores se enfrentan a una serie de elecciones en las que hay que tomar partido por una de ellas y abandonar el resto, antes ya incluso de que se pongan manos a la obra con el fin de elaborar un primer borrador del texto. En lo que a nosotros se refiere, esto es, en la traducción del español al inglés, nos viene de inmediato a la cabeza una reflexión que atañe a las naturalezas radicalmente distintas de esos dos idiomas, y que no es otra sino el hecho de que la inglesa sea una lengua empecinadamente empírica o, para emplear una distinción quizá más anticuada, que el inglés, ya desde casi sus orígenes, pareció inclinarse más favorablemente hacia la denotación de lo particular en lugar de hacia la alusión a lo universal. Un examen exhaustivo de este asunto se encuentra más allá de los límites que nos impone este breve ensayo y seguramente supere nuestra capacidad intelectual y, desde luego, nuestras competencias en tanto que traductores. Apelaremos en este trance al magisterio de Jorge Luis Borges, quien poseía un magnífico conocimiento de la lengua inglesa y de su literatura y, por demás, se planteó la misma pregunta. Su respuesta puede sonar una pizca simplista, aunque a nosotros nos parece que se asienta en una base sólida y que, en cierto modo, es una contestación muy propia del escritor argentino: "El inglés rechaza lo genérico porque siente que lo individual es irreductible, inasimilable e impar". En cualquier caso, que la poesía inglesa es capaz de exhibir el uso no empírico del lenguaje es algo que no admite discusión: ya desde Caedmon hasta T. S. Eliot e, incluso, el surrealista David Gascoyne, este idioma se retuerce para encontrar un acceso lingüístico hacia la trascendencia, aunque parece que cuando más acertadamente lo consigue es en los casos de poesía de tendencia, digámoslo así, religiosa. Al lector español esta apreciación nuestra pudiera chocarle; sin embargo, para un poeta inglés el uso religioso del lenguaje posee, de modo intrínseco, una validez empírica, algo así como una creencia incuestionable en las "verdades" de la Revelación Divina. La palabra *angel*, sin ir más lejos, contiene una realidad para el poeta inglés igual de tangible que *cow* o *horse*. Hay, a este propósito, un verso de Shelley, "*O wild West Wind, thou breath of Autumn's being*" [Oh fiero céfiro, tu aliento de la esencia otoñal], que funciona tan solo si merece el crédito del lector siguiendo las enseñanzas de Coleridge sobre la *willing suspension of disbelief* [la suspensión voluntaria de la incredulidad] que, de hecho, no es sino una negación de la realidad empírica de la "esencia otoñal".

En el mismísimo instante en que decidimos acometer la traducción de la obra completa de Claudio Rodríguez entendimos las dificultades a las que apuntan las palabras de Borges. Sabíamos que los escollos que habríamos de salvar no serían de naturaleza lingüística en su mayoría, esto es, neologismos, palabras abstrusas o rebuscadas, ni tampoco singularidades sintácticas (aunque el estudio detallado de *Alianza y condena* nos obligaría a detener nuestra tarea y recapacitar sobre la estructura inglesa más adecuada a las decenas de rupturas del discurso habitual que plantea esta colección en concreto). Además, ya habíamos sorteado con habilidad y, a nuestro juicio, con resultados satisfactorios situaciones parecidas en otras traducciones a las que nos habíamos enfrentado, en particular las *Rimas* de G. A. Bécquer.

Pero centrémonos ya en nuestra práctica traductora. Lo normal es que Ingelmo produjera un primer borrador, pues su lectura del español tamizado por las manos de Rodríguez resultaba de una dificultad superior a la que Smith estaba acostumbrado a manejar. Por otra parte, Ingelmo acababa de concluir la gruesa traducción del ingente estudio de Michael Mudrovic *Abrir nuevos caminos: la poética transgresiva de Claudio Rodríguez*, que había supuesto más de un año de arduo trabajo investigador para el propio Ingelmo, habida cuenta de la diversidad de teorías y constructos intelectuales de los que hacía uso Mudrovic a la hora de analizar la obra claudiana. Así pues, tanto Smith como Ingelmo coincidieron en que este último, mediante una lectura exhaustiva de cada uno de los poemas de Rodríguez, sería el más indicado para elaborar una primera versión, aunque también es cierto que Smith, en un buen número de ocasiones, logró elaborar un primer borrador harto preciso.

Nuestra guía más fiable a la hora de elaborar esos primeros borradores no era otra sino nuestra comprensión del texto original, asistidos en esa tarea por el uso de diccionarios y libros de consulta más o menos especializados (monografías, estudios, artículos, etc.), siempre que esto se hiciera necesario. La primera versión, ya fuera hecha por Ingelmo o por Smith, tenía un objetivo común: mantenerse tan cercano al texto original como fuera posible, y eso a pesar de que en numerosas ocasiones nos regocijábamos al descubrir, casi como si se tratara de nuestra propia escritura original, que construcciones o frases magníficas, e incluso versos enteros, podían verterse al inglés sin demasiada intervención por nuestra parte. En casos semejantes, se recogían las notas pertinentes con el fin de que en futuras versiones los versos más conseguidos se mantuvieran inalterados en la medida de lo posible.

A continuación, lo normal es que se iniciase un intercambio de correos electrónicos, que en su totalidad se acercan a los doscientos, en los que establecimos un sistema de códigos de colores merced a una de las herramientas del procesador de textos que usamos. Si un vocablo o fragmento aparecía señalado con fosforescencia roja, debía de corregirse, encargándose el que hubiera hecho la revisión de aportar la solución correcta; si era fucsia el color, entonces se hacían sugerencias que el otro podría tomar en consideración o rechazar, incluyendo las mismas a continuación para facilitarle su labor de elección; si el color usado era el verde, las cuestiones eran puramente ortográficas; el fosforescente amarillo, por su parte, indicaba que era preciso reubicar el texto en cuestión para que la sintaxis, el sentido o el ritmo fueran los adecuados; por fin, si el color empleado era azul claro, se trataba en ese caso de un texto o fragmento que, de algún modo, se nos había pasado por alto previamente y debía incluirse o que, quizá, fuera conveniente incluirlo para completar un sentido, una cadencia o una medida. De este modo, el intercambio epistolar se hizo mucho más productivo, pues podíamos estar trabajando uno, mientras el otro revisaba, y una vez que se recibieran las revisiones anteriores, se enviaba el trabajo propio al tiempo que se volvían a revisar los textos previos. Cada poema, siguiendo este procedimiento de revisión constante y fluida, puede haber conocido del orden de las ocho o diez versiones, e incluso más en algunos casos concretos.

Una vez concluido el grueso de la traducción, se le envió al editor el texto que, a su vez, nos fue devuelto con anotaciones puntuales. El tiempo que transcurrió desde el momento en que enviamos la primera selección de poemas hasta que los recibimos con observaciones editoriales fue suficiente para que sucedieran dos hechos de gran relevancia. En primer lugar, el editor quedó tan satisfecho con nuestra labor traductora que lo que en un principio iba a ser una antología de la obra claudiana se transformó en su obra completa; por otra parte, no hay nada como dejar que los poemas se alejen de uno mismo para así verlos bajo una luz renovada y, de ese modo, retomar la tarea de una última revisión con ojos distintos. El resto de poemas que debían traducirse para completar la bibliografía de Claudio Rodríguez sufrió el mismo proceso de trabajo arduo y constante que se había aplicado a los poemas iniciales. Lo cual nos lleva a concluir que, en cierto modo, incluso lo más trascendente, claro y aventurero requiere de sudor y dolor en el cuello y las manos para su recreación más cabal.

Nota biobibliográfica

Michael Smith residió casi toda su vida en Dublín, ciudad en la que había nacido en 1942. Fundador de la editorial New Writers' Press y de la influyente revista *The Lace Curtain*, publicó cinco poemarios propios, reunidos en 2009 bajo el título de *Collected Poems*. Sus traducciones del español incluyen, entre otros, libros de Pablo Neruda, Antonio Machado, Miguel Hernández, Quevedo, Góngora, César Vallejo y García Lorca. Como editor, produjo sendas antologías de J. C. Mangan y Thomas Wyatt. Era, asimismo, miembro de Aosdána, la Academia Nacional de Artistas Irlandeses. Falleció en Dublín en noviembre de 2014.

Juntos, Michael Smith y Luis Ingelmo han traducido del español al inglés poemas de Pablo García Baena, José Carlos Llop, Ana Rosetti, Roberto Bolaño, Enrique Juncosa y Severo Sarduy para diversas publicaciones y editoriales, la obra poética completa de G. A. Bécquer y Claudio Rodríguez, así como antologías de Elsa Cross, Verónica Volkow, Antonio Machado (padre), Aníbal Núñez, poetas andalusíes y Fernando de Herrera.

Sus últimas colaboraciones fueron una amplia selección de la poesía temprana de Antonio Machado, recogida en el volumen *Solitudes and Other Early Poems* y la colección *The Magnetic Brackets* [*Los paréntesis imantados*] de Jesús Losada.

Dos presentaciones
(2007-2013)

PRESENTACIÓN DE *LA TORRE* (MADRID, UMBRIEL, 2007), DE ENRIQUE CORTÉS

Zamora, Biblioteca Pública de la Junta de Castilla y León, 19 de abril de 2007.

Querría agradecer, en primer lugar, a la Biblioteca Pública, a Concha González, su directora, y a Asunción Almuiña la hospitalidad con que nos acogen hoy en su salón de actos, así como a la editorial Urano y su sello de novela Umbriel haber apostado por *La Torre* de Enrique Cortés, que es el motivo fundamental por el que nos encontramos todos aquí esta tarde.

Se me ocurre, de entrada, que habrán de preguntarse ustedes a santo de qué estoy yo aquí hablando sobre la novela de Cortés. Es más, tienen el perfecto derecho a cuestionar qué o quién me ha conferido la autoridad de ponerme delante del micrófono y dirigirme a ustedes con tamaña libertad. Pues así, a vuelapluma, me vienen a la cabeza dos motivos. El primero, que he tenido ya el gusto de leer la novela en cuestión, lo cual, en principio, no tiene por qué distinguirme de ninguno de ustedes, ya que perfectamente pueden encontrarse bajo esa misma categoría. El otro motivo, sin embargo, creo que dará sobrada justificación a estas palabras mías: la amistad que nos une a Enrique Cortés y a mí se remonta once años atrás, siendo yo a la sazón un inexperto profesor de inglés en el instituto de secundaria Maestro Haedo y Enrique uno de mis alumnos de Bachillerato. Supongo que ya van viendo por dónde van los tiros. Los vínculos entre Enrique Cortés y yo son, desde luego, literarios –y trataré de dar cuenta de esto a continuación–, pero, antes y sobre todo, son lazos de amistad y admiración mutuas. Porque esto de los libros y las letras está bien, sin duda está muy bien, está mucho mejor que casi todo en general, pero más importante que los libros es la amistad. Y creo no estar hablando por boca de nadie si afirmo que algunos, por no decir muchos, de entre los aquí presentes son de la misma opinión.

Sin embargo, y por eso de llevarle la contraria al dicho aquel de que "quien bien empieza, bien acaba", nuestros comienzos no pueden calificarse de amistosos. Siempre que tiene ocasión de ello, Enrique me recuerda el primer día de clase de aquel curso en que nos conocimos, por la sencilla razón de que no le permití la entrada en el aula, y no por un capricho mío, sino porque él había llegado tarde. Lo recuerdo ahora como si fuese ayer: se paró en seco, aún con la mano en el tirador de la puerta y su carpeta de apuntes bajo el brazo, me miró fijamente a los ojos y, con gesto hierático, abandonó el umbral sin contestar mi decisión, sin escándalos. Asumió al instante las consecuencias de sus actos. Y es esta misma actitud la que le ha caracterizado desde que yo le conozco: la voluntad de plantarse frente a cada momento de la vida con la entereza y la gallardía que le prestan su buen juicio y su corazón sincero.

Y no crean que exagero con estas palabras o que simplemente me estoy deshaciendo en elogios porque qué otra cosa cabría esperar de esta presentación. No es retórica vana, no. Mi experiencia me dice que cualquier otro le habría guardado a su profesor tal inquina que habría estallado a la más mínima provocación, o bien habría abandonado la asignatura a su suerte con el propósito de irritar a su instructor, ya saben, la reproducción adolescente de esa postura que podría recogerse con la expresión "pues ahora, para que te fastidies, no como". Pero no Enrique. Él me tenía guardado otro tipo de reacción.

Un buen día, ya avanzado el curso, les pedí a mis alumnos que escribiesen una redacción, que juntasen unas pocas decenas de palabras acerca de lo que ellos quisieran con el propósito de que incluyesen en el pasaje la estructura gramatical que estuviéramos estudiando en el momento. Cuando, ya en casa, me dispuse a leer el trabajo de Enrique, mi sorpresa fue mayúscula, no solo porque aquel chaval se estuviera defendiendo con uñas y dientes para expresarse en inglés, sino porque, en lugar de la breve composición que se le había exigido, lo que Enrique me había entregado era un relato en toda regla. Supe que tenía ante mí el germen de lo que hoy podemos disfrutar, que me había topado con un escritor en ciernes, con un explorador al que se le abría un territorio de una amplitud insólita y acaso desmesurada, pero en el que deseaba adentrarse con el coraje propio de un explorador. Aquellas palabras tan escogidas, aquella meditada arquitectura, la calidad y la abundancia de las imágenes que empleaba, todo ello revelaba un talento agraciado para el relato. Seguramente no usé estas mismas palabras cuando le devolví su escrito, pero sí traté de felicitarle por la magnífica hechura de su texto, algo prematuro, pero muy bien hilado. Se me ocurrió, además, casi incidentalmente, recomendarle la lectura de algunos escritores que, pensé, serían provechosos para su propia formación. El Céline de *Viaje al fin de la noche*, cualquiera de los Bukowskis más desenfrenados –quizá el de *Cartero* o *Factótum* o *Mujeres*, no lo recuerdo ahora con exactitud– y los cuentos de la colección *De qué hablamos cuando hablamos de amor* perfectamente trazados por el mejor Carver, esas fueron mis sugerencias para que afilara su estilo y su prosa a la luz de sus enseñanzas. Aunque él tomaba nota de lo que le decía con mucho esmero y atención, he de confesar que entonces pensé "Bueno, con estos tres tiene para un buen rato. Seguro que los deja a la mitad". Pero no: me equivoqué. Felizmente, me equivoqué. No solo devoró los tres, sino que a las pocas semanas volvió para pedirme más nombres. Quería novela negra y le invité a que empezara por los clásicos, por los grandes: Chandler, Hammett, Cain, Thompson, Himes, McCoy. Estoy convencido de que los leyó a todos, pues esta Biblioteca Pública en la que ahora nos encontramos era poco menos que su segunda casa y, si los libros estaban aquí, entonces en algún momento los leyó y estudió para así absorberles hasta la última gota de las enseñanzas que pudieran ofrecerle. Y sé de buena tinta que el elenco de escritores no concluyó ahí: a ese breve catálogo que yo le indiqué fue él añadiendo otros con los que se encontraba y entablaba amistad por el camino, todos ellos, con el tiempo, compañeros de viajes, ya fueran estos reales o imaginados. ¿Y saben qué fue lo primero que me dijo hace unos meses cuando me comunicó la publicación de su novela? Que por favor le fuese elaborando un nuevo inventario de escritores que pudiera leer, lo cual se me hace cada vez más difícil, la verdad sea dicha, pues, después de todas sus lecturas voraces e incansables, los nombres me van escaseando ya. Pero yo me esfuerzo en rebuscar volúmenes en los anaqueles, porque estoy convencido de que el buen hacer de un escritor pasa primero por la glotonería con las palabras de los demás. Y lo cierto es que Enrique siempre ha disfrutado con los menús que le he propuesto.

 Al año siguiente a aquel curso que pasamos juntos, a mí me enviaron a otro instituto de la provincia, y puede decirse que le perdí la pista a Enrique, excepción hecha de nuestros encuentros fortuitos por la calle. Lo suficiente, sin embargo, para seguir en contacto. Más tarde, en el año 98, él se fue a Madrid a estudiar Derecho y yo a Chicago para enseñar español en un instituto público del sur de la ciudad, en pleno gueto. Con un océano de agua y otro de años de por medio, supe de sus travesuras poéticas, que por modestia solo se ha atrevido a publicar en alguna página de la red de redes, y supe también que seguía escribiendo, y escribiendo, y escribiendo. Degustando las palabras de otros, devorándolas incluso, revolcándose en ellas para después proseguir con el disciplinado adiestramiento de la escritura, con la paciente y dedicada labor del escritor, ensayando mil rutas, desechándolas casi todas para quedarse tan solo con un escaso puñado de ellas. Al cabo de los años, aún estando yo en Chicago y él en Madrid, llegó a mi buzón de correo electrónico su primera novela que, muy a su pesar, pero con gran sensatez, supo desechar. Decidió que no le vendría mal a su escrito descansar entre sus otros proyectos inacabados, supo que aún no había llegado el momento preciso, que le faltaba un largo trecho por recorrer. Con todo, aquello era un serio ejercicio de escritura que ya rezumaba el estilo que hoy le caracteriza, suelto, ligero, algodonoso en las cadencias y las frases, trepidante en el pulso y en los brincos de sus tramas.

Decía el recientemente fallecido Kurt Vonnegut que todo escritor debe, al menos una vez, quemar el mundo entero —en su obra, se entiende—, precisamente él, que sufrió en sus carnes, siendo entonces prisionero de guerra, el fuego de las bombas incendiarias que los aliados escupían desde el aire sobre la ciudad alemana de Dresde al final de la 2ª Guerra Mundial. Enrique Cortés no ha tenido paciencia, no ha querido esperar más y le ha prendido fuego a la mismísima Torre, al obelisco financiero, es decir, no a una torre cualquiera. Porque su novela no trata, señoras y señores, de aquella torre de marfil sobre la que se apostaba el anacoreta a contemplar el mundo y sus giros desquiciados, siempre a una distancia lo suficientemente prudente para que las refriegas de los mortales no le llegasen a rozar las plantas de los pies. Tampoco se trata de las infortunadas Torres Gemelas neoyorquinas, por si acaso alguien no hubiera podido evitar asociar esta Torre con aquellas otras que ardieron y se colapsaron en los albores de este siglo. Es cierto que la Torre madrileña, el referente que todos vimos carbonizarse por televisión con el corazón en un puño, le sirve a Cortés para trenzar un relato que te impide dejar el libro hasta que no vuelves la última página, pero eso no significa que su novela albergue ánimos terroristas. Nada más alejado de sus propósitos. Bien es verdad que intentará que no podamos acomodarnos del todo en nuestro sillón, que la espalda mantenga su tenaz rigidez, que en ocasiones se nos erice el vello de la nuca, que sea nuestra propia imaginación, desbocada por la lectura, enfrentada a los propios temores, la que nos obligue a volver la cabeza para escrutar la oscuridad temerosos mientras nos esforzamos por recobrar el control de nuestra respiración agitada. Pero descuiden, que *La Torre* no es un estallido deslumbrante de fuegos de artificio, ni una sucesión de unas cuantas fórmulas manidas y resobadas para llamar la atención momentánea del lector asustadizo o melindroso. La novela de Enrique Cortés, como cualquier obra que se precie de su factura, se nos presenta replegada en varias capas superpuestas. Así, el desarrollo de la trama, con su dibujo de una geometría imposible de zigzags, de idas y venidas, de endiabladas vueltas de tuerca, todo ese carnaval de temores acechantes, a cuál más asombroso, y toda la barahúnda ensordecedora del acero, el hormigón y el cristal abrasándose, no es sino una excusa, un disfraz, un anzuelo. A Enrique Cortés lo que de veras le interesa es la gente, gente corriente como ustedes y como yo y como él mismo, lo que más le preocupa es el sinfín de nuestras alegrías y sinsabores. La suya es, en fin, una insobornable determinación para no permitirnos una actitud impasible ante nuestro entorno, para no dejar de hurgar en la herida.

Diré lo mismo con otras palabras: no estamos frente a una literatura de consumo, no es esta una publicación abocada al quiosco, ni literatura de quita y pon, de esa que no precisa de masticarse, que ya viene digerida de antemano, literatura homogénea, literatura basura que, al igual que su homóloga alimenticia, se vende envuelta en papel de aluminio y sepultada bajo dos quintales de salsas que te ayuden a deglutirla y a darle el sabor del que carece por sí sola. Muy al contrario, tenemos delante a un peso pesado de la escritura, y con esto no pretendo hacer un chascarrillo aludiendo al grosor del libro. Me estoy refiriendo a la voluntad de estilo que lo impregna, a su narración cabal y precisa, a una primera novela (publicada) en la que se despliega el mejor Cortés que hasta la fecha he podido leer, un Cortés que rescata su estilo fluido para llevarnos de la mano a pasear por algunos de los barrios de nuestra alma que no solemos visitar cuando estamos solos, ya sea por pereza, por vergüenza o por temor a encontrarnos lo que más nos incomoda. Cortés usa el andamiaje de los escritores de los que ha aprendido su arte para levantar un edificio de carácter personal y admirable. Primero lo construye, luego deja que arda hasta la última de sus vigas, hasta el último ladrillo, y, agazapado entre las cenizas, se va asomando para, en susurros, sin altisonancias ni grandilocuencia, hacernos partícipes de lo que ha ido descubriendo a lo largo de su periplo.

Me van a permitir una licencia expresiva. Yo creo que Cortés está un poco hasta el gorro del mundo, y no porque lo deteste, sino, muy al contrario, porque vislumbra el potencial de lo que podría llegar a ser. Tanto le maravilla lo que atisba entre las brumas de lo cotidiano que desearía poder verlo lucir en todo su esplendor. A Cortés le parece que la vida real, la de todos los días, nos la dejan tan desteñida que, como el idealista y el soñador que es, no le queda más remedio que relatarla a su modo, no le queda otra que reescribir el pálido reflejo de lo ordinario tal como le gustaría contemplarlo. Que me perdone Enrique si me equivoco al aventurar que a él le encantaría que su novela se leyera como una versión narrada de los versos de aquel Lorca que, después de su llegada a Nueva York, registraba con una mezcla de estremecimiento y rabia las moles de los rascacielos y transcribía los gemidos de la muchedumbre. "No es el infierno, es la calle./ No es la muerte. Es la tienda de frutas", barruntaba el poeta granadino. Madrid no es Nueva York ni, claro, tampoco Cortés es Lorca, pero late en su novela el deseo de no dejar títere con cabeza, de apuntar hacia arriba para que caiga a tierra lo que no debe ocupar las alturas, para que no se suba nadie al pedestal que no le pertenece. No voy a atreverme a calificarlo de *thriller* social o político, porque entonces me arriesgaría a meterme en algún recoveco de donde acaso no sepa después salir, y porque podría caer en el bochorno de revelar algo que echase a perder el relato. Así que voy a dejarlo en un mero apunte y el que tenga voluntad que recoja el testigo.

A Enrique siempre le ha gustado dirigirse a mí con el epíteto de *maestro*, algo que le permito porque cada vez que me lo llama hace que me sienta como si estuviera vestido de traje, sobrio pero desde luego elegante, y porque sé que me lo dice con la mejor de las intenciones. Supongo que, al fin y al cabo, lo que me cuesta admitir es algo que ya es patente a estas alturas, y en especial en la coyuntura que nos ha reunido a todos aquí: que el proverbial discípulo ha superado, y con creces, a su anonadado maestro.

Para aprovecharme de que aún me restan unos pocos segundos de potestad sobre el micrófono, concluiré con el único juicio crítico que proferiré esta tarde acerca de *La Torre*. Entiende Martin Amis que un buen libro es aquel que, cuando acabas de leerlo, te entran ganas de pagarle una copa a su autor. Pues bien, Enrique, y a pesar de que sé que tu tolerancia al alcohol tira a escasa, ve pensando en dónde quieres que nos tomemos la próxima copa, que yo invito.

PRESENTACIÓN DE *SFO* (SEVILLA, RENACIMIENTO, 2013), DE PABLO LUQUE Y JOSÉ LUIS RODRÍGUEZ TORREGO

Madrid, FNAC, 8 de septiembre de 2013.

Tratemos, para empezar, de hallar algún libro en nuestra tradición más inmediata que nos ayude a calibrar el calado de *SFO*. Y, como no podía ser de otro modo, el primero en que pensamos es, a pesar de la distancia geográfica entre una y otra ciudad, *Poeta en Nueva York*, el libro más americano de García Lorca. Digo "americano" y digo bien, pues, como es sabido por todos, los poemas no se ciñen única y exclusivamente a la ciudad de Nueva York, sino que saltan a la isla de Cuba. Lo cual, de entrada, marca ya una diferencia esencial con el libro de Pablo Luque y José Luis Rodríguez: excepción hecha del primer poema, trasunto del viaje, un viaje simbólico por lo que de desplazamiento no tanto físico como mental tiene, el resto de la colección deambula en exclusiva por las calles y los hitos de la ciudad de San Francisco.

Pero busquemos semejanzas y no tanto las divergencias, para lo cual tendremos que estudiar las imágenes de ambos libros. Nos habíamos acostumbrado a pensar en *Poeta en Nueva York* como un todo compuesto de poemas y fotografías. La edición de Cátedra así lo dejaba entender e, incluso, en la sección que dedicaba a explicar la elección que el propio poeta granadino había hecho de fotografías, fotomontajes y postales, se vanagloriaba de ser esa la primera vez en que el libro de Lorca aparecía íntegramente, sin que se le hubieran robado las instantáneas, como sí había sucedido en ocasiones previas. Nos habíamos acostumbrado a concebir *Poeta en Nueva York* como un conjunto de versos e imágenes, decía, cuando de pronto apareció en la primavera de este año la edición de Galaxia Gutenberg para llamarnos al orden: tres son las declaraciones que se recogen en el prólogo a esta edición y todas ellas dan noticia de cómo se le convenció al poeta de que incluir esas imágenes sería un verdadero despropósito. Pero lo relevante del caso no es que García Lorca se dejara persuadir por los argumentos de sus amigos y editores, sino, antes bien, las razones que se exponían en aquellos argumentos: no podían casar sus propios dibujos con postales turísticas. Quizá los fotomontajes tendrían un valor artístico, sorpresivo (me viene a la mente el retrato de Walt Whitman y sus pobladas barbas canas adornadas con mariposas), pero nada podría extraerse de las postales, de las imágenes tópicas como las tan manidas de la Estatua de la Libertad o de Wall Street, referencias icónicas, sí, pero que no aportan carga artística alguna. Por su parte, y muy al contrario que el libro de Lorca, *SFO* es un organismo vivo compuesto de imagen y palabra al cual, si se le tratase de amputar alguno de sus miembros, moriría desangrado. No tendríamos, en fin, un libro cojo o manco, sino que atacaríamos sus entrañas, sus órganos vitales. En *SFO* palabra e imagen son indisociables: sin palabras, las fotografías lograrían detener el tiempo, pero adolecerían de explicación y contexto; sin imágenes, los versos se harían volanderos, carecerían de asentamiento, sufrirían un proceso de licuación semántica hasta transmutarse en volutas de humo.

Así pues, *Poeta en Nueva York* no nos ayuda en nuestra empresa. Obligados nos vemos a dejar de lado igualmente las colecciones poéticas de cariz ecfrástico, pues el objetivo de sus poemas no son fotografías, sino pinturas, con lo cual el punto en común que habría de actuar como fulcro entre los libros tampoco se sostiene. Haciendo un esfuerzo, quizá de Aníbal Núñez podríamos releer *Estampas de ultramar*, pues los poemas surgen a partir de unos grabados de viajes. Pero estos, a pesar de incluir algunas escenas con nativos estadounidenses o de la vida urbana de aquel país, tienen demasiado de viaje decimonónico y colonialista, aventurero en su peor sentido, esto es, en el de novelesco y literario. Sin embargo, ni con esas logramos trazar líneas de convergencia entre *SFO* y otros libros anteriores, pues la única alusión que tenemos a un viaje en el libro de Pablo Luque y José Luis Rodríguez es, como ya hemos señalado con anterioridad, la que se encierra en el primer poema: "El viaje es largo", que, desde luego, alude a lo extenso en el tiempo al desplazarse desde España hasta San Francisco (en avión, más de un día), y que se carga de simbolismo cuando continúa con "No hay firme ni trazado posible, ni imagen que desdoble un horizonte", esto es, el viaje de por sí no posee un valor intrínseco, pues se ha convertido en un paréntesis entre el punto de partida y el destino final, o acaso sea que el viaje verdadero no aparece ni en guías turísticas ni en ningún mapa. Mientras que el libro de Aníbal Núñez gira en torno a imágenes recogidas por todo el orbe, con el fin de exponer las bondades de lo exterior frente al provincianismo español anterior a la transición, *SFO* orbita alrededor de San Francisco, partiendo de una visión, digámoslo así, escéptica, escamada incluso con lo que habrá de encontrarse. No hay plan de acción ni itinerario marcado en un callejero que nos conduzca por el laberinto de la ciudad. De hecho, no hay aventura ni deseos de imponer nuestro criterio sobre el de los habitantes de aquella ciudad.

¿Recurriremos, entonces, al *Cuaderno de Nueva York* de José Hierro? Mucho me temo que tampoco. Si Lorca se quedaba boquiabierto al contemplar la ciudad, convirtiéndola en eterna, así como en fuente de sufrimiento y pesares sin fin, en masificación y visiones imposibles, Hierro sabe de sobra, en las postrimerías del siglo XX, que Nueva York no reviste la posibilidad del pasmo, ni para el viajero ni para el poeta. ¿Y qué decir de *El mapa de América* de Pablo García Casado? ¿Demasiado narrativo? Es posible que así sea. ¿Quizá, pues, indagaremos en ese otro, *Nueva York: ciudad del hombre* de José María Fonollosa? En este caso, es nuestra opinión, no andaríamos demasiado desencaminados, pues el deseo de los poemas de Fonollosa es surgir allí donde el contexto es adecuado, casi de modo espontáneo. Así lo revela el hecho de que los poemas de la colección del poeta barcelonés tengan por título nombres de calles, sin que haya relación entre estas y lo que el poema abriga. De igual modo, en *SFO* la mayoría de los poemas carece de título, pues estos nacen de la urgencia del instante casual, el que ha atrapado la fotografía con las perspectivas más insólitas, al sesgo en no pocas de ellas, en apariencia tomadas con premura y sin haberse estudiado su composición sino, antes bien, aventurándola a los millones de posibilidades que la permutación de los elementos callejeros puedan ofrecer al objetivo y al dedo que aprieta el disparador.

Llama la atención observar que, de entre todas las fotografías que se incluyen en *SFO*, tan solo en dos de ellas hay ausencia de personas, aunque más nos atreveríamos a decir que, propiamente dicho, es en una sola: no tenemos en cuenta la que, al comienzo del libro, justo antes de que den sus primeros pasos los versos, ocupa ambas páginas, toda ella en tonos de gris —el mar de la bahía, la boya, los edificios al fondo, envueltos entre brumas—. La conclusión que se extrae de esta abundancia de figuras humanas es, precisamente, la vocación personal de los poemas. Fíjense en que no hemos dicho "subjetiva", sino "personal", esto es, orientada hacia las gentes que pueblan la ciudad. No les interesa a nuestros autores su propio interior, su subjetividad, muy al contrario de lo que hiciera Lorca en su *Poeta en Nueva York*, hasta el extremo de que casi pareciera en ocasiones que la ciudad fuera mera excusa para arrojar sobre las páginas su estado de ánimo, el dolor que le causaba la contemplación de la gran urbe. En *SFO*, por contra, las instantáneas inspiran unos poemas sustantivos, que si son descriptivos es porque el lector va dando pespuntes a los retales de nombres que se le ofrecen con el fin de poner en marcha la imagen estática. En este mismo sentido, es notoria la cantidad de poemas en que la voz poética es impersonal, o en los que sencillamente se describen escenas o situaciones en tercera persona, objetivamente. Leemos, eso sí, verbos en primera persona del plural en un buen número de poemas ("Venimos a ocultarnos en el espacio/ que nos reserva esta ciudad", o "Velamos de soslayo el nacimiento de la diosa", o también "Accedemos fluyendo entre el asfalto/ por laderas de metal y olas de ceniza"), lo cual es más una estrategia lingüística para involucrar al lector que la aparición de un yo lírico. Son tan solo tres los poemas escritos con un yo lírico en primera persona. El primero, "Falling Slowly", cuyo comienzo reza "No sé si eres real o acaso la huella que deja el saldo del deseo", es el único que hace alusión al estado anímico o al pensamiento del sujeto hablante ("Todos me dicen que soy distinto desde que estuve en San Francisco", se nos confía), pero sin recrearse en ello, pues surge, como en todos los poemas, de la contemplación de un instante y concluye con una nota general, una reflexión de alcance universal. El segundo de los poemas en primera persona carece de título, pero se inicia con el verso "Te contemplo como a un escaparate", prueba de que la intención del yo poético es mantenerse independiente del objeto observado, lo cual se recalca enfáticamente unos versos más abajo: "La distancia es transparente,/ y nuestro abismo un muro opaco". Por fin, en el tercero de los poemas en primera persona, que lleva por título "Ángulo recto", quien habla es una de las dos bañistas retratadas, de modo que nos hemos adentrado en los pensamientos de alguien que no es tampoco el poeta. En conclusión, estamos ante un poemario labrado con voluntad de que sean los objetos y las personas quienes hablen, de que con su discurso involucren al lector-observador. Nos encontramos, pues, en las antípodas de la poesía confesional.

En ocasiones, incluso, da la impresión de que las palabras se esforzasen en sacar a las figuras retratadas de su estado de hibernación, de su quietud eterna, para ponerlas de nuevo en marcha, para insuflarles una nueva vida a sus protagonistas. Nombrar es, por otra parte, el gesto adánico por excelencia, y estos poemas adquieren calidad adánica al otorgarle nombres a los instantes. Tiempo en fuga atrapado en imágenes y recuperado en el transcurrir de la lectura, voluntad de que el olvido no se adueñe de todo, de que sea lo escrito lo que prolongue los instantes, los estire y regenere. Perseverancia en arrancar de su letargo la imagen congelada, en devolverle a la vida su dimensión temporal a través de la palabra.

Luque y Rodríguez captan lo extraordinario de lo ordinario en los rincones de San Francisco, desnudándolos de cualquier nota glamurosa que su cercanía con Hollywood pudiera incitarnos a añadirles, y usan para ello, como hemos insistido una y otra vez, imágenes y palabras. Habrían querido incluir, con todo, el elenco completo de posibilidades sensoriales que se le ofrecen al paseante. No solo la imagen y la palabra, sino también los sonidos, los olores e, incluso, las sensaciones táctiles. La plasticidad de las fotografías suple estas últimas y, en cuanto a lo sonoro, los autores se han preocupado de añadir diez minutos de sonidos callejeros en una aplicación para tabletas. Faltan, con todo, los olores. Yo no he estado nunca en San Francisco, pero sí he vivido en Chicago y he visitado otras grandes metrópolis norteamericanas, como puedo suponer que algunos de ustedes también lo han hecho, y con solo hacer un pequeño esfuerzo de memoria sensorial, al leer *SFO* se me inundan las fosas nasales de los aromas de los restaurantes tailandeses, mexicanos o griegos, del agrio escape de los autos, tan distinto al que estamos acostumbrados a oler en nuestra tierra, y eso es justo lo que la memoria almacena: sensaciones, emociones y pensamientos fragmentarios que se afanan en pertenecer a un todo. Y, al fin y al cabo, esto es *SFO*, el momento en tránsito, el instante a la fuga atrapado con una fina malla, y es los olores que nos envuelven, el sonido que nos acompaña y la piel que percibe la temperatura, quizá una brisa o el roce de un transeúnte que nos pregunta: "Are you ready for the truth?", "¿Estás dispuesto para la verdad?"

Dos entrevistas

(2012-2014)

Campo de los patos, núm. 3: *Poesía norteamericana*, octubre de 2012.

Desde su experiencia como traductor y/o crítico de poesía, ¿considera que el auge de la poesía norteamericana en España en estos últimos años se debe a un fenómeno editorial, a una moda demandada por los lectores (receptivos a otros modelos culturales norteamericanos) o se trata, más bien, de un acontecimiento perdurable como lenguaje poético?

Resulta difícil calibrar adecuadamente en qué medida pueden intervenir los factores que se proponen en la pregunta como detonantes del auge en nuestro país de la poesía estadounidense[1]: estrategias editoriales existen, de modo que ni mucho menos es descartable este factor, y seguramente haya editores avispados que, por motivos puramente comerciales, por inclinaciones o gustos personales o, quizá, por una visión cultural que percibe algún hueco o falla en el catálogo bibliográfico español, deciden presentar al público lector un género literario intrínsecamente complejo pero siempre vigente; además, el interés por lo estadounidense, es decir, por sus bondades y sus defectos, por su cultura urbanita y su vastísimo territorio natural, por su pasado repleto de desmanes expansivos a la vez que amalgamadores y, desde luego, la preocupación por su población multicultural y multirracial integrada por emigrantes que conforman un tapiz de diversidad insólita, cubiertos todos ellos por un abigarrado tejido

---

[1] Con intención práctica, esto es, para desterrar polémicas quizá estériles y/o pueriles, de ahora en adelante consideraré que "norteamericana" se ha propuesto en este cuestionario como sinónimo de "estadounidense".

simbólico, todo ese interés ha existido y seguirá existiendo; y en cuanto al tercer elemento propuesto, no creo que hoy día la poesía de ese país sea, proporcionalmente, más bulliciosa que en otros momentos, pues no debemos confundir la hipertrofia e inflación editorial con la bondad de sus productos[2]: en siglos pasados la poesía estadounidense fue igualmente atractiva y vital, tanto como para dibujar un mapa riquísimo, aunque es cierto que hoy día tienen cabida voces que antaño no tuvieron ni siquiera la oportunidad de participar en ese coro.

Si bien es un fenómeno claramente perceptible en la narrativa, ¿le parece que la poesía española está siendo receptiva a la influencia de la norteamericana durante estos últimos años? ¿Resulta más "lento" ese proceso en el caso de la poesía?

Me viene ahora mismo tan solo el nombre de Pablo García Casado como ejemplo evidente de poeta español influido por lo estadounidense, pero quizá esto se deba al título de una de sus colecciones, *El mapa de América*, que ya lo dice casi todo, aunque antes de este teníamos a Roger Wolfe y Karmelo Iribarren y, más recientemente, a David González y Gsús Bonilla[3] practicando un tipo de

---

[2] También los cadáveres sufren una fase enfisematosa (o de distensión voluminosa de los tejidos debido al inflado de gases producidos por la acción de bacterias anaerobias) y eso no los convierte en más atractivos.

[3] Lejos de mis intenciones querer meterlos a todos ellos en el mismo saco, o siquiera proponerlos como los abuelos a los primeros y los nuevos retoños a los segundos, ni tampoco proponer paralelismos entre unos y otros (por parejas o individualmente): se trata, simplemente, del hecho de que Wolfe e Iriba-

verso en el que podría entreverse la influencia del realismo, más o menos tiznado, de Carver o Bukowski. De todos modos, y sin contar con la poesía escrita en el siglo pasado, de gran versatilidad y mayor calado, hoy día la disparidad de formas de hacer poesía en los EE. UU. es tal[4] que resulta una tarea harto compleja delimitar en qué sentido se han nutrido de las maneras americanas los poemas de nuestros vates más eminentes. Quizá cierto deje, cierto deseo de que las líneas sean compactas y muy rítmicas (incluso en el verso libre) o de trasvasar lo que hemos aprendido de los poetas americanos durante el siglo XX y el comienzo del XXI (el gusto por el sustantivo y la imagen, así como el deseo de individualidad del escritor, que se aleja de cenáculos y capillas), sea lo más palpable en la lírica que hoy día se escribe en España.

Querría tratar brevemente, casi a modo de apunte, la referencia a la "lentitud" en la recepción. Al hablar de velocidad de permeabilidad se dan a entender, creo yo, dos cosas: en primer lugar, que el proceso de asimilación es irreversible, por muy lento que este pueda ser, lo cual no deja de poner a la poesía estadounidense en una posición de privilegio con respecto a la española[5]; en segundo

---

rren comenzaron a publicar en fechas más tempranas que González y Bonilla.

[4] Desde Robert Hass hasta John Ashbery, desde Charles Simic hasta Billy Collins o W. S. Merwin, pasando por Adrienne Rich y Kay Ryan, Víctor Hernández Cruz y Juan Felipe Herrera, Robert Pinsky y C. K. Williams, o Rafael Campo y Mark Doty, por citar algunos poetas muy distantes entre sí en sus sonidos e intereses temáticos, cada uno de ellos con sus idiosincrasias y sus propios enfoques y propuestas.

[5] Sería interesante saber si la poesía española, más allá de los especialistas y académicos, o incluso de los poetas estadouni-

lugar, quizá más tangencialmente, se deja caer el viejo tópico del retraso español en lo artístico y literario con respecto a los ismos que, en cada momento histórico, precedían al modelo correspondiente español, ya fuera el barroco, el romanticismo, las sucesivas vanguardias o cualquier otro movimiento estético del pasado siglo. Contra estas dos potenciales visiones del asunto valgan, entonces, estas pocas palabras a modo de advertencia o protesta.

¿Qué traducciones le han resultado más complejas de abordar desde un punto de vista formal? ¿Podría comentar las razones que le han llevado a la elección de los autores traducidos?

Son estas, desde luego, dos preguntas que requieren dos respuestas independientes, no solo por los sentimientos —encontrados, en ocasiones— que concitan, sino por la importancia fundamental que tienen, de modo que pretendo abordarlas por separado. Lo formal es siempre un tema peliagudo, pues soy de quienes piensan que si el original ha seguido un patrón concreto, el resultado en castellano debe ajustarse a esa estructura originaria en todo lo que sea posible: en su armazón general, en su distribución estrófica, en su rima, etc. No digo que recurrir a versos imparisílabos sea una opción desaconsejable por principio, sino que decidirse por respetar la trama formal complica las cosas enormemente, ya que no siempre hay un correlato en español con las configuraciones que en otras tradiciones son más habituales, amén de la siempre expuesta pero necesaria elección de un metro u otro. Y en lo referido a la rima, que en ocasiones obliga a

---

denses que traducen poesía escrita en español, ha influido en su escritura.

revolver las oraciones de modo poco afortunado y que después hay que paliar de algún modo, o que puede suprimir detalles del contenido obligados a la trasposición de un idioma sintético como es el inglés a otro expansivo como es el español, en fin, siempre se puede recurrir a la asonancia, que con tan buen predicamento cuenta entre nuestros poetas. Si tenemos todo lo anterior en cuenta, sumado al hecho de que hay que respetar las peculiaridades fónicas del original (siempre dentro de lo posible), puede uno comenzar a hacer cuentas de por cuánto nos va a salir esta cena, así que no es de extrañar que se prefiera recorrer la senda de los imparisílabos, menos tortuosa, antes que adentrarse en las selvas del formalismo[6].

De entre los poetas que he traducido, creo que el libro de Natasha Trethewey, *Guardia Nativa*, supuso un despertar a una serie de formas que yo desconocía[7] y que, aunque al principio traté de vadear del modo más elegante y funcional posible, con el tiempo, de tan obsti-

---

[6] Es pertinente, para esta pregunta, señalar que en los EE. UU. (y en otros países de habla inglesa) hay un grupo nutrido de poetas que, sin formar escuela, son denominados Nuevos Formalistas (siendo Richard Wilbur y Anthony Hecht los predecesores de nombres como Howard Nemerov, Donald Justice o Timothy Steele), por su adhesión, rigurosa en mayor o menor medida, pero siempre razonada desde un punto de vista estético, a las formas poéticas a la hora de componer sus versos, ya sean tradicionales, novedosas o experimentales. El traductor que bregue con esta poesía tendrá que prestar atención esencial a este hecho, a riesgo de traicionar no solo la forma, sino también el espíritu de la letra.

[7] Dos terceras partes de la colección de Trethewey están escritas siguiendo estructuras formales, mientras que la tercera se apoya en el versolibrismo.

nada que era su presencia, me llevaron a recapacitar y replantearme mi obligación de tratar de reescribirlos, de hacer una nueva creación, valiéndome del andamiaje que había usado la poeta originalmente. Todo ese trabajo, ingente sin duda, me fue de gran utilidad a la hora de encarar más tarde a otros poetas que gustan de formalidades: reconozco que traducir es un proceso en el que hay tanto de aprendizaje como de producción y que, cuanto más se hace, mejor se llegan a dominar no solo las técnicas formales, sino también todo lo que implica el traducir: léxico, ritmo, sintaxis, etc.

En cuanto a la segunda pregunta, aquellos autores que tuve la fortuna de escoger y que los respectivos editores aceptaron, los traduje porque su poesía, en aquel momento concreto, me interesaba en lo personal o en lo literario, pero siempre tenían una relación directa conmigo (mis lecturas, mi vida en general). En lo referente a los otros, ha habido una mezcla de situaciones, pues en algunos casos un editor me ha pedido que indagara sobre tal o cual nombre para, más tarde, ofrecerme –si era de mi interés– traducir a ese poeta, mientras que en otras ocasiones el nombre venía impuesto y a mí solo me restaba aceptar o rechazar el encargo. De todos modos, creo que si no hay una conexión con quien se traduce, y me refiero a una conexión en cualquier plano, ya sea el arquitectónico, el del contenido, el de cierto país o región o movimiento literario, entonces es mejor dejar al margen esa traducción, pues lo que el traductor vierte en sus versiones no es lo que haría un programa informático, lo cual parece una obviedad, pero no lo es tanto: hay mucho de lo personal, de lo de uno mismo, en cada una de las traducciones que se abordan. Así que, en mi caso, siempre que me he atrevido a lanzarme al riesgo que supone una nueva traducción, esta ha tenido que presentar algún tipo de conexión conmigo mismo.

¿Ha mantenido contacto personal con los autores traducidos? ¿Podría comentar de qué manera ha enriquecido sus traducciones ese contacto en algún caso concreto?

Con algunos sí, con otros no. De entre los no estadounidenses, puedo relatar mi experiencia con Derek Walcott (oriundo de Santa Lucía), con Wole Soyinka (nigeriano) y con Trevor Joyce (irlandés). En cuanto a Walcott, a pesar de mis varios intentos de ponerme en contacto con él cuando traduje sus *Garcetas blancas*, no llegué a recibir nunca una respuesta suya; Soyinka, sin embargo, en cuanto le pregunté un detalle sobre un nombre que aparecía en su *Lanzadera en una cripta* y del que me resultaba imposible encontrar información, amablemente me respondió por correo electrónico al día siguiente, en un mensaje que, además, me animaba a proseguir con la labor traductora, actividad que a él también le había ocupado en cierto momento, en su caso del yoruba al inglés; por fin, Trevor Joyce me hizo observar que había empleado un cómputo de palabras al escribir los poemas que yo quería traducir, en lugar de pies o metros o rimas, lo que me obligó a replantearme y reescribir buena parte de lo que había producido y, más que nada, a recordarme a mí mismo que hay que estar muy alerta al traducir, ya que, al fin y al cabo, la traducción no es sino una tarea que se resume en una lectura minuciosa.

Fue Natasha Trethewey, sin embargo, con quien mayor contacto personal (esto es, epistolar) mantuve al traducir *Guardia Nativa*: unos cuarenta y tantos mensajes nos intercambiamos. De Trethewey, además de su ayuda en el entendimiento de algunos detalles puntuales sobre la Guerra de Secesión americana para que, después, prosiguiera yo mismo con mi investigación, lo que recuerdo con mayor claridad de aquella comunicación electrónica fue el entusiasmo con que recibió ella la noticia de la traducción y, sobre todo, su generosidad a la hora de ponerme en contacto con otras personas (la editorial que publicó sus dos primeros poemarios, de quien obtuve información y ejemplares de sus libros), de compartir documentos de difícil acceso (por ejemplo, el que tuvo que redactar para la obtención de una beca Guggenheim, que acabó disfrutando), así como episodios de su vida personal, relatos que iban más allá de lo estrictamente cortés, pues me permitían asomarme no solo a la intrahistoria de cada poema, o a su apoyo formal, sino, sobre todo, a lo que les daba vida y los animaba, los motivos y los sucesos que los hicieron nacer y los poblaron después. Trethewey me respondió siempre con una sinceridad y un desprendimiento que me emocionaron y me dieron fuerzas para verter todo aquello que iba revelándome del modo más sagaz (en lo formal) y claro (en el contenido) del que yo era capaz[8].

¿Considera que la cuantía de poetas norteamericanos traducidos en España durante los últimos años podría resultar caótica para el lector? ¿Considera necesario una especie de canon que organice lo aportado hasta el momento?

No, no lo creo. En primer lugar, porque confío plenamente en la capacidad crítica y en la inteligencia lectora del asiduo de librerías y bibliotecas. Además, hay un nú-

---

[8] En la actualidad me encuentro traduciendo una amplia antología del neoyorquino (no de nacimiento sino de adopción) Frederick Seidel, pero aún no he tenido la necesidad de contactar con él. Ya se verá en el futuro cómo se desarrollan mis versiones y qué sucede a este respecto.

mero importante de libros que se publican en edición bilingüe, acompañado el texto por una introducción, más o menos exhaustiva, que ayuda al posible lector desavisado de la trama histórica o literaria en la que se inscribe un libro en concreto a ubicarlo en el tejido adecuado. De todos modos, y con esto enlazo con la segunda pregunta, querría apuntar a cierta, digamos, tara nacional que nos impulsa a catalogar a la poesía o a los poetas antes que a experimentarlos, vivirlos, hacerlos nuestros[9]. La cátalogación es un proceso científico y, para lo que nuestra mente demanda de ordenación de nuestros productos artísticos o intelectuales, muy útil a la hora de facilitar la necesaria discusión y/o la imprescindible comprensión de ciertos temas intrínsecos o extrínsecos a la producción poética. Sin embargo, la elaboración de un canon comportaría necesariamente la intervención de un cuerpo de, llamémoslos así, especialistas en lo literario[10], generalmente críticos y no obligadamente poetas a su vez, que impondrían los criterios que ellos estimasen oportunos en este determinado momento histórico-estético como la guía de perplejos que iluminase al lector, ya fuera este

---

[9] Aunque quizá no se trate de un asunto patrio, sino, antes bien, de algo extensible a los que se dejan llevar por el intelecto en exclusiva o, acaso, por exigencias académicas, publicitarias o archivísticas.

[10] A todos nos viene de inmediato a la mente el empeño denodado que Harold Bloom ha mostrado a este respecto, aplicándolo primero a la literatura en lengua inglesa para, después, extenderlo a la escritura occidental *in toto*, llegando incluso a proponer los porqués y las maneras correctas de la lectura, no desde el punto de vista o desde la experiencia del poeta, sino del crítico, lo cual conlleva una serie de implicaciones totalmente distintas.

de la ralea de los independientes e impenitentes (para hacerle caer en su error) o bien de los confundidos (para mostrarle el camino correcto). Entiendo que aún vivamos bajo las directrices del siglo de las luces, pero voy a insistir en mi confianza en la capacidad del lector interesado para adentrarse en la enmarañada selva de lo editado y desbrozar la maleza para ir de ese modo abriendo su propia senda.

Las dificultades formales que implica la traducción de la lengua poética inglesa a una lengua romance como el castellano condiciona el proceso desde el punto de vista gramatical y rítmico, pero quizá también permita una mayor libertad creativa en el trasvase. ¿Es partidario de la literalidad como presupuesto previo a la hora de afrontar una traducción o considera el poema traducido como un texto propio que tome como referente inexcusable el original? ¿Cómo afronta la disyuntiva literalidad/proceso creativo en la traducción?

Parte de esta pregunta ha sido contestada ya en el apartado tercero, pero quizá convenga puntualizar algunos asuntos. En principio, la traducción en español debe, a mi juicio, recoger todo lo que dice el original inglés (esto es, se convierte el poema en una versión), pero no debe ir más allá de lo que dice (en cuyo caso podríamos llegar al extremo de una explicación). La literalidad no es mal punto de partida, pero no es buen consejero de viaje y, desde luego, no es el puerto al que deseamos arribar. En primer lugar, porque, como bien se señala en la propia pregunta, las sintaxis de ambos idiomas son muy dispares, lo cual obliga al traductor a recurrir a toda su pericia como hablante y escritor de la lengua en que se vierte el poema. Pero, además, si el traductor se propone respetar los esquemas rítmicos, melódicos o incluso rimados, hay ocasiones en que las concesiones son precisas para amasar adecuadamente el material en español. Se juega con palabras, que tienen cierta ductilidad en su forma y en su sentido, pero no conviene sobrepasar su flexibilidad, a riesgo de que acaben rasgadas e inservibles.

Lo que sí está claro es que el resultado debe ser un poema. No quiero decir con esto que el criterio único de evaluación de la calidad de una traducción sea su facilidad de lectura, pero sí es cierto que el lector avisado exige que el traductor sea lo suficientemente habilidoso como para que su arte quede oculto por el producto final, por la totalidad que este representa. Cuanto menos evidente sea el entramado del que ha hecho uso el traductor para trasladar el original inglés al español, más satisfactorio será su logro. Lo cual no quiere decir que en ese nuevo poema no haya nada del traductor. Sin necesidad de llegar a la radicalidad propuesta por Ezra Pound[11], el traductor de poesía no se guía por un programa informático, ni siquiera aplica rigurosamente lo que le propongan sus diccionarios[12], sino que su personalidad poética, su gusto literario guiarán sus pasos y, desde luego, se dejarán entrever, impregnarán el poema resultante, de tal

---

[11] Aunque sin descartarla si la ocasión lo merece o lo precisa, hasta el extremo de no hacerle ascos, llegado el caso, a una perversión del original.

[12] Por mencionar los fundamentales: uno, dos o seis diccionarios bilingües, tres o cuatro monolingües (además del *DRAE*, el *DUE* y el *DPD*, por supuesto), más un par de ellos, al menos, de sinónimos y antónimos en ambas lenguas, otro de parónimos y alguno, acaso, de rimas y de "falsos amigos", amén de los especializados para dialectos (caribeños o del sur de EE. UU., quizá) o registros (jerga, por ejemplo), así como algunos, siempre útiles y necesarios, de métrica (española e inglesa).

modo que bien se puede afirmar que quien traduce está creando algo nuevo y genuinamente propio[13].

¿Podría citar un poema, libro o autor que le haya producido una mayor satisfacción personal a la hora de trabajar en su traducción?

Cada libro y cada poema de cada autor me ha proporcionado, como traductor, alegrías distintas, siempre y cuando me haya comprometido con mi labor hasta el extremo de poder considerarla no una mera trasposición, sino una nueva versión (una perversión, incluso) del original. El trabajo y el tiempo que se dedica a una traducción[14] es tal que el resultado que se presenta al lector es como un hijo al que se le deja partir una vez que se le considera preparado para enfrentarse al mundo. Además,

---

[13] ¿Citaríamos ahora a Robert Lowell y sus vibrantes imitaciones, a Jo Shapcott y sus frescas versiones de Rilke, a Aníbal Núñez traduciendo a franceses y latinos haciéndolos sonar como si fueran obra de su propia factura, o a Claudio Rodríguez confesando sus traiciones cuando tradujo a T. S. Eliot? Son solo unos pocos ejemplos que recojo a vuelapluma, pero estoy seguro de que la nómina de poetas que crean al traducir es inmensa.

[14] Hacen falta para una traducción, al menos, las siguientes fases: lectura de la obra del poeta y estudio de literatura secundaria sobre aquella, atención y minuciosidad en la lectura de los poemas, evolución en las versiones de los poemas, afinamiento posterior una vez que se ha logrado cierto dominio sobre las palabras (lo cual incluye consulta con el autor, si es posible, o con personas de confianza), tiempo de barbecho en que se dejan descansar los resultados parciales de modo que, al volver sobre ellos, la mirada del traductor sea limpia merced a la lejanía que se ha establecido con los versos en español, y, para concluir, los retoques y limados finales.

cada circunstancia vital del traductor acoge una u otra traducción de una manera única e irrepetible: se traduce a cada autor rodeado por las coyunturas existenciales (y que no pueden escogerse) de tal o cual momento, de modo que la traducción de esos versos lleva en sí también la voz del traductor en el momento de su vida particular en el que afrontó esa traducción en concreto[15]. Así pues, con cada nuevo libro de poemas el traductor renace, su músculo creativo debe volverse a poner a punto, además del hecho de precisar durante el proceso de traducción de un gran acopio de confianza en lo que surgirá con el tesón y la inspiración (ambos son necesarios), aunque, por otra parte, nunca tendrá la completa certeza de que sus esfuerzos comporten un producto de alta calidad. Se puede decir, en fin, que junto con la ilusión de haber concluido un poema o un libro, el traductor se siente preso de un nerviosismo e, incluso, una inseguridad motivados por el simple y definitivo hecho de que uno nunca acaba una traducción, sino que se ve impelido a entregarla al editor del libro o la revista donde se vaya a publicar. Es una tarea de amor en la que el traductor se consagra a esos versos como si fueran su propia obra.

---

[15] Como corolario de esta observación, se puede aventurar que, de volver a traducir un poema que se hubiera traducido años atrás, el resultado muy posiblemente acabaría siendo otro con cierto grado de distinción.

ENTREVISTA CAPOTIANA A LUIS INGELMO
por Toni Montesinos
En su blog *Alma en las palabras*, 12/07/2014.

En 1972, Truman Capote publicó un original texto que venía a ser la autobiografía que nunca escribió. Lo tituló "Autorretrato" (en *Los perros ladran*, Anagrama, 1999), y en él se entrevistaba a sí mismo con astucia y brillantez. Aquellas preguntas que sirvieron para proclamar sus frustraciones, deseos y costumbres, ahora, extraídas en su mayor parte, forman la siguiente "entrevista capotiana", con la que conoceremos la otra cara, la de la vida, de Luis Ingelmo.

Si tuviera que vivir en un solo lugar, sin poder salir jamás de él, ¿cuál elegiría?

Se me hace difícil contestar esta pregunta por la repentina aparición de ese "jamás", tajante, rotundo, fatídico. Jamás es mucho tiempo, más del que nadie podría soportar. Jamás suena a paraíso o a infierno, que son lo mismo. Y a mí me cuesta siquiera imaginar que me vaya a quedar para siempre en un mismo sitio: no lo he hecho nunca, ni pienso hacerlo. He vivido en urbes inmensas, en ciudades medianas, así como en pueblos. No quita que mañana por la mañana decida irme a vivir a Oslo, a Reikiavik, a Nuuk o a la canadiense península del Labrador. Y quedarme por allí, qué sé yo, seis años, o diez, para después regresar aquí. O no. Sea donde fuere, tendría que ser una ciudad, eso queda fuera de toda duda. No soporto el provincianismo, que es expresión de la más arraigada de las dolencias humanas: la idiocia. Idiota, para los griegos de la Antigüedad, era el individuo personal, el privado, o sea, uno mismo. De ahí pasó al latín clásico significando "persona" para degenerar en el latín más tardío hacia "ignorante". A mí, la verdad, esta asociación entre persona privada e ignorancia me resulta muy sugerente: cuanto más se es uno mismo, más zopenco y más avestruz se es. Como que quien se emperra en su privacidad es que está, justamente, privado de algo: de lucidez, de apertura mental, de sutileza en sus observaciones. Así que dadme una ciudad, mejor cuanto más grande y más septentrional, que el resto ya vendrá por sí solo.

¿Prefiere los animales a la gente?

Esta es una curiosa distinción, la de animales vs. gente. He tenido el placer de tratar con algunos animales que mostraban cualidades más humanas que mucha gente. Es igualmente cierto, por otra parte, que me he topado con hombres más cafres que un bisonte en celo y con mujeres más ladinas que una arpía (ya sé que la arpía no es, propiamente, un animal que Linneo se sintiera a gusto clasificando, pero el símil se entiende, ¿no?). En cualquier caso, creo que, aunque no la deteste, no estoy particularmente cómodo rodeado de gente. Hay una especie de medidor interno en alguna parte de mi cerebro, o de mis tripas, que me indica y me avisa de si la dosis diaria de gente se ha sobrepasado. Llevo mejor, es verdad, la soledad que la compañía. Será porque soy poco rebañego y le hago ascos visibles, sin disimularlos, al gregarismo. Me relaciono mejor, en este mismo sentido, con un gato que con un perro: no pongo en tela de juicio las cualidades de lealtad y empatía del cánido; sin embargo, la actitud mayestática e indiferente del felino me resulta más atractiva.

¿Es usted cruel?

No con los demás. Si en alguna ocasión mis acciones han sido crueles a los ojos de otra persona, tuvo que serlo sin que me apercibiera de ello: si he mostrado crueldad en mis gestos o actos, fue de manera involuntaria. La crueldad la reservo para mí mismo, pues siempre encuentro algún motivo para darme una colleja o para tiznarme el alma con improperios.

¿Tiene muchos amigos?

Tengo los justos. Podrían contarse con los dedos de las manos, e incluso con una sola mano.

¿Qué cualidades busca en sus amigos?

Las amistades vienen y se van como los días: sin avisar. Mientras duran, son siempre bienvenidos los gestos amables y las palabras de apoyo. Una vez que se van, no me invade la nostalgia por ellas.

¿Suelen decepcionarle sus amigos?

Sí, claro, igual que yo me decepciono a mí mismo y les decepciono a ellos. Así son las cosas, repletas de sinsabores. La decepción es una constante en la vida, se te aparece de modo fugaz cuando eres joven, pero conforme va pasando el tiempo se instala en tu interior paulatinamente para, más tarde, dar muestras de estar a sus anchas a la menor ocasión que se le conceda.

¿Es usted una persona sincera?

La sinceridad está sobrevalorada y, a mi juicio, mal comprendida. En este teatrillo de ferias que es la vida, nadie es quien dice ser, ni nadie actúa impulsado por sus pensamientos o sus sentimientos. Todos mentimos a espuertas y todos ocultamos nuestras intenciones, por prudencia, por pereza o por malicia. Yo soy mil yoes, tantos como situaciones en las que me encuentro: en el trabajo surge un yo, distinto del que interactúa con padres y hermanos, diferente del que se muestra cuando estoy con mi propia familia, ni parecido al que trata con amistades o amigos. Soy, así pues, legión. ¿Cuál será la vara de medir que dictamine el principio de sinceridad válido para todos esos contextos? ¿Es que hay uno solo, acaso?

¿Cómo prefiere ocupar su tiempo libre?

Esta es, a mi juicio, una pregunta tendenciosa, porque establece que el tiempo, nuestro tiempo, si es que es nuestro, se divide en ocupado (el del trabajo) y desocupado (el libre). Me niego a participar en la publicidad de esta dicotomía, pues ya se vale por sí sola para ser hegemónica. Yo querría que mi tiempo no fuera de nadie, ni siquiera mío, que no tuviera que entregárselo a nadie para poder subsistir a diario y para poder proveer a mi familia. Que no fuera el reloj quien dictase mi actitud o mi actividad, sino el simple y genuino gusto por llevar a cabo una escritura, una lectura, un paseo, una enseñanza.

¿Qué le da más miedo?

Entrevistas como esta. En menor medida, las metáforas del vampiro y el zombi (vivir para siempre cuando, en realidad, se está muerto).

¿Qué le escandaliza, si es que hay algo que le escandalice?

El rebaño humano, el descuido del detalle, la mala fe. La espiritualidad dirigida por líderes religiosos o políticos que emponzoñan el pensar y el sentir haciéndolo monolítico y ritual.

Si no hubiera decidido ser escritor, llevar una vida creativa, ¿qué habría hecho?

Tenemos una tendencia a idealizar los oficios o actividades de los demás: el piloto de avión a merced de los vientos que le traen y le llevan sin destino fijo, el marino mercante que transporta felicidad por mil puertos exóticos, con un amor en cada uno de ellos, el astronauta que roza con las yemas de los dedos el horizonte infinito, que casi le hace cosquillas en la nariz a su dios, el bombero infatigable y altruista como ángel guardián que apaga los fuegos infernales, el actor de cine rodeado de lujos y atenciones, el *rockero* vocinglero siempre de gira, durmiendo cada noche en un hotel distinto y al que siguen sus *groupies* en sustitución de su madre, su esposa o su novia, el poeta que carga con el peso de sentimientos indecibles y lucha para conformarlos con la palabra justa al arrullo de la brisa entre los lirios de un paisaje de postal. Nada de eso es verdad: son todos mentira. Todos pierden la pátina de glamur que los rodea en cuanto la actividad se vuelve rutinaria, igual que la pasión se va por el desagüe con el primer pedo del novio enamorado al despertar por la mañana.

¿Practica algún tipo de ejercicio físico?

Me gustaría tener acceso a una piscina para poder nadar tanto como me lo pidiera el cuerpo, pero sin observadores ajenos ni compañías. O sea, no.

¿Sabe cocinar?

Sé poner ingredientes juntos en un recipiente y seguir una receta. Soy particularmente creativo con los bocadillos que me preparo, construyendo hipótesis de conjuntos disjuntos a partir de elementos que en un momento dado se me antojan apetitosos. Manipular los alimentos me proporciona un placer singular.

Si el Reader's Digest *le encargara escribir uno de esos artículos sobre "un personaje inolvidable", ¿a quién elegiría?*

Al último pájaro dodo. Lo formularía como una entrevista, en términos bastante similares a los de esta misma. Le preguntaría por su experiencia antes de la aparición del ser humano en su isla. Querría saber qué sentía ante animales depredadores de sus nidos (cerdos, perros, gatos, ratas), si preferiría cambiarse por el cazador que le perseguía escopeta en mano, o si ese aspecto rollizo con el que se le retrató en el siglo XVII se debía a la falta de ejercicio o a que su apetito voraz le llevó, estando en cautividad, a engordar desproporcionadamente. Pero, más que nada, querría saber qué se le pasaba por la cabeza cuando tuvo la ocurrencia de perder musculatura en el pecho y de permitir que se le acortaran las alas, cómo prefirió la celda del suelo firme al ancho cielo. Trataría, por fin, de tirarle de la lengua y que confesara si fueron las carreras con Alicia lo que acabó matándolo o si, hambriento —como siempre—, se comió el dedal que la niña le había dado para usarlo como trofeo en la competición y se ahogó.

¿Cuál es, en cualquier idioma, la palabra más llena de esperanza?

Verdad (bien usada).

¿Y la más peligrosa?

Futuro (mal usada).

¿Alguna vez ha querido matar a alguien?

Solo a una persona, pero se trata de fantasías mentales. Aunque, en lugar de ser yo quien la matase, tendría el mismo efecto catártico y reparador si, pongamos por caso, la viera ahogándose en un río después de que su coche (imaginemos que se trata de una berlina azul marino, por mor del relato) se hubiera precipitado al vacío, que la pudiera observar impertérrito desde lo alto de un puente, que se la llevase la corriente y que jamás apareciera su cadáver.

¿Cuáles son sus tendencias políticas?

Desaprenderlo todo. Huir de mitos y de dioses.

Si pudiera ser otra cosa, ¿qué le gustaría ser?

Niño y niña, arbusto, pájaro y mudo pez en el mar, aunque no necesariamente en ese mismo orden.

¿Cuáles son sus vicios principales?

Creer en los vicios.

¿Y sus virtudes?

No creer en las virtudes.

Imagine que se está ahogando. ¿Qué imágenes, dentro del esquema clásico, le pasarían por la cabeza?

Vería que alguien me mira desde lo alto de un puente, sonriente y ufano, mientras mi berlina azul marino se hunde en las aguas turbias de un río. Tendría la mente en blanco, los pulmones encharcados y los ojos cegados. La muerte no llega en cinemascope, sino fría y callada.

ÍNDICE DE AUTORES RESEÑADOS

ADELMAN, Bob: 79-80.
ALEXIE, Sherman: 87-88.
ALGREN, Nelson: 16, 75-76, 93-94.
AMES, Jonathan: 89-90.
ANDRÉS, Ramón: 20.
ARLT, Roberto: 22.
BALLARD, J. G.: 69-70.
BANKS, Russell: 119-120.
BARBA JACOB, Porfirio: 163-164.
BARNES, Djuna: 17, 34-35.
BÖLL, Heinrich: 29.
BOTTON, Alain de: *Vid.* DE BOTTON.
BOWLES, Paul: 124-125.
BRINNIN, John Malcolm: 97-98.
BROWN, Larry: 18, 95-96, 105-106, 138-140, 158-159, 165-167.
BUNKER, Edward: 83-84.
BURROUGHS, William S.: 19.
BUKOWSKI, Charles: 15, 27, 32, 63-64, 136-137, 254-259.
CARVER, Raymond: 79-80.
CASH, Jean W.: 165-167.
CHAVARRÍA, Daniel: 26, 28.
COEN, Ethan: 152-154.
CONNELLY, Joe: 36.
COONEY, Seamus: 32.
CORTÉS, Enrique: 281-289.
CREWS, Harry: 39-40, 115-116.
DE BOTTON, Alain: 31.
ELIOT, T. S.: 45-46, 213-244.
ERHARDT, William D.: 53-54.

FANTE, John: 121-123.
FONOLLOSA, José María: 21.
GINSBERG, Allen: 43-44.
GIORNO, John: 57-58.
GÓMEZ DÁVILA, Nicolás: 30.
GRAY, Alasdair: 129-130.
HANNAH, Barry: 99-100.
HASS, Robert: 191-196.
HERNÁNDEZ, Avelino: 33.
HERNÁNDEZ CRUZ, Víctor: 55-56.
HÖLDERLIN, Friedrich: 176-182.
HUNT, Tim: 111-112.
JEFFERS, Robinson: 111-112.
JOHNSON, Denis: 101-102.
JONES, Thom: 131-132.
JOYCE, Trevor: 49-50, 303.
KAHLO, Frida: 245-247.
KANT, Immanuel: 260-268.
KEROUAC, Jack: 77-78, 91-92, 117-118.
KITELEY, Brian: 107-108.
LEHANE, Dennis: 133-135.
LETHEM, Jonathan: 23, 141-142.
LIGHTMAN, Alan: 24.
LINDQVIST, Sven: 126-128.
LUQUE, Pablo: 290-296.
MARTINELLI, Sheri: 136-137.
MCCAFFERY, Larry: 81-82.
MOORE, Steven: 136-137.
O'BRIEN, Tim: 109-110.
PASOLINI, Pier Paolo: 176-182.
PENDELL, Dale: 73-74.
PERRI, Keith: 165-167.

PESSOA, Fernando: 160-162.
PILEGGI, Nicholas: 149-151.
PLATH, Sylvia: 41-42.
PURDY, Al: 32, 85-86.
RIDLEY, John: 143-145.
RODRÍGUEZ, Claudio: 47-48, 213-244, 269-276.
RODRÍGUEZ TOBAL, Juan Manuel: 67-68.
RODRÍGUEZ TORREGO, José Luis: 290-296.
RYCHLEWSKI, M. J.: 59-60.
SCHUYLER, James: 65-66
SCHWARTZ, Delmore: 37-38, 103-104, 168-169.
SCORSESE, Martin: 149-151.
SHAY, Al: 75-76.
SHEPARD, Sam: 71-72.
SIMIC, Charles: 205-210.
SMITH, Michael: 51-52, 269-277.
SÓFOCLES: 176-182.
SOYINKA, Wole: 305.
TARANTINO, Quentin: 146-148.
TEOGNIS de Mégara: 67-68.
THOMAS, Dylan: 97-98.
TRETHEWEY, Natasha: 303-306.
VALLEJO, Fernando: 25, 114, 163-164.
WALCOTT, Derek: 170-175.
WATSON, Jay: 105-106.
WHITEHEAD, Colson: 155-157.
WHITMAN, Walt: 197-204.
WILLIAMS, C. K.: 61-62.

Se terminó esta primera edición de

El crujido de la amapola al sangrar,

de Luis Ingelmo,
el 8 de septiembre de 2016,
festividad de santa Edelburga,
princesa de Kent,
reina de Northumbria,
fundadora y abadesa de Lyminge,
en la ciudad de Palma.

LAVS DEO

LOS PAPELES DE BRIGHTON

http://lospapelesdebrighton.com

ʓ

Catálogo

Septiembre de 2016

Colección Minúscula

1
Carlos Juliá Braun
Siete sonetos piadosos
26 pp.
ISBN: 978-0-9927430-0-0 (agotado; próxima reedición)

2
Juan Luis Calbarro
Diez artistas mallorquines
160 pp.
ISBN: 978-0-9927430-1-7 (agotado; próxima reedición)

3
Luis Ingelmo
Aguapié
62 pp.
ISBN: 978-0-9927430-2-4 (agotado; próxima reedición)

4
Carlos Jover
Bajo las sábanas
122 pp.
ISBN: 978-84-945158-2-8 (segunda edición)

5
Eduardo Moga
Décimas de fiebre
85 pp.
ISBN: 978-0-9927430-5-5

6
Teresa Domingo Catalá
Destrucciones
86 pp.
ISBN: 978-0-9927430-7-9 (agotado; próxima reedición)

7
Ángel Fernández Benéitez
Memoria del ave encanecida
78 pp.
ISBN: 978-84-945158-4-2

8
Isaac Gómez Calderón
*La parábola del arcoíris
y una canción para acunar lo antiguo*
124 pp.
ISBN: 978-84-945158-6-6

9
Fernando Navarro
Socialistas utópicos
202 pp.
ISBN: 978-84-945158-7-3

COLECCIÓN MAYOR

1 / Poesía
Julio Marinas
Poesía incompleta (1994-2013)
132 pp.
ISBN: 978-0-9927430-3-1

2 / Ensayo
Jorge Rodríguez Padrón
Algunos ensayos de más
156 pp.
ISBN: 978-84-945158-5-9 (segunda edición)

3 / Poesía
José Luis Pernas
Acaso el tiempo. Poesía reunida
148 pp.
ISBN: 978-84-945158-0-4

4 / Homenaje
Varios autores
Palabras para Ashraf
Edición de Juan Luis Calbarro
318 pp.
ISBN: 978-84-945158-3-5

5 / Ensayo
Luis Ingelmo
El crujido de la amapola al sangrar
322 pp.
ISBN: 978-84-945158-1-1

COLECCIÓN ACADEMIA

1 / Pedagogía
Juan Jiménez Castillo
Leer para vivir
168 pp.
ISBN: 978-0-9927430-8-6

EN PREPARACIÓN

Máximo Hernández
Poesía completa

www.ingramcontent.com/pod-product-compliance
Lightning Source LLC
Chambersburg PA
CBHW031615160426
43196CB00006B/137